大学生创新创业项目理论指导与实践

伍媛婷　殷立雄　黄剑锋　程　伟
曹丽云　蒲永平　刘　辉　杨海波　编著
刘长青　李翠艳

西北工业大学出版社

西　安

【内容简介】 本书包括上、下两篇。上篇首先介绍了大学生创新能力培养的意义、现状、特征、培养目标以及相关培养途径和模式，其次针对大学生创新创业训练项目的目的、意义、内容、相关政策、实施过程和管理以及目前存在的问题等相关内容进行了系统的阐述，第三介绍大学生创新创业项目的申报过程、评审标准以及答辩技巧等。下篇以材料科学与工程专业领域成功的国家级大学生创新创业训练相关项目为例，从电池材料、光催化材料、储能材料、光学材料、复合材料等五方面进行举证，系统地介绍了大学生创新创业训练项目的申请、中期检查及结题全过程。

本书旨在为提高大学生的创新思维及科技创新能力提供有益参考，可供有志于参加大学生创新创业训练计划相关项目的学生阅读参考。

图书在版编目(CIP)数据

大学生创新创业项目理论指导与实践/伍媛婷等编著．
—西安：西北工业大学出版社，2018.7
ISBN 978-7-5612-6165-1

Ⅰ.①大… Ⅱ.①伍… Ⅲ.①大学生－创业 Ⅳ.①G647.38

中国版本图书馆 CIP 数据核字(2018)第 175097 号

DAXUESHENG CHUANGXIN CHUANGYE XIANGMU LILUN ZHIDAO YU SHIJIAN

大学生创新创业项目理论指导与实践

策划编辑： 雷　军
责任编辑： 朱晓娟

出版发行：	西北工业大学出版社
通信地址：	西安市友谊西路 127 号　邮编：710072
电　　话：	(029)88493844　88491757
网　　址：	www.nwpup.com
印 刷 者：	陕西奇彩印务有限责任公司
开　　本：	787 mm×1 092 mm　1/16
印　　张：	15.375
字　　数：	374 千字
版　　次：	2018 年 7 月第 1 版　2018 年 7 月第 1 次印刷
定　　价：	58.00 元

前　言

党的十七大报告指出,"走中国特色自主创新道路",并把这一条上升到国家基本战略地位;党的十八大报告指出,"科技创新是提高社会生产力和综合国力的战略支撑,必须摆在国家发展全局的核心位置"。这充分说明,在发展中国特色社会主义事业中,自主创新起着至关重要的作用,充分体现出国家对科技创新的重视程度,国家已把创新创业教育提到国家战略高度。大学生是国家未来的希望,是经济稳步发展的不竭动力,大学生的创新能力决定了一个国家的创新能力,因此,如何培养和提高大学生的创新思维和动手能力显得尤为重要。为了有效提高现代大学生的创新能力和竞争力,各类科技创新项目和竞赛应运而生。大学生创新创业大赛是"高等学校本科教学质量与教学改革工程"重点建设项目之一,是高校深入开展创新创业教育改革,转变人才培养模式的重要途径之一。本书以国家级特色专业无机非金属工程等材料专业为试点,进行深入探索和实战,以材料科学与工程相关专业大学生创新创业大赛为例进行详细阐述说明。

本书旨在为提高大学生的创新思维及科技创新能力提供有益参考,为有志于参加大学生创新创业训练计划相关项目提供参考指南。本书的内容主要包括上、下两篇。在上篇中,第1章针对大学生创新能力培养的意义、现状、特征、培养目标和培养途径等作了概括性介绍;第2章系统地介绍了大学生创新创业训练项目的目的、意义、内容、相关政策、实施过程和管理以及存在问题等各方面内容;第3章就大学生创新创业训练项目的申请书撰写方法、评审标准及答辩技巧等相关内容的进行了讲解。下篇以大量材料类,包括电池材料(第4章)、光催化材料(第5章)、储能材料(第6章)、光学材料(第7章)、复合材料(第8章)这五方面的国家级大学生创新创业训练项目为例,对大学生创新创业训练的项目申请、中期检查及结题等全过程进行了说明。

国家大学生创新创业训练项目主要目的在于培养大学生的创新能力,涉及所有相关专业,覆盖面广,本书仅从材料科学与工程专业方面对大学生创新创业训练项目的内容、申报、政策和管理等方面进行阐述,内容有限,难免疏漏,不妥之处恳请读者指正。

本书各章内容的编者包括:伍媛婷负责第1章和第4章;伍媛婷和殷立雄负责第2章、第3章和第8章;伍媛婷和程伟负责第5章;伍媛婷和黄剑锋负责第6章和第7章。在此特别感谢为本书的撰写提供帮助的陕西科技大学曹丽云、蒲永平、杨海波、刘辉、刘长青和李翠艳老师。在编写过程中参阅了相关文献、资料以及陕西科技大学大学生创新创业训练计划项目申请表、项目结题验收表等,在此向其作者致以衷心的感谢。最后,感谢陕西科技大学材料科学与工程学院的大力支持!

由于水平有限,书中难免存在不妥之处,恳请各位读者指教,以便不断修改和完善。多谢。

编　者
2018年3月1日

目　　录

上　篇

第 1 章　大学生创新能力培养 … 2
- 1.1　大学生创新能力培养概述 … 2
- 1.2　创新的内涵及特征 … 2
- 1.3　培养大学生创新创业能力的意义 … 3
- 1.4　培养大学生创新创业能力的重要性 … 4
- 1.5　大学生创新能力方面存在的突出问题 … 5
- 1.6　大学生创新能力现状 … 6
- 1.7　大学生创新能力培养特征 … 7
- 1.8　大学生创新能力培养目标 … 8
- 1.9　大学生创新能力培养模式 … 9
- 1.10　大学生创新创业能力培养体系 … 11
- 1.11　大学生创新能力培养评价体系 … 13
- 1.12　创新能力培养质量评价的内容 … 15

第 2 章　大学生创新创业训练项目 … 16
- 2.1　大学生创新创业训练项目简介 … 16
- 2.2　大学生创新创业训练项目申报 … 18
- 2.3　大学生创新创业训练项目实施过程及管理 … 21
- 2.4　大学生创新创业项目实施中存在的问题 … 22

第 3 章　大学生创新创业训练指导 … 23
- 3.1　大学生创新创业训练项目的选择 … 23
- 3.2　大学生创新创业训练项目申请书的撰写 … 24
- 3.3　大学生创新创业训练项目的评审标准 … 26
- 3.4　大学生创新创业训练项目的答辩指导 … 27

下 篇

第 4 章　电池材料 … 30
4.1　锂离子电池正极材料 $NH_4V_3O_8$ 的制备及性能研究 … 30
4.2　钒酸铵/氧化石墨烯锂离子电池正极材料的合成及电化学性能的研究 … 43
4.3　碳包覆 Co_3O_4 纳米线锂离子电池负极材料的合成及电化学性能研究 … 57
4.4　一种二硫化钼/石墨烯气凝胶柔性锂离子电池 … 72
4.5　生物碳材料改性钠离子电池负极纳米 SnS_2 材料的研究 … 84

第 5 章　光催化材料 … 98
5.1　硫化锡-石墨烯复合型光催化剂的制备及对制革污水中低浓度重金属铬(Ⅵ)的光还原性能研究 … 98
5.2　纯相纳米 Bi_2SiO_5 粉体的制备及性能研究 … 108
5.3　不同形貌 Sm_2O_3 微晶的可控合成及性能研究 … 120

第 6 章　储能材料 … 132
6.1　高储能密度的 $Ba_xSr_{1-x}TiO_3$ 基电容器陶瓷材料的研究 … 132
6.2　高储能密度 $Na_{0.5}Bi_{0.5}TiO_3$ 基陶瓷介电性能研究 … 144

第 7 章　光学材料 … 154
7.1　异质光子晶体的快速自组装制备及其性能研究 … 154
7.2　Sm_2O_3 光电薄膜的反向胶溶法制备及其结构、性能研究 … 167

第 8 章　复合材料 … 180
8.1　汽车尾气净化用 SiC/C 多孔复合陶瓷多尺度设计及性能研究 … 180
8.2　高频磁电复合材料的研究 … 194
8.3　高性能 KNN 基磁电复合材料的研究 … 208
8.4　$BaTiO_3$-$(Na_{0.5}Bi_{0.5})TiO_3$-$Bi(Mg_{0.5}Zr_{0.5})O_3$ 陶瓷介电温度稳定性的研究 … 227

参考文献 … 239

第1章 大学生创新能力培养

1.1 大学生创新能力培养概述

"创新、协调、绿色、开放、共享"五大发展理念是我国在"十三五"期间的发展思路、方向和着力点。经济长远发展的动力源自创新,在激烈的国际竞争中,全面提升我国创新人才的培养,增强创新人才的竞争实力,才能让我国经济在世界竞争中立于不败之地。因此,必须把创新作为引领发展的第一动力,把创新摆在国家发展全局的核心位置。

大学生是社会未来发展的主力军,新时代对大学生的综合素质和创新能力的要求越来越高。在国际竞争日趋激烈的今天,实践能力和创新能力作为大学生的一项重要基本素质,已经成为人才培养的基本要求,在人才市场竞争中具有重要的作用,因此创新实践能力的培养是大学生满足社会发展需要的重要前提。

高校创新人才培养作为主要内容之一已被列入《国家中长期教育改革和发展规划纲要(2010—2020)》。创新人才的创新能力主要体现在创新思维、创造性及矛盾问题处理等方面。国内外学者一般认为,创造者的特征包括对问题的敏感性、处理问题的灵活性和独创性、分析问题的能力以及思维的流畅性、洞察力和穿透力等。

1.2 创新的内涵及特征

近几年来,"创新"一词被广泛使用。从理论创新、思想创新、知识创新、技术创新到制度创新、政治创新、文化创新等各种"创新"术语逐渐被各个领域所接受。在英语里,创新是一个非常古老的词语,它起源于拉丁语,意思是更新、制造新的东西或改变。但是,创新成为一个理论术语,或者说创新理论的创立,是20世纪初的事情。美籍奥地利人、美国哈佛大学教授约瑟夫·熊彼特第一个从经济学角度系统地提出了创新理论,熊彼特在其《经济发展理论》一书中,运用创新理论解释了发展的概念,在熊彼特看来,一次创新可看成是一项发明的应用,也可看成发明是最初的事件,而创新是最终的事件。他认为,企业家的职能就是要实行创新、引进"新组合",从而使经济获得不断发展。创新是一个经济范畴而不是技术范畴,它不是科学技术上的发明创造,而是把已发明的科学技术引入企业之中,形成一种新的生产能力。具体来说,熊彼特创新包括以下5种情况[1]:

(1) 引入一种消费者还不熟悉的新产品,或提供一种新的产品质量。

(2) 采用一种有关制造部门中未曾采用过的新生产方法,这种新的方法并不需要建立在新的科学发现基础之上,而可以是以新的商业方式来处理某种产品。

(3) 开辟一个产品以前不曾进入的新市场,不管这个市场以前是否存在过。

(4) 获得一种原料或半成品之新的供给来源,无论这种来源是已经存在的,还是第一次创造出来。

(5)实行一种新的企业组织形式。例如,建立一种垄断地位,或者打破一种垄断地位。

在创新的全过程,熊彼特强调创新者的作用,认为那些对企业的发展具有远见卓识、对发明或新资源开发高瞻远瞩、对其经济潜力具有特殊天资并使其在投入使用后不断臻于完善的企业家群体的存在,是促进创新机制运行、推动经济发展和社会进步的先决条件[2]。显然,熊彼特的创新概念过于强调经济学上的意义,定义过于严格。后来,许多研究者对创新进行了扩展性的定义,具有代表性的定义有以下5种。

(1)创新是开发一种新事物的过程。在这一过程中,不断地发掘潜在的需要,经历新事物相关技术的可行性验证,推广应用新事物产生的产品。

(2)创新是运用知识或相关信息创造和引进某种有用的新事物的过程。

(3)创新是指新事物本身,就是指被相关使用部门认定的一种新的思想、新的实践或新的创造物。

(4)创新是指包括知识创新、技术创新、观念创新等在内的一切弃旧图新的精神和行为。

(5)创新是指在前人的发现、发明的成果基础上,提出新的发现或发明成果,提出新的见解,开拓新的领域,解决新的问题,创造新的事物,或者能够在前人已有的成果基础上提出创造性的运用。

不难发现,创新包含的范围非常广泛,各种能提高资源配置效率的新活动都是创新,创新是人们为实现一定的目的,遵循事物发展的规律,对事物的整体或其中的某些部分进行变革,从而获得可以更新和发展的活动。这种更新与发展,可以是事物由一种形态转变为另一种形态,不完善形态转变为完善形态;可以是事物的内容与形式由于增加新的因素而得以丰富、充实、完善;也可以是事物结构内部构成因素的重新组合,这种新组合导致事物的结构更合理、功能更齐全、效率更提高。

广义理解的创新是指力求将科学、技术、教育等与经济融汇起来[3]。创新行为没有局限性,可以表现在各个方面,如制度、管理、工艺、设备、模式、方法、表征等。大学拥有创新创业的良好内在基础和条件——拥有一批有专业知识、创新能力和实践经验的指导教师,而大学生作为大学的主力军,在这样优良的条件下具有从事创新活动的优势,如果能充分调动大学生的创新积极性,引导和推动大学生创新成果的转化,可有效地促进经济和科技的发展——这也得到了市场的证实和认可。因此,如何增强大学生的创新意识,提高其创新思维能力和实践能力,是提高我国经济竞争力的不竭动力。大学生科技创新即大学生运用一切已知信息,包括已有的知识和经验等,产生某种独特、新颖、有社会或个人价值的产品[4]。大学生积极思考并主动参与创新活动,能有效提高大学生的创新思维和解决问题的能力,加速我国创新人才队伍的培养,对社会发展有着重要的意义。

1.3 培养大学生创新创业能力的意义[5]

(1)缓解大学生就业的有效途径。2017届全国普通高校毕业生预计795万人,比2016年多30万人。从2001年开始,中国普通高校毕业生人数一路上升:2001年,全国高校毕业生人数仅有114万人,到2016年的15年间,毕业生人数增长了651万人[6]。与此同时,社会整体的就业岗位并没有急速地增加,这种不平衡现象使不少大学生一毕业即面临失业的新问题,而国家的政策以及国际经济的发展也影响着大学生的就业。如何突破教育瓶颈,缓解就业压力,如何让大学生在激烈的市场竞争中占有更大的竞争优势,让他们在就业时能够自主创业,以缓解就业压力,是大学教育应该深思的问题,是值得每一个教育者思考的问题。增强大学生的创新意识,明确创新创业目标,掌握创新必备的专业知识,使他们在日后的就业竞争及社会竞争中脱颖而出,这是缓解就业压力的有效途径之一。

(2) 适应社会快速发展的需要。当前社会科技的快速发展,网络时代的到来,新型产业的快速发展,对人才提出了更高的要求,使人才市场的竞争也日趋激烈,导致现代企业对员工综合素质的要求也越来越高,这同样是影响大学毕业生就业的重要因素之一。以材料科学与工程专业来说,对于材料的结构、组成、制备及性能相关知识的学习,不仅仅要掌握传统材料的相关制备工艺和性能,而且要了解新材料的发展动态和市场需求,掌握各种高端精密仪器的准确定位,如X射线衍射仪、扫描电子显微镜、透射电子显微镜、分光光度计、红外光谱、拉曼光谱、原子力显微镜、X射线光电子能谱、电化学工作站等,掌握计算机在模拟、计算、图表绘制、数据分析等方面的应用。为了适应社会需求,让大学生在相关专业具有更好的竞争力,要求大学生能够掌握高科技仪器的使用,不断学习新的工艺和技术,在掌握自身专业知识的同时,更好地掌握其他领域的知识,从而具有更广泛的知识结构,以提高自身的综合能力和创新能力,只有这样才能在激烈的市场竞争中占有一席之地。

(3) 建设创新型国家和提升国家竞争力的需要。江泽民同志曾指出,创新是一个民族进步的灵魂,是国家兴旺发达的不竭动力[5]。当今社会是信息的时代,科技在经济体系中显示了越来越重要的作用,经济的飞速发展依赖于科技的发展,因此,社会对高素质人才的需要也越来越明显。一个国家的竞争力在于拥有科技创新的能力和大量的高素质人才资源,而大学生正是高素质创新人才培养的源头,是高素质人才整体素质的体现。高等教育正是培养大学生的平台,高等教育对大学生创新创业能力的培养模式及重视程度,直接影响到大学生的创新创业能力。只有大学生创新创业能力整体素质的提高,才能给社会输送一大批具有创新思维和创新能力的人才,推动国家创新体系的建立,提升我国在世界经济体系中的竞争力。

1.4 培养大学生创新创业能力的重要性

教育部在《关于大力推进高等学校创新创业教育和大学生自主创业工作的意见》中指出:"在高等学校开展创新创业教育,是深化高等教育教学改革,培养学生创新精神和实践能力的重要途径;是落实以创业带动就业,促进高校毕业生充分就业的重要措施。"高等学校进行创新创业教育旨在让大学生们更好地了解社会发展动态和需求,提高大学生的创新思维能力和动手能力,从而提高大学生对学习新知识的热情,为今后的就业或创业指引方向。大学生创新创业项目正是这样一个培养创新能力的平台,大学生们在这个平台上,经过了项目的申报、实施和结题等相关工作,不仅锻炼了自身的创新思维能力和动手能力,而且提高了自身的组织协调能力和团队合作能力。

近几年,"大学生创新创业训练计划"大赛在大学生中被重视的程度越来越高。国家级大学生创新创业训练计划内容包括创新训练项目、创业训练项目和创业实践项目三类。创新训练项目是由本科生组成的团队,在相关教师的指导下,自主地完成创新性研究项目拟定、方案设计和项目实施、结果分析、研究报告撰写等相关工作。创业训练项目是本科生组成的团队,在相关教师的指导下,团队中每个学生在项目实施过程中扮演一个或多个具体的角色,完成编制商业计划书、开展可行性研究、模拟企业运行、参加企业实践、撰写创业报告等工作。创业实践项目是学生团队,在学校导师和企业导师共同指导下,采用前期创新训练项目(或创新性实验)的成果,提出一项具有市场前景的创新性产品或者服务,并以此为基础开展创业实践活动。[7]

大学生创新创业训练计划给学生创新能力的培养提供了一个很好的锻炼平台,不论是创新训练项目、创业训练项目还是创业实践项目,在参与项目的申报和实施的整个过程中,学生不仅要了解相关专业的知识,制订合理的实施计划,学习项目的开展和存在的问题及解决方法,更重要的是学习项目的管理、团队分工协作以及答辩交流过程等。在这个平台上,经过项目的申报和实施过程,项目成员相互协作,共同解决遇到的问题,无形中开拓了学生创新思维能力,增强了学生面对困难时开展各种创新创业尝试的勇气,并在项目的实施过程中,学生更好地了解相关专业和社会需求,重新审视自己,明确自己的发展目标,从而更好地为创业打下良好的基础。依托大学生创新创业训练计划这样一个平台,我们可以更好地培养了大学生的创新能力,这样可以增加我国创新人才的后备力量,同时,大学生的创业也将带来更多的就业岗位,从而更好地推动社会经济的发展。

1.5　大学生创新能力方面存在的突出问题

创新实践能力是人类在进行创造性实践活动中所表现和发展起来的各种能力的综合。创新实践活动贯穿于人类历史发展的全过程,每一次伟大的创新都带来了社会的重大变革,推动了社会的飞速发展。思想支配行动,只有敢想才能敢干,具有突破性的创新思维能力才是创新实践的基础和前提。受到旧的教育体系和教学方式的影响,学生从小教育以应试教育为主,造成本科生具有较强的应试能力,而缺乏灵活的创新思维能力,缺乏提出问题、独立思考和解决问题的能力,这种旧的培养体制,严重制约了本科生创新实践能力的培养。

自1999年全国高校扩招以来,人才培养质量逐渐成为社会各界普遍关注的热点问题,人数的激增、相匹配师资队伍的缺乏、适应社会需求的教学模式的改革等问题,使培养出来的人才不具备应有的实践能力和创新能力,无法适应快速发展的社会需求,这些都制约了经济和社会的飞速发展。目前影响大学生创新创业的因素很多,主要体现在以下几方面。

(1)社会氛围不够。良好的社会环境是创新创业教育发展的前提,改革开放以来,我国经济得到了高速的发展,人们的生活水平得到了提高,人们对于物质文明的需求也在日益增长,而这种高速发展的物质文明与贫乏的精神文明形成鲜明对比,同时,社会的发展仍存在区域的不平衡性,这无形中影响着家长们及学生们对职业的选择,形成了不正确的职业观导向,这种社会的氛围严重影响着当代大学生们的思想,大大限制了学生的想象力和创造力,压制了学生创业的激情。

(2)高校对学生创新创业支持力度不足。相比于小学和中学教育,大学教育不仅仅要注重知识的传授,更要关注能力的培养,特别是创新思维和能力的培养,大学生经过大学的教育将步入社会,因此大学教育更重要的是让学生适应社会,具备在社会上生存和竞争的能力。一所高校的好与坏,不在于校园有多漂亮,学生的居住条件有多好,而在于浓厚的学术氛围、高水平的师资队伍、学校对学生参加各项创新活动的支持、教学模式的完善、交流平台的建立等,而目前高校在支持学生参加各类创新项目和竞赛的活动经费方面仍存在不足,无法覆盖所有的学生,这也限制了学生参加活动的人数和质量。另外,近年来大学的扩招使大学生的素质能力明显降低,这种急剧的扩张导致学生能力的参差不齐,同时大学教师队伍的年轻化及经验不足,无法与学生人数的增加相匹配,而短期教师队伍能力的提升也存在困难。特别是工科类院校,有些专业与实践结合较紧密,具有工程技术经验和背景的教师队伍的缺乏问题更加突出。

(3)政校企三者联系不够紧密。当前,大部分高校仍不能根据相关专业社会人才需求来调整专业方向和相应的培养目标、培养计划、课程设置等,大部分高校的学生实践教学仍局限于阶段性的工厂参观或者简单的社会实践,学生无法真正深入到企业生产一线中去,无法真正了解生产实际及生产中存在的问题和解决的方法。在这样的教育体制下,更多地关注简单的知识传授,不利于学生的动手能力和创新思维能力的提高。高校培养的是步入社会的人才,如果与社会需求脱节,自然培养的学生也就失去了社会的竞争力。目前,大部分创新创业训练计划项目和竞赛相关内容主要来源于教师的科研课题,而部分高校教师缺乏工程实践经验,与企业交流少,对企业需求不了解,导致学生的创新创业训练活动与企业需求严重脱节,只能停留在科学研究的阶段。

(4)家庭对学生创造性包容的缺失。应试教育使家长过多地关注孩子的成绩,过多地对学生进行干预,且过多地关注了事情的结果,而忽视了过程本身的意义,限制了学生自身的学习能力、思维能力和交流能力。家长们总是灌输孩子在找工作时关注稳定、高薪、环境好等条件,这种过于现实的诉求束缚了大学生们对创新创业教育的热情,是大学生们进行创新创业教育的障碍。

1.6 大学生创新能力现状[8]

在经济飞速发展的今天,创新已经成为社会发展的动力,一个国家的国际竞争能力依靠其具有创新能力人才的培养以及创新人才的后备力量,创新人才的培养不是一朝一夕的事情,应该依靠全社会的努力,而高等教育是创新人才培养的重地,自然地承担起了社会所需高水平创新人才培养的重任。过去,高等教育更注重对大学生专业知识的传授,而忽视了对大学生创新思维和创业能力的培养。当今社会,科技的高速发展,对创新人才的需求提出了更高的要求,世界各国的高等教育都将大学生创新能力的培养作为导向进行着高等教育的改革。受传统教育观念的束缚,我国在大学生创新能力培养方面仍存在一些问题,包括国家及高校对大学生创新创业培养过程的投入不足、组织保障机构不够完善、各级部门的重视程度不够、培养过程的管理不足等。虽然经过多年的努力,各级政府及高校对大学生创新创业能力的培养重视程度越来越高,但基于大学生的人数众多,创新创业培养的覆盖面、培养的过程管理、培养的结果仍处于一个相对较低的水平。

(1)创新思维及主动性较差。当前,绝大多数大学生保留了以往的学习思维情况,只注重本专业理论知识的学习,不关注本学科发展动态以科技前沿,对动手能力以及创新思维的培养更是不够重视。同时极少部分学生能做到主动联系专业教师进入实验室对本专业科研实验及创新性实验进行探究。因此,学校较为丰富的信息、实验、教师资源没有得到良好利用,学生们的能动性较差。因此,他们在遇到困难或处于困境时往往束手无策、犹豫不前,缺乏创新所必需的勇气和行动。

(2)缺少创新性思维能力。随着信息时代的来临,当代大学生有了更便捷的信息来源和途径,但是动手能力的缺乏和相关领域信息资源极易获取的现状,让学生的创新思维难以得到锻炼,尤其是在发散思维能力、逆向思维能力方面仍然比较弱,直线型、平面型的思维方式依旧是目前主流的思维方式。这些思维方式过于简单,当面对特定领域的具体问题时,他们无法运用联系的、辩证的、全面的观点来思考问题。

(3)动手能力不足及动手环境缺乏。在信息时代的背景下,大学生的知识框架及知识网络有了极大的延伸,有些时候,他们利用自己所掌握的专业或课外知识结合身边的一些常见现象,会迸发出一些奇妙的灵感。但是,在大多数情况下,灵感也就只能是灵感,他们不懂得如何将灵感付诸实践,甚至怀疑自己的灵感是否正确;同时,目前大多数有机会进入实验室自己动手探究实验的学生,往往是参加了一些科技竞赛项目,普通学生对进入实验室仍然没有兴趣,这也导致了大学生创新思维难以培养。

(4)缺乏创新兴趣和毅力。信息的充裕、环境的多变,使大学生在课外生活方面的选择越来越多。因此,对进行创新性事业以及创新性能力锻炼感兴趣的学生基数就会受到影响。另外,对创新性思维及能力的培养不是一朝一夕的事,在这个长期的过程中,又有一大部分的学生因为各种原因难以坚持下来,这使培养具有创新性人才的目标就更加遥远。

1.7 大学生创新能力培养特征

1.7.1 创新的特征

创新贯穿于制度、体制、技术、方法、设备等方方面面,虽然表现不同,但却有着相同的特征,主要包含以下几方面。

(1)自主性。创新所需的核心技术来源于相关创新主体内部的技术突破,是相关主体依靠自身的力量,通过独立的研究、开发、实践等活动而获得的,自主性是创新的本质特征。

(2)领先性。创新并不意味着完全提出一个新的事物,而是在前人的研究基础之上有所突破或提出新的想法、实现新的成果,因此创新所产生的结果应该是领先原有技术和成果的,一个没有领先性的成果,就经不住社会的考验,不具有竞争力,也就失去了创新的意义。

(3)系统性。创新能力是在创新过程中各种能力要素的有机结合,不是各个要素的简单叠加,各个要素通过不同的组合方式可以产生不同的效果,因此创新具有系统性,是由开发主体有效地组织各类资源,获得特定的创新成果。

(4)知识依赖性。创新的过程需要各种知识,如科学理论知识、管理知识、社会实践知识等,只有融会贯通所有的知识,才能获得创新成果。在这个过程里,不断地学习和交流是关键。知识的交流过程是自主创新成功的内在基础和必要条件,在设计开发、研究探索、生产制造、管理体制、营销手段等每一环节,都需要相应知识的支持。

1.7.2 大学生创新活动的特征

与其他活动相比,大学生科技创新活动具有以下特征。

(1)活动丰富性。大学生科技创新活动是一项融合知识学习、创新思维、创新实践的复杂实践活动。创新活动的形式多种多样,包括各类科技讲座和论坛的开展、论文的征选、知识竞赛、技能大赛、创新创业竞赛、创新创业项目等,大学生可以根据自身的特点和兴趣,参与到不同形式的科技创新活动中去,通过参与科技创新活动,达到培养创新思维和创新能力的目的。各类科技创新活动因参与人、研究内容、活动性质的不同而有所不同。同时,在参与各类科技创新活动的过程中,大学生面对的不仅仅是运用的知识过程,更多的是要面对科技创新活动所带来的一系列实践问题,例如,个人与科技创新团队或社团的关系、成员之间的分工与相处、学生自身主导意见与专业老师指导之间的关系、科技创新活动与自身学业之间的关系、成果的实验研究与实际应用的关系等。

(2)组织系统性。高校是培养科技创新人才的重要基地,大学生科技创新活动是创新人才培养不可或缺的一部分,因此在高校中大学生科技创新活动不应是盲目的,而应该结合我国社会和对人才的实际需求。大学生作为庞大而特殊的人群,在科技创新活动中能力仍显不足,为此各级政府及高校应重视创新创业活动的组织系统性,建立系统的管理制度、保障制度、运行制度、激励制度以及评价制度,并且在创新活动实践过程中进行各类制度的完善,这是大学生创新活动顺利开展的保障。

(3)目的一致性。高校是大学生从学生时代迈向社会的重要过渡时期,在大学学习阶段,学生不应局限于学习知识,更要学会更好地适应社会,为此,高校教学应更多地关注社会需求,提高学生的实践思维能力和动手能力,更好地提高人才的素质、创新能力和社会适应性,为此在大学生培养过程中应注重和鼓励大学生更多地参与科技创新活动。虽然不同的科技创新活动在形式和组织方面有所不同,但其对象和目的是一致的,均是为提高大学生的综合素质和科技创新能力而开展的实践活动。

1.8 大学生创新能力培养目标

大学生科技创新活动的主要目标是培养大学生的创新意识、创新思维与创新能力,在创新活动的实施过程中,促进高校教师不断完善自我,促使高校教育体系的进一步完善。

(1)提高大学生的综合素质。大学生科技创新活动面向全体学生,以全面提高大学生的综合素质为根本目的,以培养学生创新思维能力和实践能力为核心。在大学生参加科技创新活动的过程中,不应过于看重创新活动的结果,而要注重创新实践活动的过程。大学生通过参与实践活动的过程,培养大学生们的创新意识和创新能力,同时锻炼他们实践动手能力、协作能力和交流能力等。一方面,参加科技创新活动能够提高大学生观察能力和动手能力,推动基本理论的理解和运用,让学生把课堂上所学的知识运用到实际生活中,将理论与实践相结合,这有助于提高学生的整体科学素养和实践能力。另一方面,在参与科技创新活动的过程中经常需要参与答辩、撰写文稿、进行交流等,这能够提高大学生的写作、交流、办公软件、口头表达、相互合作、逻辑思维等能力,这对于培养一个有知识、有本领、高综合素质的大学生至关重要。

(2)推动知识经济发展。创新是知识经济的灵魂,因为知识经济是一种依靠知识的创新、知识的创造性应用及知识的广泛传播的经济。当今社会,创新是时代的主流,经济建设又是当前的主要目标,依靠创新可有效驱动经济的飞速发展。创新已经给我们的生活带来了巨大的变化,在某种意义上改变了我们的生活方式,这也意味着创新经济有着巨大的潜力。大学生作为高素质人才,是科技创新活动的生力军,也是经济发展的主要动力。

(3)提高综合国力与国际竞争力。胡锦涛同志曾指出,"提高自主创新能力,建设创新型国家","这是国家发展的战略核心,是提高综合国力的关键"[9]。科技创新是国家和民族发展的不竭动力,一个国家的发展不能依赖于"模仿","模仿"只能使社会经济在一定时期内得以提高,但长此以往,一个国家的经济越来越依赖于其他国家的技术、工艺、设备等,终有一天将失去国际竞争力。大学生作为国家创新人才的生力军，担负着国家和民族的发展重任，他们的创新意识和创新能力直接影响到国家的创新能力。通过教育体制改革，全面推进科技创新活动在大学生中的普及，提升大学生整体的创新思维能力，从而提高国家的创新能力。

1.9　大学生创新能力培养模式

传统的课堂教学是"填鸭式"教学，教学模式以教师为中心，教师是课堂主体，学生只是被动地接受知识，教师照本宣科，学生也只能读死书，这样不但费时费力，而且教学效果差。这种模式无法发挥学生作为认知主体的作用，学生的实践能力和创新能力得不到培养和提高。为适应社会的发展，当前高校教学改革的主要目标之一是要改变传统的以教师为中心的教学模式，构建一种既能发挥教师的主导作用又能充分体现学生认知主体作用的新型教学模式，培养出具有实际运用能力的人才，因此创新性教学势在必行。创新性教学是指以培养学生创新性为核心目标的教学。学生创新能力的培养应首先从创新性教学做起。教师要给学生创造活跃、畅所欲言的课堂氛围[10]，启发学生主动积极地发现问题，勇敢地提出问题，并引导学生自主解决问题。在已有知识与新知识的碰撞中总会发现许多新的科学问题，利用已有的知识去解决未知的问题，在解决的过程中便完成了某种知识的创新，这一目标实现的重要前提就是学生能够发现问题，并正确表达问题。

爱因斯坦认为："提出一个问题往往比解决一个问题更重要。提出新的问题需要有创造性的想象力，而且标志着科学的真正进步。"训练对已有问题被动的、"应答式"的解决能力是传统教学的特点，但是注重这种训练，不利于锻炼学生独创能力，抑制了学生对事物的好奇心，学生无法主动、深入地去探索，创新思维得不到激发和培养。因此，如何有效地结合课堂教学和实践教学来培养学生发现和提出问题的能力，是创新教育改革中的重要课题。同时，教师应时刻关注学生状态，紧张或不够宽松的课堂环境很容易使学生"启而不发"或"沉默不语"。教师必须引导学生课堂上具有主动、积极的态度，思维活跃，并对学生所犯错误具有高度的包容精神，逐步做到把课堂交给学生，做到教师引导的模式[11-12]。

在国外，一些国家对创新教育、学生创新能力的培养起步较早，且一直把创新能力培养作为基本的教学传统。其中，比较著名的理论有 Treffinger 的创造性学习模型（MCL）、Renzulli 的创造力培养理论和 Torrance 的创造技能训练等[13]。为了更好地培养创新型人才，各国均提出了一系列的有效措施，例如，允许学生自由选择专业，重视本科生通识教育环节，在教学方法方面尊重差异，提倡开放式教学理念，提升实践教学环节的地位，鼓励学生经常参与各项创新竞赛，成立专门的学生实习训练中心，举办各类创新活动及创新项目等。

2012年全国教育工作会议上提出建立协同创新机制，破除高校与其他创新主体之间的体制壁垒，实施卓越人才培养计划，提出高校与有关部门、科研院所、行业企业联合培养人才的新模式探索，并且印发了《关于国家精品开放课程建设的实施意见》，越来越多的课程向社会公众免费开放。在这样的发展趋势推动下，大学生的培养模式正在发生着变革，高校教育体系改革更多地瞄准了对大学生创新实践能力的培养。

（1）教学理念的转变与树立。[10]传统教育理念束缚着创新教育的发展，为了紧跟时代步伐和社会需求，转变教育思想观念是创新创业教育的关键之一，应建立以学生为本、以创新教育为核心的教育思想，教育不再是只注重于书本知识的传授，而要关注学生综合素质的提高以及思维能力的锻炼。一方面，新的教学理念的提出并不意味着不需要课堂教学，而只是在教学方式上应转变观念，确立在教学过程中学生的主体性地位，更多地关注和培养学生的自主性和创造性，采用不同的教学方式，如讨论式、辩论式、问答式、解决问题式等，这样可以让课堂气氛更加活跃，让学生更好地参与到教学中来，让学生成为主体，这样不仅可以避免"填鸭式"的被动学习问题，还可以培养学生发现问题、提出问题和解决问题的能力，让学生更主动地进行知识的学习。另一方面，注重课堂教学以外的创新教学，以创新教育为核心，完善创新教育模式和管理制度，更好地将创新教育覆盖到所有本科生的教育过程中，营造参与创新项目和竞赛的氛围，让学生更好地参与到创新教育中来，激发学生的好奇心和求知欲，让学生积极主动地参与到创新教学过程中来。

（2）优化教学内容，构建课程体系。创新教育不能闭门造车，要紧跟社会需求，只有这样学生才能真正了解市场的需求和社会的发展，从而更好地步入社会，因此，创新教育应及时优化教学内容。新的知识是随着市场和社会的发展而不断更新的，教学内容也应该是一个不断更新的过程。教学内容的创新并不意味着要摒弃原有的基础知识，而是在基础知识传授的基础之上，更注重新知识、新研究方向、新的创新方法、新设备等方面知识的传授。丰富的知识不仅可以拓宽学生的视野，提高学习兴趣，还可以为创新教育打下良好的基础和提供思路。

随着创新创业教育的开展与深入，对课程体系的改革势在必行，构建合理的课程体系应以学生创新能力的全面提升为宗旨。在传统的教学模式中，课程体系的设置专业意识太强，基础口径太窄，限制了学生的发展方向和创新思维。在创新教育中，课程体系的改革应注重于知识的拓宽和思维与能力的培养，同时也应该保障必要的专业基础知识的学习，并在此基础之上，加大选修课的比重，注重选修课的多样性，使学生可以根据自身的需求更好地选择相应课程，这样能够更好地尊重学生的个性化和差异化发展。对于选修课的要求不仅体现在专业选修课方面，在通识选修课方面也要加大力度，让学生在学习专业知识的同时，掌握多学科知识，注重学科交叉、文理交叉。课程相关学分应适当减少，让学生有更多的精力参与课外实践和创新创业计划等活动，有效提高学生的思维能力、动手能力、创新能力和解决问题的能力。

（3）更新教学方法。创新能力的培养不仅体现在课外实践、创新创业计划等相关模块，也可以体现在课堂教学对创新思维和创新能力的培养。课堂教学不单单是传授书本知识，特别是工科院校，专业的发展与社会的需求和发展紧密，所培养的学生也不应该是只懂得相关专业基础理论知识的人才，更应该是懂得市场的发展、先进的技术，具备自主创新创业能力的人才。内容的传授不宜过深，以由浅入深的方法，更容易让学生进入学习状态。在讲授过程中，可以引入提问式教学、讨论式教学、辩论式教学、研究式教学等方法，这样更容易激发学生的学习兴趣，在这样的过程里，学生的主动性更强，更容易培养学生提出问题、分析问题和解决问题的能力。教师也应该多使用多媒体、软件、网络等先进手段，这不仅可以提高学生的兴趣，也可以让学生更好地接触先进信息技术，提高自身的能力。在实验教学方面也应该多注意学生主观能动性的问题，验证性和演示性实验中，限制了学生的主体性，这类被动的教学无法激发学生的学习兴趣，因此，加强综合性和设计性实验有助于学生锻炼动手能力和创新思维能力。另外，课内实践和课外实践的形式也应多样化，除了各类实习、实验以外，应多鼓励学生参加创新创业项目和竞赛、社会调查、勤工俭学等。

（4）建立科学的考核体系。目前，高校课程、实验、实习等教学环节过于重视对知识能力的考核，往往仅限于以考试成绩的高低来评价学生的学习结果，考试方法单一，这样的课程考核体系往往使学生的学习变成记、背、学书本知识,无法体现对大学生创新思维能力的培养和考核,不利于大学生创新教育的改革,因此,必须对现有的考核体系进行改革,建立科学合理的考核体系,尽可能地调动学生的学习积极性、主观能动性和创新思维能力。考核体系的改革不意味着就不考试,而是如何考试。在考试内容中应减少基本理论知识等相关死记硬背的内容,考题可以灵活多变,尽量体现学生的创新思维、实践能力,这点对于工科类院校尤为重要。同时,应尽量弱化考试在总成绩中的占比,可以加入论文、答辩、设计、作品等形式更好地体现个人的能力发展,这样才能更好地鼓励学生的个性化发展,让学生认识到创新思维、交流和动手能力的重要性,激励学生提高自身的综合素质。

1.10 大学生创新创业能力培养体系

1.10.1 基于第一课堂的大学生创新创业能力培养体系

基于第一课堂的大学生创新创业能力培养体系的建立,包括创新教育理念的树立、课程体系的改革、教学内容及教学方法的调整、创新型教师队伍的培养、科学高效评价机制的建立和创新型校园环境的营造等六方面[14]。

(1) 树立创新教育理念。创新教育是在全面推进素质教育的基础上提出的,指通过发挥教育的主导作用,充分调动学生认识与实践的主观能动性,重视对学生主体创新意识、创新思维和创新潜能的唤醒和满足学生主体充分发展的教育。高校作为培养创新人才的重要基地,必须突出学生主体地位,最大限度地激发学生的内在潜力与学习动力,使学生从被动的接受客体变成积极主动的学习主体。教师应具有创新思想和创新意识,需要改变过去以传授知识为主的教育模式,通过建立平等交流的师生关系,充分发挥教师在传播知识、启迪智慧、培养能力和塑造人格中的指导作用,培养学生批判反思、提问质疑和求知探索的思维习惯,确保学生主体能动作用的发挥。

(2) 进行课程体系改革。要实践教育创新,必须推进课程体系改革,因材施教。要拓宽课程选择面,完善课程转换体系,使学生可以跨专业、跨学科、跨院系进行学习,鼓励学有余力的学生跨学科、跨专业修读喜欢的辅修课程、辅修专业甚至第二学位;开设选修课程,实施主辅修学习制度,加强文化素质教育和复合型人才培养;实施第二课堂培养计划,将思想教育活动、科技创新活动、文化体育活动、社会实践活动等纳入创新人才培养体系,全面提高学生的创新能力和综合素质;开设"创新学"课程,开发训练学生的灵活性思维、求异型思维、发散性思维和逆向思维的创新潜能。

(3) 调整教学内容及教学方法。第一,构建创新型的教学内容体系,将体现教学内容时代性、开放性、多元性与全面性的最新科学研究成果和科学概念及时地融入教学实践中。培养学生用发展的观点看待客观物质世界,引导他们探索新的知识。第二,树立以学生为主体的教育观念,采取启发式和讨论式教学,激发学生独立思考和创新的意识。利用专题研讨、课堂辩论和学生讲课等方法,激发大学生的求知欲与想象力,培养他们的求异思维和探索精神。第三,加强教学的实践环节,设立开放型实验室和创新教育实验基地,鼓励和引导学生参与科技活动,培养他们的创新意识和创新能力。第四,积极利用现代化的教学手段,通过音频和视频,使用 VR 和 AR 等技术,使学生对知识掌握得更加透彻、形象,激发学生的学习兴趣和创新激情。

(4)培养创新型教师队伍。高校是培养创新人才的重要基地,而教师是实施创新教育的主导。要培养具有创新精神和创新能力的人才,必须要有一支创新型教师队伍。第一,教师应当保持思想观念上的超前性,不断提高实施创新教育的自觉性;第二,教师要加强创新教育的研究和实践,不断深化教学内容、教学方法与手段及考试方法等方面的改革;第三,教师在教学过程中要有意识地加强对学生创新意识、创新思维和创新能力的培养,同时要勇于接受学生的挑战,以自身的创新意识、创新思维以及创新能力去带动大学生创新能力的形成和发展,激发他们的创新激情。

(5)建立科学高效评价机制。每一门课程的评价机制对于学生的学习积极性都至关重要,旧的评价机制以书面答卷为主,学生们为了获得好的成绩,往往注重于内容的记忆,而忽略了学习内容的内涵和应用,大大限制了学生的创新思维。为了更好地进行创新教育,建立科学高效的评价机制是必要的。第一,改革现行的考试制度,根据课程特点、教学内容,可采取灵活多样的考试方法,如书面答卷、科研论文、产品设计、社会调查报告、工艺设计、实验实践等相结合的方式进行测试,做到知识、能力和综合素质的综合考评,以此促进大学生积极主动提高自己的创新意识与创新能力。第二,构建综合素质评价指标体系,从学生的专业基础知识、思想道德修养、身心健康水平、文化技能特长、科技创新能力、组织活动表现等方面进行综合评价,而不仅仅局限于对书本知识的掌握,促进学生知识、能力、素质的协调发展。第三,建立有利于学生创新能力培养的激励机制,如对参加创新创业计划等实践活动并获得突出成绩的进行表彰与奖励,并可作为研究生推荐、奖学金的评定、部分课程的免修等的重要依据;制定完善的奖励制度,对各级创新活动获奖学生分类进行奖励,以激励大学生主动参加各类创新活动的积极性。

(6)营造创新型校园环境。当前,大部分创新活动是在学校的背景下或支持下完成的,学校的环境和创新条件是大学生创新创业活动全面开展的保障。学校创新环境包括硬环境和软环境两大部分,一方面要改善校园的硬环境,加大创新教育基础设施建设的资金投入,如创新实验室的建设、实验室仪器设备的更新、检测设备的更新及开放等。另一方面要营造一个平等、信任、宽容、进取的创新软环境,如在对学生的管理方面,明确相关的管理制度,但在严格的管理制度下也不乏宽容,能够容忍学生在创新创业活动中的失败,以鼓励学生参加创新活动热情,只有这样学生才能放开心理包袱;充分利用第二课堂,广泛开展学术科技活动,加强学术交流,营造浓厚学术氛围;开展丰富多彩的校园文化活动,提高学生的人文素养和科学素质,同时在活动中充分调动学生创新积极性,以提高学生的创新思维能力。

1.10.2 基于第二课堂的大学生创新创业能力培养体系[15]

(1)完善第二课堂课程教学体系。为了更好地推进对大学生创新创业能力的培养和发展,促进大学生创新创业素质的提高,高校应该探究新的教育教学策略来适应大学生创新创业能力现状——建立第二课堂教学模式。第二课堂以实现对大学生创新创业能力的培养为教学目标,以坚持提高创新创业技能为主要目的,不断提高创新创业专业知识和能力,实现学生实践观的建立以及创新创业兴趣、意识和思维的培育,达到学生全面发展。同时,科学合理地设计第二课堂教学内容,采用定性和定量相结合的形式,彰显实践教学的目的性和针对性,使理论和实践充分结合,促进高校第二课堂教学的指导性和规范化。

(2)开展丰富的实践活动。为了更好地激发学生的创新意识和创业热情,更好地提高创新教育教学工作开展的效果,通过学术研讨、社团活动、志愿者服务活动等多种社会实践活动,拓宽教学的媒介和教学方法,用丰富的课程资源提高学生的创新意识和创业技能。为学生提供更为广阔的平台,让他们在实践、交流、探讨学习中提升自我,领略创新创业活动的魅力。为切实增强高校第二课堂教学的效果,在实践教学中,坚持以实践操作为主体,使学生不断地掌握创新创业技能相关的知识和技能,提高大学生创新创业技能水平。

(3)加强高素质师资队伍建设。高校教师是第二课堂教学的重要实施者,因此,高素质的教师队伍对于人才的培养发挥着重要的作用。建立健全教师队伍建设和考核制度,通过严格、规范的考核标准与考核制度来加强对教师队伍的培养。在第二课堂教学实践中,坚持学生的主体地位,不断革新教学模式和教学方法,突出实践的重要性,完善大学生创新创业课程体系建设,实现体验式教学成果,这依赖于实践能力强的师资队伍的建立,没有实践能力的教师就无法在创新教育中成为学生的引路人。

(4)建立健全保障体系。为更好地保障高校创新创业教育教学工作的开展,高校应该不断建立和完善相关的各种保障体系。建立大学生创新创业教育制度,完善和提升创新创业投资机制和法律保障;对于资金短缺问题,通过建立强大的创新创业教育平台以满足实际需求;同时,促进校企联合,建立完善的合作制度体制,使大学生创新创业教育更好地与社会需求相结合,从实际出发,促进大学生创新创业教育的发展。

1.11 大学生创新能力培养评价体系

创新能力是创新意识、创新素质和创新实践三方面的综合体现,其中创新意识是前提,创新素质是创新能力的核心,创新实践是实施创新行为的具体过程[16]。创新能力表现在多个方面,具体包括获取知识的能力、发现和提出问题的能力、分析问题的能力、解决问题的能力、创造思维能力、综合推理能力、动手实践能力、组织协调能力、交流能力等。创新能力的培养涉及知识、意识、思维、行为过程和结果等各个方面,如何全面、准确地评价创新实践活动中大学生的创新能力,如何建立全面、多角度的评价指标体系,是全面推进大学生科技创新活动的关键。大学生课外科技实践活动创新能力培养的评价体系(见表1-1)包括5个一级指标和17个二级指标,全面考虑了实践活动过程的科学性、可操作性、系统性、多样性等原则。

(1)学生评价体系。大学生是创新创业计划实施的主体,项目的实施过程及成果主要由学生的学习和培养过程及结果决定,单靠创新创业计划的成果和单一的量化评价体系无法对实践活动进行全面的评价,更不利于相关计划的完善。对于学生的评价方法应更加重视对学生学习过程的评价,注重于学生在实践活动过程中的能力培养,及时发现存在问题,帮助学生正确定位,建立自信心,以激发学生内在的发展动力,在评价学生实践过程中,进一步完善项目的管理、实施和评价体系,只有这样,创新创业项目才能得以顺利实施,并获得长足的发展。

(2)教师评价体系。在创新创业计划实施的过程中,学生不论从知识架构、实践经验、思维能力等各个方面确实存在不足,需要指导教师正确的引导,因此,要实现对学生的全面评价,也应关注教师评价体系,以激发教师参与的积极性。根据学生参与创新创业计划中实践思维和实践能力的提升来评价教师的工作业绩,把对教师教学评价的关注点由教师的教转向学生的学,包括学生获取知识的能力、分析问题能力、创新思维能力、解决问题能力以及合作与交流能力等,在不断的评价过程中逐步建立完善教师评价新体系,促进教师的参与热情,从而带动更多的学生参与创新创业计划,进而实现相关计划在学生中的全覆盖。

(3)激励机制和管理机制。建立科学的学生评价体系和教师评价体系,可充分发挥评价体系的导向作用,完善教学管理的制度,但是,为了创新创业计划能够更好地发展与实施,仅仅凭借评价体系的建立是远远不够的。构建有利于学生创新精神和实践能力培养的激励机制和管理机制,考虑对学生创新意识和创新能力的培养,有利于提高学生和教师参与创新创业计划的热情,推动高等教育观念的转变,突出创新思维和创新能力的培养,促进学生知识、能力、素质的全面协调发展,挖掘学生的潜能。

表 1-1 大学生课外科技实践活动创新能力培养质量综合评价体系[17]

一级指标	二级指标	质量评价内容	最终权重	评价依据	评价等级 A B C D E
团队精神与组织协调能力B1 (0.696)	团队精神C1	团队协作意识、服务、沟通和配合精神	0.04	根据项目过程和答辩评价	
	组织协调能力C2	分配资源、控制、激励和协调团队活动过程,实现团队目标的能力	0.06		
获取创新知识B2 (0.098)	素质教育基础课程C3	以英语、计算机基础等基础课程考核等级为评价基础	0.021	课程或技能考核	
	专业课程与技术C4	以专业核心课程理论考核等级子作为评价内容	0.046		
	创新技术水平C5	实验课程及上机技术方法掌握情况	0.032		
创新分析能力B3 (0.217)	分析问题C6	好奇心强,积极探索,自主独立学习,善于搜集信息和资料,发现规律	0.054	创新训练项目立项申报及分析过程	
	解决问题C7	利用已有的知识和技术方法制定解决方案,探索解决问题的途径	0.077		
	知识应用能力C8	运用多学科理论知识和技术,融会贯通解决实际问题	0.086		
创新思维能力B4 (0.312)	逻辑思维能力C9	利用定理、公式等进行演绎归纳,构建模型,逻辑推理和发现问题的本质	0.061	根据创新项目分析过程评价	
	求异思维能力C10	能够发散思维,善于从不同角度、多层次考虑问题	0.052		
	猜想思维能力C11	根据经验或知识由问题的现象猜想可能出现的结果,具有独创思维	0.058		
	领悟创新能力C12	凭借经验或借鉴其他科学领域方法对领悟事物的共同本质	0.141		
创新实践及成效B5 (0.277)	动手实践能力C13	通过导师指导或技能培训,获得的实际操作技能,及获取技能证书等级和数量	0.036	证书	
	创新实践成果C14	参加相关技能大赛获奖成果,发表学术论文或发明专利情况	0.084	论文和证书	
	创新训练项目完成水平C15	创新项目设计与完成过程的科学性、实践性及创新性	0.060	项目评审等级	
	毕业论文或设计水平C16	通过创新项目训练,应用于毕业设计(论文)及其实际质量(水平、科学性及创新性)	0.068	论文答辩与评审等级	
	考证(含考研)及就业单位反馈评价C17	考证(考研录取)情况或就业单位对毕业生的评价意见	0.029	考研院校和就业单位评价	

1.12　创新能力培养质量评价的内容

(1)团队协作与组织协调能力。协作精神是创新的人格支持。信息时代改变了人们的生活方式和生产方式,不论是在生活中还是在实践过程中,人与人的交流越来越频繁,人与人的联系和合作越来越紧密,单纯依靠个人的力量,创新活动无法得以顺利进行,也无法达成既定的创新目标,只有团队成员相互协作、取长补短,才能最终实现创新目标。在创新实践活动中,团队成员各有特点,成员间的相互学习和探索,不仅可以拓宽思路,培养创新思维和团队协作能力,还可以提高团队运作效率,更好地完成共同的研究目标。在项目的实施过程中,要求团队具有好的组织协调能力,组织协调能力是创新训练过程中合理分配任务和资源,不断调控、激励和协调队员的创新能力,只有好的组织协调能力,才能让每个成员发挥自己的作用,最终达到目标。

(2)获取创新知识的能力。创新能力培养需要合理的知识结构,只有具有坚实的知识基础,才能够凝练出新观点,才能提出合理的方案和解决问题的方法,一个团队所掌握知识的广度和能够达到的知识深度决定着这个团队创新思路的高度。大学生获取创新知识的渠道有很多,主要包括通识课程、基础课程、专业课程、实验教学、实习教学、社会实践、各类创新竞赛与项目等。

(3)创新分析能力。创新分析能力指利用各种途径查阅资料及相关信息,归纳分析相关资料,并发现问题、提出问题、解决问题方法的能力,其包括获取信息能力、分析信息能力、提出问题能力、解决问题能力等。创新分析能力体现在能够融会贯通多学科理论知识和技术,并用于解决实际问题。一个团队和项目的创新分析能力主要从选题的新颖性、问题的梳理和表达论证、事物的归纳、方案的设计、存在困难的预见、关键技术的提出等各方面来评定。

(4)创新思维能力。创新思维是创新能力评价的核心内容。创新活动中的事物和现象的观察、问题的思考、逻辑推理和想象都需要创新思维的指导,创新思维通常需要打破常规,其内容包括逻辑推理、灵感想象、独创思维和领悟创新等。创新思维能力的评价标准从选题创新角度、创新解决途径以及方法的先进性等方面来评定。

(5)创新实践能力及成效。创新实践能力主要包括动手操作能力、实验项目完成、毕业论文与设计水平、创新项目的申报和实施、创新成果等。软件的开发成果、设计图纸、获取各种证书、申请相关专利、发表相关论文、创新研究成果实物等成效是创新能力物化的具体体现,是创新实践能力培养质量评价的关键。

(6)创新成果的表现能力。创新成果的表现能力是指能够将创新成果以研究报告、学术论文、专利或实物的方式呈现出来的能力,任何创新活动的最终目标都是要获取创新成果。如果创新成果表现为研究报告和学术论文或专利,就要求创新项目成员必须了解论文写作的基本要求和规范格式,掌握学术论文的逻辑结构和分析方法等,掌握专利的撰写要求和申报流程。如果表现为实物形式,则必须具备选择和使用相关设备和工具,加工、处理、装配零部件的技术能力,以及掌握相关市场信息的能力等。如果表现为软件或设计图纸,则必须具备掌握计算机相关软件操作的能力。

第 2 章 大学生创新创业训练项目

2.1 大学生创新创业训练项目简介

2.1.1 起源

根据《教育部财政部关于"十二五"期间实施"高等学校本科教学质量与教学改革工程"的意见》(教高〔2011〕6 号)和《教育部关于批准实施"十二五"期间"高等学校本科教学质量与教学改革工程"2012 年建设项目的通知》(教高函〔2012〕2 号),教育部决定在"十二五"期间实施国家级大学生创新创业训练计划[18]。大学生创新创业训练计划正是在这样的背景下产生的,在国家各级部门和各高校的大力支持和推动下进行的。在大学生创新创业训练计划的申报和实施过程中,各省、自治区、直辖市教育厅(教委)和中央部委所属高校及地方所属高校等各部门均可参加,所有在校大学生都可以申报项目。中央部委所属高校直接参加,地方所属高校由地方教育行政部门推荐参加。项目由中央财政、地方财政及各高校共同支持,确保项目能够覆盖大部分的大学生和项目内容多元化、形式多样化。

2.1.2 目的和意义

国务院发布的《国家中长期科学和技术发展规划纲要(2006—2020 年)》明确提出:"要把科技进步和创新作为经济社会发展的首要推动力量,把提高自主创新能力作为调整经济结构、转变增长方式、提高国家竞争力的中心环节,把建设创新型国家作为面向未来的重大战略。"《教育部关于做好"本科教学工程"国家级大学生创新创业训练计划实施工作的通知》(教高函〔2012〕5 号)要求各高校在"十二五"期间实施大学生创新创业训练计划,并提出以创新创业教育促进学生全面发展的培养目标,为创建创新型国家储备人才。可以看出,国家已把创新创业教育提到国家战略高度,对高等学校来说,这是急需解决的重大课题,也是面临的重要机遇。同时,"大学生创新创业训练计划"不仅是教育管理部门面向本科生立项的项目,也是"高等学校本科教学质量与教学改革工程"重点建设项目之一。高校作为人才培养的重要基地,要深入开展创新创业教育的改革,转变人才培养模式,积极创建大学生创新创业素质培养的机制,采取多种措施提高大学生创新创业素质和能力,培养创新型国家储备人才。

"十三五"时期是全面建成小康社会决胜阶段。为加快推进教育现代化,依据《中华人民共和国国民经济和社会发展第十三个五年规划纲要》和《国家中长期教育改革和发展规划纲要(2010—2020 年)》,制定了国家教育事业发展"十三五"规划,提出了全面落实立德树人的根本任务,提出培养学生创新创业精神与能力。鼓励高校建设学生创新创业服务平台,完善创新创业教育课程体系和管理制度,引导鼓励学生积极参与各类创新活动和创业实践,强化毕业论文、毕业设计的创新创业导向,开展创新创业竞赛,营造创新创业校园文化。支持本科生和研究生提前进入企业开展创新实践活动,鼓励高校通过无偿许可的方式向学生授权使用科技成果,引导学生创新创业。鼓励各省级政府统筹区域内高校、企业、产业园区、孵化基地、风险投资基金等资源扶持大学生创业。

在这样的发展大背景下,出现了大量的创新创业实践活动,大学生创新专业训练计划是其中非常重要的一部分,旨在培养提高大学生综合素养,提高学生的团队合作意识,增强其创新创业能力,培养适应创新型国家建设需要的高水平创新人才。学生在参加创新创业活动之前,其掌握的知识仅停留在理论知识层面,缺乏将理论知识与工程实践、实际需求相结合,相比于实际生产生活,其所学的知识离散、缺乏系统性归纳。参加创新创业活动后,学生能够更有效地将所学的理论知识与实际需求相结合,在解决实际具体问题的过程中,通过不同专业成员的探讨与协作,更全面思考问题和解决问题,这能让学生从多角度来发现问题、思考问题和解决问题,同时使其所学知识能够有机地串联起来,更好地理解知识的运用和方法的应用,提高其思维能力和动手能力。

在竞争激烈的今天,一名合格的工程人才不能只掌握扎实的基础理论知识,还必须具备丰富的工程实践能力和活跃的创新思维能力。大学生创新创业训练计划项目为学生提供一个参与工程实践的平台,参与相关项目能够让学生在提出问题、分析问题和解决问题的过程中,不断思考和探讨,不断进行方案优化,了解社会需求相关的实际工程问题,学会团队的协作分工,有利于培养学生的工程素质和工程能力,为学生就业后尽快适应社会和满足行业需求奠定良好的基础[19]。

2.1.3　内容

国家级大学生创新创业训练计划内容主要包括创新训练项目、创业训练项目和创业实践项目三大类,不同的类别所对应的内容有所不同。创新训练项目是指本科生个人或团队,在导师指导下,自主完成创新性研究项目设计、研究条件准备和项目实施、研究报告撰写、成果(学术)交流等工作。创业训练项目是本科生团队,在导师指导下,团队中每个学生在项目实施过程中扮演一个或多个具体的角色,通过编制商业计划书、开展可行性研究、模拟企业运行、参加企业实践、撰写创业报告等工作。创业实践项目是学生团队,在学校导师和企业导师共同指导下,采用前期创新训练项目(或创新性实验)的成果,提出一项具有市场前景的创新性产品或者服务,以此为基础开展创业实践活动。[18]

2.1.4　要求

高校不仅是大学生创新创业计划申报的主体,也是大学生创新创业计划执行的主要参与者和重要执行者,整个过程涉及高校各个职能部门,包括教务、财务、设备、产业、科研、学工、团委等,因此要求高校设立管理和协调机构,制订相应的管理制度,把大学生创新创业计划融入本科教育教学中,成为学校日常教学的一部分。为了推进大学生创新创业计划的顺利开展,除了制定相应的管理制度外,还应在培养计划、学分认定、学籍管理以及成果认定等方面给予相应政策支持,提高学生参与大学生创新创业计划相关项目的热情。

一方面,大学生在问题的提出、方法的研究、产品的推广应用、企业的管理等各个方面均存在经验不足的问题,为了保证大学生创新创业计划项目的顺利申报和实施,指导老师起着非常重要的指导作用,因此高校应重视相关导师队伍的建设,积极提高教师的实践能力,并制定相应的激励制度,鼓励教师积极指导学生参与大学生创新创业计划项目的申报工作。另一方面,为了保证大学生创新创业计划项目与社会的紧密联系,相应地聘请部分相关企业工程人员作为项目的指导教师,这样不仅可以扩宽项目的课题来源,对于课题的开展和成果的转化推广也具有重要的意义。

除了软实力的建设以外,高校还应该对大学生创新创业计划项目实施过程中涉及的硬件进行建设,项目的顺利实施依赖于相应的实验仪器、检测设备等平台的建设和开放。只有具备完备的实验和检测装置,配备相应的指导教师和制定完善的管理制度,才能让大学生创新创业计划项目更好地解决问题,达到研究目标。

高校应极力营造参与创新创业相关活动的氛围,这不仅仅是停留在各项制度的制定和实施,而是要烘托气氛,多组织相应的学术讲座、学术交流会、学术比赛等,让学生认识到活动的重要性和对自身发展的意义,激发学生的参与热情,打造一个更开放的交流平台,这样才能更好地让大学生创新创业计划覆盖所有的大学生。

2.2 大学生创新创业训练项目申报

2.2.1 申报及实施流程

大学生创新创业训练计划项目的申报及实施过程如图2-1所示。

(1)项目申报。大学生创新创业训练计划相关项目由学生自主申报。在指导教师的指导下,由学生自主选题,确定项目组成员,并根据相关要求组织项目组成员填写《国家级大学生创新创业训练计划项目申报表》。2017年起大学生创新创业训练计划开始网上申报,要求学生按网上申报相关要求填写内容并上传相关附件,网上申报流程经学校审核通过后,生成正式申报文档,由项目组成员、指导老师签字确认上报学校。学院和学校会组织相关专家对拟申报项目的基础条件、项目组成员、指导老师、研究内容、创新性等方面进行资格审核筛选,择优排序推荐项目,上报省教育厅。由省教育厅评审后推荐省级(国家级)大学生创新创业训练立项项目并上报教育部,并由教育部最终确定国家级项目。

(2)中期检查。在项目执行中期(通常为项目立项次年5月份),由学校组织各学院开展项目的中期检查工作,由项目组成员如实填写《大学生创新创业训练计划项目中期进度报告书》,汇报项目研究进展、项目计划执行情况、项目研究已完成的研究内容、采用的方法和进展情况、项目已取得阶段性成果、研究完成中遇到的问题和应对措施、项目研究后续阶段要完成的内容和时间进度安排、项目经费已使用情况及后续使用经费计划等内容,指导教师填写相关意见后上交学院。中期检查材料由学院(系)审核通过后提交学校教务处,由教务处组织专家对项目进行中期检查审核工作,通过者可以继续项目的下一步研究计划,配套相应经费。审核未通过者,进行整改,仍无法满足要求者中止项目。

(3)结题。项目执行期结束时,由学校统一组织项目组成员填写大学生创新创业训练项目结题验收表,并提交项目研究完成报告和相关研究成果等材料,包括项目总结报告和有关支撑材料(如调查报告、开发的软件或系统、发表的研究论文、专利、获奖、项目成果实物及相应的设计说明书、图纸等)。项目要求如实汇报项目的立项依据、研究内容、研究方案及过程、研究结果、项目创新点与特色、项目成果等内容,指导教师根据学生的研究报告和平时的工作态度、工作量和工作表现等填写指导教师评语并提交所在院(系)审核,再由学校组织专家对国家级项目进行答辩验收,验收结果分为优秀、良好、合格、不合格等四类。

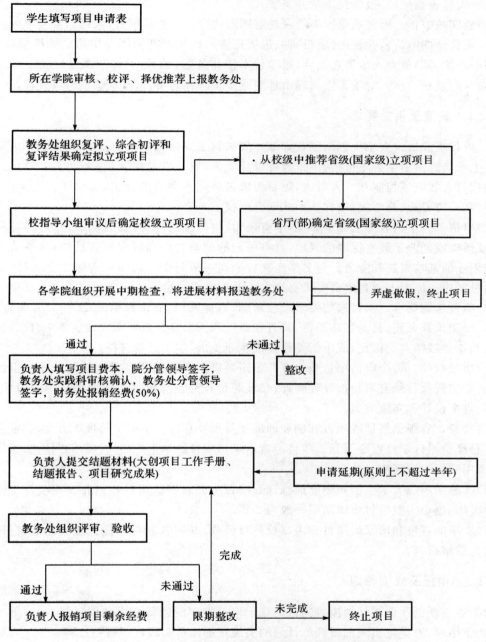

图 2-1　大学生创新创业训练项目申报及实施流程图

项目提供的验收文件、资料、数据不真实、不完整,或无故未完成预期成果,或擅自改变项目规定的研究目标和内容未达到预期研究目标的,被验收项目不予通过验收。未通过验收的项目,项目负责人第二年不得以负责人身份再次申请各级"大学生创新创业训练计划项目"。

(4)项目变更。项目内容、研究计划及参与学生不得随意变更。如确需变更,需项目负责人提交变更申请报告,说明变更内容、原因及对项目研究的影响,经指导教师和所在院(系)工作组负责人签署意见后,报学校审批并备案。

(5)延期与中止。因客观原因不能在规定期限按计划结题的项目,项目负责人应提前一个月提交《项目延期申请》,并报送《项目研究进展报告》,说明延期原因并申请延长期限,经指导教师和所在院(系)负责人签署意见后,报学校审核并备案。原则上每个项目只能申请一次延期,延期时间最长一年。对于无正当理由延期或中止研究的项目,按验收不通过处理。

2.2.2 政策及相关要求

(1)项目组成员。大学生创新创业训练计划项目主要面向本科生二、三年级学生,鼓励一年级学生参与。由学生自主申报,申报者可以是个人,也可以是团队,每个大学生创新创业训练计划项目人数应该控制在5人以内,项目组成员必须有明确的分工,提倡学科交叉融合,鼓励跨院(系)、跨专业、跨年级、以梯队形式联合申报。

(2)申请者。申请者要求品学兼优,学有余力,善于独立思考,实践动手能力强,对科学研究、科技活动或创业实践有深厚的兴趣,具有一定的创新意识和研究探索精神,具备从事科学研究或创业的基本素质和能力。每名学生在校期间一般只能主持一项省级以上项目,参与项目不超过两项。原则上项目组负责人必须在毕业前完成项目。

(3)项目选题要求。项目选题要求思想新颖、目标明确、立论根据充足、研究方案合理、技术可行、经费预算合理、具备实施条件、具有创新性和探索性。研究课题或由学生自己提出,或由学生和指导教师共同拟定,或由指导教师或企业提出,学生进行选择。

(4)指导教师。每个申请项目必须有一名副高以上职称或具有博士学位的教师担任指导教师,创业实践项目除有本校指导教师外,必须聘请校外指导教师。学生在教师的指导下,自主选题、自主设计和实施方案。

(5)经费。省级创新训练项目和创业训练项目预算总经费不低于每项1万元,创业实践项目预算总经费不低于每项2万元。项目经费由承担项目的学生使用,教师不得使用,学校不得截留、挪用和提取管理费。

(6)实施期限。大学生创新创业训练计划项目中创新训练项目和创业训练项目实施期限一般为1年,创业实践项目实施期限一般为2年。

(7)立项的省级和国家级项目。由高校自行验收,并向省教育厅报送验收总结材料,必须以材料为总结报告。

2.2.3 申报及立项原则

大学生创新创业训练计划项目的目的在于培养学生的创新意识和创新能力,注重过程参与,相比于结果,大学生实践创新训练计划的实施更加注重实践创新研究过程。学生在导师的指导下,自主选题、自主设计实验实训、组建实验实训设备、实施实验实训、进行数据分析等。鼓励学生结合学科专业,从自身所长和兴趣出发,积极参与实验实践活动,在探索、研究、创新的实践训练过程中,提出自己的观点与见解。要求项目注重创新性和切实可行性,目标明确、研究方案及技术路线可行,实施条件可靠。

2.3　大学生创新创业训练项目实施过程及管理

　　创新创业项目的全面实施,涉及项目过程管理、经费投入、学生宣传动员、教师投入、条件支持、成果孵化、创业引导等诸多方面,要实现可持续发展,需要全校一盘棋,汇聚全校之力推动该项工作。为此,学校应建立校院两级组织管理机构,明确工作职责和分工。为确保创新创业项目顺利开展,在学校层面成立"大学生创新创业训练计划领导小组",领导小组下设管理部门,挂靠教务处。在学院层面成立"大学生创新创业训练计划指导小组",负责学院大学生创新创业项目的宣传、申报、审核等相关工作。

2.3.1　团队管理及分工协作

　　学生为项目实施过程中的主体,应在指导教师的指导下,根据项目实施计划自主进行研究性学习,自主设计实验方案、组织设备和材料、实施并管理实验、分析处理数据及撰写总结报告等,其中成员之间的分工和协作是至关重要的。创新项目团队的组建并不是一群人简单地组合在一起共同工作,而是要全面地考虑团队的目标与定位,在严密地计划组织下,团队成员分工明确、各司其职,并在最后取得成功。在项目实施的过程中,项目组成员之间分工协作、密切交流。

　　有了明确的项目之后,也就会出现一系列的问题和疑惑,这时学生必须通过自学相关知识,和同学进行讨论、交流,互相分享学习心得,共同寻求解决问题的最佳方案。随着项目的进行,学生由被动地接受式学习转为积极主动的自主式探索学习,学习的兴趣明显提高,掌握新知识的速度加快,范围变广。在项目的不断实施过程中,学生查找文献、从文献中获取所需信息的能力,以及对其进行分析、理解、归纳和解决问题的能力不断提高,真正达到学以致用。在遇到工程实践问题时,以便寻求相关指导老师的协助,项目组成员之间也应多交流,以便更快更好地解决相关问题。

　　每个项目组成员应该参与到项目的每一个环节中,相互配合。在项目确定初期,学生先自行查阅文献资料,对项目有初步了解,先有自己的想法。然后成员之间再集体交流讨论,整理相关的信息,在此基础上制定出项目实施方案。高效地完成项目需要项目组成员之间的默契配合,每个人都应该以共同目标为重,努力完成自己的相关工作,提高协作效率。同时,项目组成员之间应相互帮助,协同合作,这样能够提高每一项工作的效率,以便下一项工作的开展。项目的实施能够让学生学会合理安排时间,加深对协作精神与团队意识的理解,这对学生的团结意识、协作意识、个人能力的培养很有必要[19]。

2.3.2　经费使用管理

　　项目批准立项后,项目负责人以及相关指导教师签署《大学生创新创业训练项目承诺书》并提交中心备案,确保在项目实施过程中按计划完成各项研究内容及研究目标,确保项目经费的合理有效使用。大学生创新创业训练计划项目由教育部、省教育厅和学校每年划拨专项资金支持,经费由中心和各院系代管,通过中期检查后根据检查结果进行经费调整,未通过中期检查的项目不予下拨经费。

　　项目经费专款专用,由承担项目的学生在预算框架下自主使用,指导老师和管理部门监督,学院(系)不得截留、挪用和提取管理费。资助经费主要用于项目实施的资料费、调研费、打印费、实验材料购置费及发表论文、申请专利、参加会议等与大学生创新创业训练计划项目相关的费用开支。学校对项目经费实行监督管理,保证经费使用科学、合理、规范。项目负责人应严格遵守学校财务制度,专款专用。项目报销程序为:项目组负责人填写经费报销单,由指导教师审核,再经各学院及学校相关部门审批后到财务部报销。

2.4　大学生创新创业项目实施中存在的问题[20]

(1)项目成立工作中的思想意识问题。大学生创新创业项目在开展过程中会遇到很多问题:大部分学生仍无法意识到大学生创新创业项目这种实践活动对自身创新思维和能力的提升的重要性,导致参与的热情不高;在进入大学后不适应大学的学习方式,容易产生散漫的学习心态,同时也不能意识到大学教育的重要性和竞争性,这些错误的认识对大学生的能力提高和发展产生非常不利的影响;部分被动参加了项目的学生,由于自身主动认知不足,项目的参与度不高,也容易产生错误思想。这些都阻碍了创新创业项目的发展和项目目标的实现。

(2)高校内部的实施环境不够完善。在高校推广创新创业项目计划过程中,人力和物力是必不可少的两个支撑。所谓人力支持具体是指学校内部由专业教育人士和教师队伍组建而成的可以直接加入到项目研究工作中并为小组提供支持。但是在当今高校的大环境下,国内创新创业计划没有得到广泛普及,专业师资队伍的缺乏日益严重。同时,学校和国家等教育机构可以提供的专项资金数量有限,不论从支持的项目数量还是支持的力度都仍有限,这也大大限制了学生参与项目的积极性。

(3)项目组织环节过于简单。当前,高校对创新创业项目机会日益重视,但是仍然存在认识不足甚至过于随意的现象。在已实施的训练项目中,很多的大学生创新创业活动项目被规划到学生的自由组合当中,部分高校甚至将该任务划分到社团活动的行列当中,在进行项目计划中缺乏科学合理的规划以及严密的组织。在实施项目过程中,由于各级人员的参与热情不高,没有抱着专业严谨的科学态度运行项目,导致在进行选题工作中过于简单,考虑不足;由于在实行过程中没有严密的计划,整个项目小组处于不协调的状态,指导人员的意见缺乏高度和科学实施性,管理工作过于表面化,这些都不利于项目计划进行。

(4)项目运行度缺乏执行力。在高校创新创业计划运行过程中,往往会遇到执行力度缺乏的问题,造成这种问题的原因主要有以下几个方面:首先,过于重视项目理论部分,导致在项目开始时关注度较高,但是后续运行阶段提供的支持不足,最终难以达到预期效果;此外,在确定课题之前没有进行合理的调查和研究,难以确认具体的框架和结构以及合理的项目实施方案及目标,同时不够重视项目的中期审查工作和后续的数据处理分析,使全体参与人员懈怠,项目目标难以实现。

(5)管理方式落后。对于大学生创新创业项目的运行管理,大多数高校仍旧按照传统纸质文件方式进行,导致难以对信息进行维护和利用;保管也仅仅是将文件存储和保存,没有深刻挖掘出文件信息包含的重要意义,导致文件管理工作失去应有的效果。如何利用现代化的网络技术管理文件材料构建数据库网络信息管理系统,是实现高效率项目信息保存和高质量管理方式的关键,同时对后期的研究也能发挥指导和参考作用。

第 3 章　大学生创新创业训练指导

3.1　大学生创新创业训练项目的选择

大学生创新创业训练项目面向本科生个人或创新团队，项目主题和内容包含两方面，一方面学生可根据自己的兴趣确定，个人或团队向指导教师提出申请，由指导教师辅导确定课题；另一方面指导教师根据自身的研究领域提出相关课题内容，由学生自行选择。课题范围包括教师科研项目中的子课题，开放实验室或创新实验室中的综合性、设计性、创新性实验项目，企业实际生产问题中产生的具体问题，校内外创业园地中的大学生创业孵化项目，与科技创新相关的创业实践的项目等。大学生创新创业计划项目侧重于支持具有技术化、商业化和产业化前景的项目。

选题是否合适对开展科学研究至关重要，可以说选题是科研的战略起点。一般来说，项目申报人在选题时要从学术角度、个人角度、团队角度及相关指导教师等几方面去考虑。从学术角度来说，选题需要有社会实践意义、学术意义和创新性，选题的范围不宜太宽；从个人角度、团队角度及相关指导教师方面考虑，选题难度要适中，在考虑个人兴趣和团队实力的同时，更多地要考虑学院（系）及指导教师科研团队所具备的相关实验条件。选题切忌难度过大，避免导致无法在项目研究节点内完成既定研究内容和研究目标。

鉴于大多数本科生接触科学研究较少，选题随意、来源少、重复多、研究目标不明确、缺乏创新，申报项目选题存在困难，可结合指导教师的研究课题或校企联合项目进行选题，为此指导教师应多渠道引导学生，引发学生对创新创业项目更大的兴趣。指导教师引导学生选题主要有以下途径。

(1)日常生活。发现和了解人们在日常生活中存在的困难和亟待解决的问题，提出研究课题及相应的研究方案。

(2)科学研究前沿。查阅文献资料，参与学术交流，了解自身专业或交叉学科领域相关研究动态和热点问题，就某一点或某一方面提出研究课题。

(3)企业合作。在学院和学校的现有资源下，充分利用专业特色和优势，结合团队及指导教师已有的研究基础，与企业开展多种形式的合作研究，解决企业提出的技术、管理、产品等方面的难题。

(4)依托竞赛。积极参加各类创新创业相关竞赛，总结竞赛成果，将竞赛与项目研究紧密结合，提出研究课题。

(5)项目延续。对具有较好研究基础或研究前景的项目，但由于时间限制或研究内容过多，可通过多期项目进行研究，由高年级带低年级学生，培养研究实力较强的团队，提升成果的品质及延续性。

(6)交叉学科。以自身专业为出发点，结合其他学科领域，探索交叉学科新领域，提出新的研究课题，同时，团队中应拥有不同学科的成员，这对于交叉学科领域新问题的提出和研究是非常有利的。

(7)导师推荐。大学生在理论与实践方面仍存在很大的不足,可寻求相关指导教师的帮助,将选题与指导教师在教学、科研、生产、管理等方面的研究课题结合起来。

3.2 大学生创新创业训练项目申请书的撰写

大学生创新创业训练项目申请书是申请项目中最重要的一部分,它关系到项目的审批、执行和结题等相关工作,项目组成员应认真地填写申请书的每一部分内容,用准确而简练的语言表达项目的研究背景和意义、研究内容、研究目的、关键问题、研究方法和创新点等相关内容,突出项目的主要研究内容和研究目标,突出项目的创新性、科学性和可行性。项目的申请书主要包括研究目的、研究内容、国内外研究现状和发展动态、创新点与项目特色、技术路线、拟解决的问题及预期成果、项目研究进度安排、研究基础和经费预算等几部分内容。

1. 选题

项目选题要体现出新颖性、前沿性、重要性、可行性和探索性,要体现出课题不仅具有创新性而且有意义,项目的选题确定了项目团队的主攻方向和解决的问题,而且一个正确的项目定位是项目研究的基础。一个好的选题是在现有理论和方法上都有所突破和贡献的,具有实践意义,但是不能仅仅考虑选题的新颖性、创新性和前沿性而忽略课题的可行性,可行性对于一个项目来说是立项的关键。选题时要注意课题的研究主要对象是什么,是科研课题还是创业性课题,在题目的表达上要突出项目的重点,表明项目的意义。

2. 研究目的

研究目的是项目主要要获得什么结果,也表示出项目的研究意义。研究目的要简练、明确地表达出来,以便专家能够较明确地了解项目的研究目标和意义。研究目的的阐述要做到表达准确、条理清楚。研究目的需要有依据,是在查阅分析相关文献资料之后撰写出来的,通过文献的查阅和分析客观而全面地了解国内外同行的研究情况和发展趋势,掌握目前先进的研究所用手段,了解市场的需求及发展,从而凝练出研究目标,也能从侧面反映出项目的创新性和前沿性。

3. 研究内容

项目的研究内容旨在将项目的研究方法、探索因素直观地反映给评委,内容要有条理,可把项目的整体研究内容分成几个重要的组成部分,分清前后和主次关系,表述清楚,并明确表明具体的实验、表征、探索因素等内容。研究内容不宜过多,依据项目的研究期限、团队成员、实验相关条件撰写,突出抓住项目的几个研究重点,并体现出一定的深度。

4. 国内外研究现状和发展动态

国内外研究现状和发展动态不仅仅是写明目前国内外在课题方面的研究进展,而是要通过国内外研究现状和发展趋势的表述来引出课题的来源、意义和目的。为了让项目的选题具有创新性和重要性,对课题国内外研究的现状一定要进行全面而深入的调研工作,充分了解国内外项目研究领域的研究方法、研究现状及发展趋势,并对文献进行分析,发现课题目前存在的问题,从而引出课题研究的现实意义,明确项目的主攻方向和研究目标,只有这样才能让项目真正具有新颖性、前沿性、独特性和重要性,避免了低水平、无深度的表述。

国内外研究现状和发展动态并不是简单的罗列举例,而是要说明问题研究背景是什么,为什么要做这个项目,可以通过文献分析引出研究问题。这部分内容要尽可能充分地表述项目研究领域的研究现状和程度、研究的方法和手段、存在问题、发展趋势、研究难点等,表述清晰、客观,从而达到引出课题研究内容和意义的目的。这部分应添加相应的参考文献,参考文献的选择是在大量文献的查阅和分析的基础之上进行的,参考文献的选择一定要得当,应与课题紧密相关、具有代表性、能说明问题且具有权威性。

5. 创新点与项目特色

项目的创新点和特色是要将项目的研究价值和意义直观地反映给评委,这部分内容不宜过多,需要抓住项目最突出、最重要的创新点,主要突出研究思路、研究内容、研究方法、性能、结构、设计、理念等各方面的创新。可以在研究方法上有所突破,说明项目提出的新方法和意义;可以在研究思路上有所创新,提出研究领域新的探索思路;可以在大的研究领域上提出新的研究方向;也可以开发新的设备、结构和产品。不论是哪方面,都要突出项目研究的新颖性和独特性。这部分内容不需要过多,特别针对大学生创新创业项目,由于时间短,成员经验不足,只需表明最突出的创新点即可,不需要为了充数而将非创新的内容也写进去,这样反而会起到反作用。

6. 技术路线、拟解决的问题及预期成果

说明技术路线可以借助项目的技术路线图,借鉴图表的形式可以更直观地把项目的研究思路、研究方法和研究的主线表达清楚,技术路线图要有主次之分,清楚表述研究的思路和研究主线,研究方案明确,突出研究重点。

拟解决的问题旨在说明项目实施过程中存在的研究难点,即为了达到研究目标需要解决的问题是什么,换一句话说就是解决了哪些问题可以使项目研究顺利进行并达到既定目标。拟解决的问题可以是理论、研究方法、分析方法等方面的问题,由于大学生创新创业项目的研究周期不是太长,课题本身的选题就不宜过大,拟解决的问题也就不宜过多,如果过多会造成是否可行的问题,影响项目的审批。

预期成果旨在说明通过项目的研究可以获得哪些结果,这也是项目结题时的考核依据,这部分直接说明结果即可,说明要具体,可以量化,比如提供新技术、申报专利、发表论文、研究报告、产品等。

7. 项目研究进度安排

项目研究进度安排旨在说明项目研究期限内不同阶段的研究内容和目的,主要根据研究内容进行合理安排,说明具体的研究时间和内容,明确不同阶段的研究目标。

8. 研究基础

项目课题的研究基础旨在说明项目组成员在前期的研究中所做的研究工作和本项目研究所具备的研究条件有哪些,包括前期的研究成果、项目组成员、研究条件等。前期的研究成果是课题组成员在项目研究领域方面已经获得的研究成果,可利用图表说明研究取得的成果、已发表的文章、申请的专利等。项目组成员方面主要从人员年龄结构、研究经历、稳定性、研究的延续性等方面进行说明,体现成员的研究能力。研究条件要说明已具有的项目实施所需要的设备、检测和分析方法等。

9. 经费预算

经费预算旨在说明所申请的项目经费的使用项目及明细,大学生创新创业训练项目的经费使用必须是与项目相关的费用开支,包含项目实施的调研费、资料费、实验材料购置费、打印费、设备或设备改装费及发表论文、申请专利、参加会议等费用,经费预算无须包含以上所有项目,应根据项目实际需求合理分配。经费预算必须逐项列举清楚,按照实际需求认真填写,校企合作基金项目需注明企业赞助金额或其他形式相等价值的资助。

10.附录

以上的这几部分内容均是大学生创新创业项目申请书中要求的内容,但是作为一个项目,可用于说明项目的相关内容不仅仅局限于这几部分,而附录正是为了将申请书中不包含的重要内容编入其中,作为项目的辅助说明,如有关的资料、专利申请或授权证明材料、图纸、装置图、发表论文证明材料、详细的图谱和图表、相关的程序等,这些附件材料要与项目有紧密的关系,能够体现出项目的研究基础和创新性,使评委更直观、更深地了解项目的研究内容和目的意义,有利于项目的立项。

除了以上各部分的要求外,项目申请书整体的书写和格式也是至关重要的,专业术语要正确,表述要清楚、合理,格式和图表的处理要正确,描述条理清楚,仔细核对相关内容,避免错别字的出现,全篇格式要统一,这些细微的问题往往都会影响项目是否能成功获批。

3.3 大学生创新创业训练项目的评审标准

不同类型的创新创业项目有其自身的特点,因此,必须根据项目类型来确定评审标准。

1.创新训练项目

创新训练项目是指学生自主完成创新性研究项目设计、研究条件准备和项目实施、研究报告撰写、成果(学术)交流等工作。创新训练项目要突出选题的新颖性和创新性,项目选题应目标明确、思路新颖,应与实际问题紧密结合,能够结合学校特色,依托学科优势,注重产学研结合,在一定的工作基础和实施条件基础上,提出可靠的实验方案和研究目标,具有突出的创新性和可行性。

创新训练项目的研究目标要明确,内容要具体。要对大量国内外文献的查阅和分析后,明确研究内容和研究目标,制定出可靠的研究路线和合理的研究方案。项目应制定详细的技术路线,并进行可行性论证,说明研究基础和已具备的实验条件。课题研究内容和研究方案设计应难度适中,具有良好的预研基础,结合研究团队自身的特点确定研究目标,不能一味追求创新性而忽视了可行性及项目组成员的能力问题。

2.创业训练项目

创业训练项目是项目组成员在项目实施过程中扮演一个或多个具体的角色,进行编制商业计划书、开展可行性研究、模拟企业运行、参加企业实践、撰写创业报告等工作。创业训练项目计划与创新训练项目不同,它不是通过实验进行科学研究以达到研究目标,而在于模拟企业运行,更注重创业。项目成员应结合自身实际,对市场进行充分的调查分析后,制定明确的目标,进行可行性论证,只有目标正确才有可能提高创业成功的机会。项目应规划合理的创业计划路线图,每个项目组成员都要制定适合自己的经营模式,规划自己的创业路线,具有清晰的战略,充分考虑各种外在影响因素,提高项目的可行性。

3.创业实践项目

创业实践项目是学生采用前期创新训练项目(或创新性实验)的成果,提出一项具有市场前景的创新性产品或者服务,并以此为基础开展创业实践活动。创业实践项目注重成果的转化过程,即注重产品是否具有市场价值,是否具有产业化的应用前景。项目组成员应结合产品特点,全面分析目标市场,对潜在客户、产品前景、上下游产业链、竞争对手等做系统全面的了解,确保产品有足够的市场容量和广阔的应用前景,保证产品能在市场中长期稳固且能得到持续健康发展。企事业实践项目主要侧重于以下几种。[21]

(1)产品具有相对较高的科技含量,具有较强的竞争力,满足消费者对产品的各种考虑和要求。产品竞争力是企业能否长期稳定占据市场的保证,因而只有提高产品竞争力,才能占据市场的主导地位。

(2)建立有效的风险应对机制。在创业过程中存在一些不确定因素,建立风险应对机制可以对未来可能遇到的风险进行预测和准备,从而避免可能发生的风险,同时有针对性应对可能遇到的风险。

(3)科学建设团队。一个好的团队是项目成功实施的基础,团队建设要考虑技术、管理、执行、策划、财务等各方面人才,成员间能优势互补、发挥所长,进而保证项目顺利开展。

(4)合理规划财务。制定合理的财务计划能帮助创业者尽快得到融资,从而保证项目的顺利推广和发展。

3.4 大学生创新创业训练项目的答辩指导

3.4.1 创新项目

创新项目的答辩主要包括以下几部分内容。

(1)拟解决的科学问题。需明确提出项目要解决的科学问题,简要介绍这个问题的重要性,并展示文献调研的成果,一般包括:前人做了哪些研究,获得什么进展;前人的研究方法,未解决的问题,研究的意义等。

(2)研究内容和方法。围绕提出的科学问题,拟开展哪些研究工作,明确研究体系,说明拟采用的研究方法、分析技术和研究路线。

(3)可行性分析。简要介绍项目组成员具有的知识基础和实验技能,所具备的实验室条件,指导教师的支持等,从研究基础及研究方法等方面说明实验方案的可行性。

(4)项目的进度及人员分工安排。具体描述不同时间阶段的研究内容及研究目标,明确项目组每一位成员在项目研究中承担的工作。

(5)预期成果。简要说明研究的成果,预期成果要具体,要有量化考核指标。

(6)经费预算。根据项目需求具体分配各项费用,并对各项费用的使用做简单的说明。

3.4.2 创业项目

创业项目的答辩主要包括以下几部分内容。

(1)项目产品。简明清晰地介绍创业产品的基本理念、核心技术、核心价值和主要盈利模式等。

(2)强化团队合作。针对团队成员不同的特点,结合项目的相关内容,合理安排项目组成员的分工,使成员能优势互补,发挥所长。

(3)市场与竞争分析。借助调查资料和数据进行市场分析,判断潜在目标客户的特征,估算市场容量和发展趋势。通过上下游产业链分析可能存在的竞争关系,掌握目前最直接的竞争来源,分析项目产品或服务与竞争对手的优劣势。

(4)合理组织营销。结合项目产品或服务的自身特点,确定项目选址、产品的定位和定价、产品销售渠道和销售模式。

(5)财务分析与风险应对。对项目资金来源、财务预算等做合理规划和分析,制定合理的财务管理方案;同时对存在的风险进行预测,并建立完善的风险应对机制,以积极处理项目实施中的风险与挑战。

(6)预期成果。全面分析项目成果的市场,说明项目实施能够带来的经济效益和社会效益,说明项目实施对相关产业的促进和发展。

3.4.3 答辩

项目的答辩时间有限,因此如何在有限的时间内让评委充分了解项目的研究背景和意义、研究内容、关键技术、研究手段、研究基础和条件、团队成员、创新性等内容是立项的关键,需要根据答辩时间的要求进行内容调整,分清主次,强调重点,突出特点。

为了答辩的顺利进行,准备工作非常重要,其中包括对申请书等相关文件的熟悉、答辩稿的撰写和熟记、答辩问题的准备及预答辩。项目申请书中涵盖了项目的所有相关内容,作为答辩者应熟记项目的所有相关内容。项目的相关内容很多,如何能够熟记所有内容呢?重点在于将项目的重点内容之间的逻辑关系弄清楚,并提出每个要点的论据和论证关系。在熟悉内容的过程中,形成答辩提纲,根据主次完成PPT的制作,并撰写讲稿,注明在PPT的演示过程中时间的分布、内容主次和支撑材料的安排等工作。

答辩前,团队成员在指导教师的指导下对答辩相关内容进行讨论,从评委的角度出发,罗列出可能提出的相关问题,如国内外的研究方法和存在问题、项目解决的问题、创新点、项目存在的风险、可解决的科学问题、产品的应用前景和市场、成本核算、经营营销模式等,针对这些问题做好应对的回答,特别注意要通过文献查询和专业人士的解答确保答辩的准确性,这样做也可以使项目成员更加深入地了解项目的相关内容,做到心中有数,建立自信心。

准备好相关材料后,请专业人士做"评委"来模拟答辩过程是非常有必要的,答辩者通常第一次参加此类项目的答辩工作,经验较少,模拟答辩过程不仅可以让项目组成员更好地把握时间和内容安排,还可以通过专业人士的提问更好地了解自身答辩准备工作的不足之处,完善提出的问题,增强自信心。

在答辩过程中特别要注意以下几部分内容:①答辩者的着装和形象要大方得体;②表达通顺,语速适中,时间把握准确,表达抑扬顿挫,专业用语正确,主次分明,突出重点;③肢体动作协调,相关视频的展示过程与表达和谐,相关材料展示到位;④回答问题准确简练,使用恰当的礼貌用语,能够做到随机应变。

下 篇

第4章 电池材料

4.1 锂离子电池正极材料 $NH_4V_3O_8$ 的制备及性能研究

国家级大学生创新创业训练计划
项目申报表

推 荐 学 校	陕西科技大学
项 目 名 称	锂离子电池正极材料 $NH_4V_3O_8$ 的制备及性能研究
项 目 类 型	创新训练项目
所属一级学科名称	材料科学与工程
所属二级学科名称	材料物理与化学
项 目 负 责 人	郑 蕾
申 报 日 期	2013.05

陕西省教育厅 制

二〇一三年五月

项目名称		锂离子电池正极材料 $NH_4V_3O_8$ 的制备及性能研究					
项目类型		(√)创新训练项目（ ）创业训练项目（ ）创业实践项目					
项目实施时间		起始时间：2013 年 10 月			完成时间：2014 年 10 月		
申请人或申请团队		姓名	年级	学号	所在院系/专业	联系电话	E-mail
	主持人	郑 蕾	10级	201002010214	材料学院 材料化学	略	略
	成 员	张秀云	10级	201002010114	材料学院 材料化学	略	略
		席娟娟	10级	201002010111	材料学院 材料化学	略	略
		李少鹏	10级	201002010119	材料学院 材料化学	略	略
		王 敏	10级	201002010211	材料学院 材料化学	略	略
指导教师	姓名	曹丽云		研究方向		功能薄膜及涂层材料	
	年龄	略		行政职务/专业技术职务		教授	
	主要成果	曹丽云教授是陕西科技大学材料学院"材料物理与化学"方向学术骨干，主要从事功能薄膜及涂层材料、纳米材料、有机/无机复合材料等方面的教学科研工作。承担包括国家自然科学基金在内的多项项目的研究。出版专著 1 部，在 Electrochimica Acta 等国内外著名学术期刊发表论文共计 100 余篇，已授权发明专利 30 余项，获得陕西省高校科学技术一等奖 1 项，陕西省高校科学技术二等奖 1 项，陕西省高校科学技术三等奖 2 项。					

注：由于隐私保护，表格中一些个人信息用"略"代替。

一、项目实施的目的、意义

随着能源与环境问题的日益突出,锂离子电池作为一种非常重要的可再生能源,已成为全世界研究的焦点。近年来,新一代电子产品及新能源汽车的开发与应用,使人们对锂离子电池的性能提出了更高的要求,研究开发更高性能的正极材料成为目前提高和发展锂离子电池的有效途径和关键所在[1-3]。

钒氧化合物和钒酸盐嵌锂材料由于成本相对低廉,合成方法简单,比容量高等特点成为近年来研究的热点。其中,研究最多的是 V_2O_5 和结构相对稳定的三钒酸盐材料 LiV_3O_8。然而大量研究结果表明,V_2O_5 和 LiV_3O_8 材料的结构不是很稳定,循环稳定性较差,且电化学性能受合成方法及条件的影响很大[4-5]。为了改善其电化学性能,曾对 LiV_3O_8 进行聚吡咯(Polypyrrole)复合[6]和碳包覆[7],但由于这两种材料本身结构的影响,虽然比容量、循环稳定性和倍率特性得到了一定程度的提高,但倍率特性仍满足不了实际应用的要求。

中南大学王海燕博士团队对钒系材料结构进行了仔细分析及理论计算,采用了离子半径更大的 NH_4^+ 取代 LiV_3O_8 中的 Li^+,有效地增大了层间距,为锂离子的快速传输提供条件,并首次制得了具有高比容量和长循环寿命的钒酸盐嵌锂材料 $NH_4V_3O_8$。他们通过水热法分别合成了 $NH_4V_3O_8$ 薄片[8]、$NH_4V_3O_8$/CNTs 复合材料[9]及 $NH_4V_3O_8$ 纳米棒[10]。$NH_4V_3O_8$ 薄片在 30 mA·g^{-1} 下的最大放电容量高达 353.2 mA·h·g^{-1},对应约 4 个锂离子插入了基体材料,但是材料的倍率性能差,放电容量随电流密度的增大下降的很快;$NH_4V_3O_8$/CNTs 复合材料可以有效地提高材料的首次放电容量,但由于碳纳米管具有还原性,会同时形成少量的 $(NH_4)_{0.5}V_2O_5$ 相,导致其差的循环稳定性;$NH_4V_3O_8$ 纳米棒具有更大的比表面积和更短的锂离子扩散路径,明显改善了锂离子脱嵌平台,提高了材料的比放电容量,可是倍率特性改善不明显。上述材料均存在倍率特性不佳的缺点,需要通过改进制备方法或表面包覆导电材料改性等手段进一步提高其倍率特性。

目前报道的制备 $NH_4V_3O_8$ 的方法为水热法,这种方法存在反应时间长、对设备要求高、技术难度大、成本高及安全性能差等缺点,为 $NH_4V_3O_8$ 嵌锂材料的低成本制备及今后的工业化应用带来了诸多限制。微波水热技术通过分子极化和离子导电两个效应对物质直接加热,它消除了传统加热方式的热量损失,因而微波加热的热效率特别高。因此微波水热技术具有热效率高、合成速度快的优点,该技术在纳米粉体的制备上已得到了广泛的应用。

本创新项目拟采用微波水热法制备 $NH_4V_3O_8$ 嵌锂材料,利用微波水热过程中,反应物在溶液体系中分散性好、稳定性强、不易团聚等优点,制备不同形貌的 $NH_4V_3O_8$ 纳米粉体,利用微波水热技术实现 $NH_4V_3O_8$ 在形貌和结构的可调控性,获得微波水热法制备 $NH_4V_3O_8$ 嵌锂材料的最佳工艺条件。

主要参考文献

[1] ZHANG Zhenwei, CAO Liyun, HUANG Jianfeng, et al. Temperature effect on spinel $Li_4Ti_5O_{12}$ as anode materials for lithium ion batteries[J]. Electrochimica Acta, 2012, 88: 443-446.

[2] ZHANG Zhenwei, CAO Liyun, HUANG Jianfeng, et al. Hydrothermal synthesis of $Li_4Ti_5O_{12}$ microsphere with high capacity as anode material for lithium ion batteries [J]. Ceramics International, 2013, 39: 2695-2698.

[3] 曹丽云,王敦强,齐慧,等.微波自蔓延燃烧制备 LiV_3O_8 微晶的方法:201110374942.2[P].2012-05-02.
[4] WANG Dunqiang, CAO Liyun, HUANG Jianfeng, et al. Synthesis and electrochemical properties of submicron sized sheet-like LiV_3O_8 crystallites for lithium secondary batteries [J]. Materials Letters, 2012, 71:48-50.
[5] WANG Dunqiang, CAO Liyun, HUANG Jianfeng, et al. Synthesis of LiV_3O_8 Crystallites via an Improved Citric Acid Assisted Sol-Gel Method[J]. Key Engineering Materials, 2012, 512-515:227-230.
[6] FENG C Q, CHEN S Y, GUO Z P, et al. An investigation of polypyrrole-LiV_3O_8 composite cathode materials for lithium-ion batteries[J]. Journal of Power Sources, 2007, 174(2):1095-1099.
[7] IDRIS N H, RAHMAN M M, WANG J Z, et al. Synthesis and electrochemical performance of LiV_3O_8/carbon nanosheet composite as cathode material for lithium-ion batteries [J]. Composites Science and technology, 2011, 71(3):343-349.
[8] WANG Haiyan, HUANG Kelong, LIU Suqin, et al. Electrochemical property of $NH_4V_3O_8 \cdot 0.2H_2O$ flakes prepared by surfactant assisted hydrothermal methode [J]. Journal of Power Sources, 2011, 196:788-792.
[9] WANG Haiyan, HUANG Kelong, REN Yu, et al. $NH_4V_3O_8$/carbon nanotube composite cathode material with high capacity and good rate capability[J]. Journal of Power Sources, 2011, 196(22):9786-9791.
[10] WANG Haiyan, REN Yu, WANG Wenjie, et al. $NH_4V_3O_8$ nanorod as a high performance cathode material for rechargeable lithium-ion batteries [J]. Journal of Power Sources, 2012, 199(1):315-321.

二、项目研究内容和拟解决的关键问题

(一)研究内容

(1)不同形貌 $NH_4V_3O_8$ 粉体的微波水热合成研究。以偏钒酸铵和盐酸为原料,采用微波水热法制备 $NH_4V_3O_8$ 正极材料,通过改变前驱液的 pH 值、微波水热温度、反应时间及反应物浓度等工艺条件,制备不同形貌的 $NH_4V_3O_8$ 粉体,并通过 XRD、SEM、恒流充放电等测试方法系统研究各工艺因素对 $NH_4V_3O_8$ 材料物相、形貌以及电化学性能的影响规律,利用微波水热技术实现 $NH_4V_3O_8$ 材料的形貌和结构可控,获得制备 $NH_4V_3O_8$ 材料的最佳工艺条件。

(2)Polypyrrole-$NH_4V_3O_8$ 复合材料研究。研究聚吡咯(Polypyrrole)含量、十二烷基苯磺酸钠(SDBS)及 $FeCl_3$ 浓度和反应时间对氧化聚合法制备 Polypyrrole-$NH_4V_3O_8$ 复合材料的结构、形貌及倍率特性的影响规律,获得制备 Polypyrrole-$NH_4V_3O_8$ 复合材料的最佳工艺条件,达到提高 $NH_4V_3O_8$ 嵌锂材料倍率特性的目的。

(3)Polypyrrole-$NH_4V_3O_8$ 复合材料的生长机理研究。采用氧化聚合法制备 Polypyrrole-$NH_4V_3O_8$ 复合材料,研究聚吡咯含量、SDBS 及 $FeCl_3$ 浓度和反应时间对 Polypyrrole-$NH_4V_3O_8$ 复合材料晶相、形貌的影响规律,分析 Polypyrrole-$NH_4V_3O_8$ 复合材料的氧化聚合生长规律,建立相关的生长模型,揭示其生长机理,实现 $NH_4V_3O_8$/Polypyrrole 复合材料的可控生长。

(二)拟解决的关键问题

(1)$NH_4V_3O_8$纳米材料的可控生长技术。$NH_4V_3O_8$纳米材料的合成是一个复杂的过程,本项目拟采用微波水热法合成$NH_4V_3O_8$纳米材料。通过调整微波水热合成工艺达到$NH_4V_3O_8$纳米粉体在晶相和形貌的可调控性,实现其可控生长。

(2)Polypyrrole-$NH_4V_3O_8$复合材料的生长机理研究。采用氧化聚合法制备Polypyrrole-$NH_4V_3O_8$复合材料的过程中,聚吡咯含量、SDBS及$FeCl_3$浓度和反应时间等因素对Polypyrrole-$NH_4V_3O_8$复合材料的晶相、微观结构、形貌都有重大影响,影响因素复杂。本项目采用正交分析法优化工艺参数,建立相关的生长模型,揭示其生长机理。

三、项目研究与实施的基础条件

(一)研究基础

项目指导老师曹丽云教授及所在团队多年从事纳米材料及有机/无机复合材料的研究工作,积累了丰富的经验,在纳米粉体的制备工艺、有机/无机复合材料、锂离子电池材料研究等方面均取得大量的研究成果,发表了百余篇相关论文,已授权国家发明专利30余项,相关研究成果得到国内外同行专家的广泛关注与充分肯定。本团队近期又在前期研究的基础上,提出制备锂离子电池正极材料$NH_4V_3O_8$纳米粉体,通过控制微波水热过程中的各个参数调控$NH_4V_3O_8$纳米粉体的生长过程,从而实现$NH_4V_3O_8$纳米粉体的可控生长。

图4-1为前期研究结果的一个实例,通过改变前驱液的pH值制得了不同形貌的$NH_4V_3O_8$微晶。前期的研究的结果为本研究的顺利实施奠定了良好的基础。尽管目前的初步研究尚未能揭示其机理,但现在的研究结果表明,本项目的研究方案可行,有必要对Polypyrrole-$NH_4V_3O_8$复合材料进行设计、研究,以提高$NH_4V_3O_8$的倍率特性和循环稳定性,为$NH_4V_3O_8$嵌锂材料的工业化应用奠定基础。

图4-1 不同pH值下微波水热法制得NH_4VO_3微晶的SEM图片
(a)pH=2; (b)pH=2.5; (c)pH=3; (d)pH=3.5; (e)pH=4; (f)pH=4.5

(二)实施的基础条件

陕西科技大学材料科学与工程学院拥有"功能薄膜与涂层材料"国家优势学科重点实验室和科技部"无机材料国际合作基地"等研发平台,在纳米材料、有机-无机复合材料、功能薄膜及涂层材料、无机非金属材料物理化学基础等研究方向特色鲜明,优势突出。与本项目相关的研究条件和完成本项目所需的实验设备已基本具备,其中包括以下几个方面。

(1)实验设备。雷磁 pH 计、恒温加热磁力搅拌器、电子天平、分析天平、数控超声波清洗器、微波水热合成仪、水热反应釜、真空干燥箱、电热恒温鼓风干燥箱、台式涂布机、台式电动压片机、手套箱等。

(2)分析测试设备。X 射线衍射仪、红外光谱仪、热重分析仪、扫描电镜、透射电镜、X 射线光电子能谱分析、原子力显微镜、电化学工作站、比表面仪、电池充放电测试仪等一系列分析测试设备。

该项目的研究和试验条件均可得到保证。

四、项目实施方案

(1)采用偏钒酸铵(NH_4VO_3)或五氧化二钒(V_2O_5)作为原料,以 2 mol·L^{-1} 的稀盐酸或氨水为 pH 调节剂,以十二烷基苯磺酸钠(SDBS)为模板剂,利用微波水热技术通过改变前驱液 pH 值、反应物浓度、微波水热温度、微波水热时间合成不同形貌的 $NH_4V_3O_8$ 纳米粉体。通过 X 射线衍射分析、扫描电镜、恒流充放电测试及循环伏安等测试方法,研究各合成参数对 $NH_4V_3O_8$ 结构、形貌的影响规律,并研究其对 $NH_4V_3O_8$ 倍率特性及循环稳定性的影响,确定最佳的微波水热合成工艺。

(2)采用吡咯单体(pyrrole)和制得的 $NH_4V_3O_8$ 纳米粉体为原料,以十二烷基苯磺酸钠(SDBS)为表面活性剂,以 ferric chloride($FeCl_3$)为氧化剂,通过氧化聚合反应制得 Polypyrrole-$NH_4V_3O_8$ 复合材料。通过 X 射线衍射分析、扫描电镜、透射电镜、恒流充放电测试及循环伏安等测试方法,研究聚吡咯含量、SDBS 及 $FeCl_3$ 浓度和反应时间对氧化聚合法制备 Polypyrrole-$NH_4V_3O_8$ 复合材料的结构、形貌及倍率特性的影响规律,获得制备 Polypyrrole-$NH_4V_3O_8$ 复合材料的最佳工艺条件,达到提高 $NH_4V_3O_8$ 嵌锂材料倍率特性的目的。

(3)采用场发射扫描电镜、高分辨透射电镜研究 Polypyrrole-$NH_4V_3O_8$ 复合材料氧化聚合的生长规律,建立其生长的物理化学模型,揭示其生长机理,实现 Polypyrrole-$NH_4V_3O_8$ 复合材料的可控生长。

本研究拟采用图 4-2 所示的技术路线开展研究。

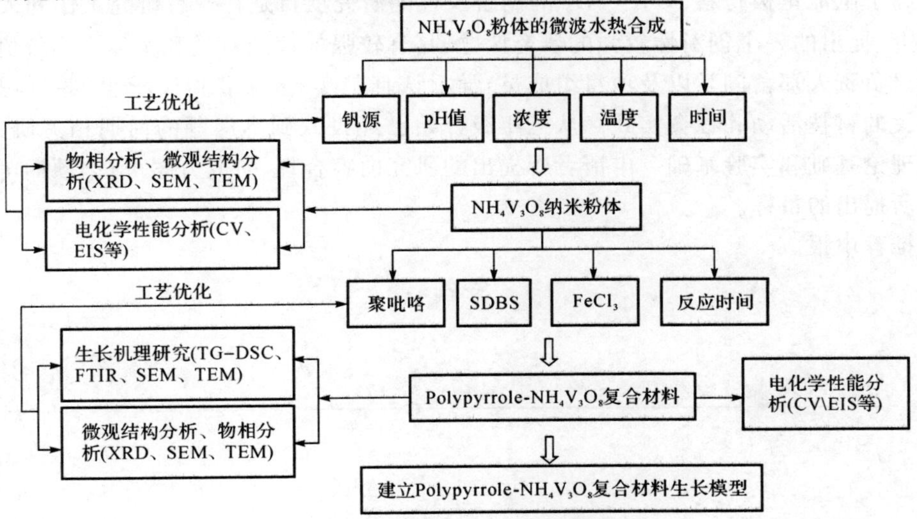

图 4-2 研究计划拟采取的技术路线图

五、学校可以提供的条件

  陕西科技大学材料科学与工程学院拥有"功能薄膜与涂层材料"国家优势学科重点实验室和科技部"无机材料国际合作基地"等研发平台,在纳米材料、复合材料、功能薄膜及涂层材料、无机非金属材料物理化学基础等研究方向特色鲜明,优势突出,可以为本项目相关的研究提供所需的实验设备、分析仪器和研究场所,同时学校聘请各相关学科专家对申报项目进行立项评审和技术指导。

六、预期成果

  (1)分别采用微波水热法和氧化聚合法制得 $NH_4V_3O_8$ 纳米粉体和 Polypyrrole – $NH_4V_3O_8$ 复合材料,获得制备 Polypyrrole – $NH_4V_3O_8$ 复合材料的最佳工艺条件。

  (2)完成 Polypyrrole – $NH_4V_3O_8$ 复合材料的设计及性能研究总结报告。

  (3)在国内外权威刊物上发表1~2篇学术论文,申请1项国家发明专利。

七、经费预算

科 目	申请费用/元	备注(计算依据与说明)
实验材料费	5 000	试剂、实验药品及组装扣式电池的材料
测试分析费	6 000	$NH_4V_3O_8$ 及 Polypyrrole – $NH_4V_3O_8$ 复合材料的晶相分析、微观形貌及电化学性能的测试费用
会议费/差旅费	3 000	参加国内外学术会议和交流及科研出差费用
资料调研费	2 000	资料购买和复印
其 他	4 000	发表论文、专利申请费
合 计	20 000	

八、导师推荐意见

  锂离子电池正极材料 $NH_4V_3O_8$ 的制备及性能研究项目是在现有研究工作和大量调研的基础上,提出的一个创新性较强的研究课题,具有较强的理论意义和实际应用价值。

  项目负责人郑蕾同学以及项目组成员,学习认真踏实,多次获得奖学金,并且积极参加学校相关的科技活动和社会实践。从三年级开始已经投入到本课题的前期相关研究,具有一定的理论基础和实验基础。申请者所提出的研究内容合理,研究方案可行,预期可以完成该项目所提出的目标。

  特推荐申报。

                签名:

                年　　月　　日

九、院系推荐意见：	
院系负责人签名： 学院盖章	
	年 月 日

十、学校推荐意见：	
学校负责人签名： 学校盖章	
	年 月 日

十一、省教育厅评审意见：	
单位盖章	
	年 月 日

大学生创新创业训练项目
结题验收表

（☑国家级　□省级　□校级）

项　目　名　称：　锂离子电池正极材料 $NH_4V_3O_8$ 的制备及性能研究

项　目　编　号：　201310708007

主　　持　　人：　郑　蕾

项目组成员：　张秀云、席娟娟、李少鹏、王　敏

指　导　教　师：　曹丽云

所　在　学　院：　材料科学与工程学院

立　项　年　度：　2013

填　表　日　期：　2014.10

陕西科技大学教务处　制

项目名称	锂离子电池正极材料 $NH_4V_3O_8$ 的制备及性能研究			
项目等级	(✓)国家级（ ）省级（ ）校级		项目编号	201310708007
项目类别	(✓)创新训练项目　　（ ）创业训练项目			
主持人姓名	郑　蕾	班级　材化102班	联系方式	略
项目组其他成员	序号	姓名	班级	承担工作任务
	1	郑　蕾	材化102班	项目背景资料收集，确定实验方法及实验方案
	2	张秀云	材化101班	$NH_4V_3O_8$ 材料的制备
	3	席娟娟	材化101班	$NH_4V_3O_8$ 材料的制备
	4	李少鹏	材化101班	样品的表征工作（物相、形貌表征）及分析
	5	王　敏	材化102班	负责样品的电化学性能测试及分析
指导教师	曹丽云	职称　教授	研究方向	功能粉体及涂层材料
项目经费	20 000 元	立项时间　2013.10	完成时间	2014.10

一、项目实施情况（立项依据、研究内容、研究结果等 1 000 字以内）：

1.立项依据

随着能源与环境问题的日益突出，锂离子电池作为一种非常重要的可再生能源，已成为全世界研究的焦点。近年来，新一代电子产品及新能源汽车的开发与应用，使人们对锂离子电池的性能提出了更高的要求，研究开发更高性能的正极材料成为目前提高和发展锂离子电池的有效途径和关键所在。

$NH_4V_3O_8$ 嵌锂材料由于放电比容量高、循环寿命长、安全性好、制备简单等优点，成为近年来的研究热点。然而 $NH_4V_3O_8$ 的制备方法和工艺条件对产物的结晶性和形貌影响很大，进而影响了材料的电化学性能。如何通过简单的方法制备出电化学性能优异的 $NH_4V_3O_8$ 嵌锂材料仍需进一步研究。

本项目以偏钒酸铵为原料，采用微波水热法制备 $NH_4V_3O_8$ 正极材料，通过 XRD、SEM、恒流充放电等测试方法，系统地研究了各工艺条件对产物物相、形貌以及电化学性能的影响，获得了微波水热法制备 $NH_4V_3O_8$ 材料的最佳工艺条件。

2. 研究内容

以偏钒酸铵和盐酸为为原料,采用微波水热法制备 $NH_4V_3O_8$ 正极材料,通过改变前驱液的 pH 值、微波水热温度、反应时间及反应物浓度等工艺条件,制备不同形貌的 $NH_4V_3O_8$ 粉体,并通过 XRD、SEM、恒流充放电等测试方法系统研究各工艺因素对 $NH_4V_3O_8$ 材料物相、形貌以及电化学性能的影响规律,利用微波水热技术实现 $NH_4V_3O_8$ 材料的形貌和结构可控,获得制备 $NH_4V_3O_8$ 材料的最佳工艺条件。

3. 研究结果

(1) 微波水热法制备 $NH_4V_3O_8$ 材料的最佳工艺条件:前驱液 pH=3、反应温度 T=150℃、反应时间 t=60 min、反应物浓度为 $0.1\ mol·L^{-1}$,此时产物为尺寸均匀、分散性好、长径比大的纳米棒状 $NH_4V_3O_8$。

(2) pH 值对产物的物相和形貌有较大的影响。pH 值为 2 时产物中有 $NH_4V_4O_{10}$ 杂相;随着 pH 值的增大,产物由花状(疏松的多孔结构)变为棒状、棒与小片共存,最终变为片状;pH 值为 3 时所得产物的电化学性能最好。

(3) 随着微波水热温度的升高,产物的衍射峰强度逐渐增强,分散性变好,但棒的长度先增大后减小;120℃、150℃、180℃ 和 200℃ 下制备样品的初始放电容量分别为 316.54 $mA·h·g^{-1}$、332.25 $mA·h·g^{-1}$、321.29 $mA·h·g^{-1}$ 和 319.71 $mA·h·g^{-1}$,150℃ 时所得产物的电化学性能最佳。

(4) 反应时间小于 40 min 时,产物中有 $(NH_4)_2V_6O_{16}·1.5H_2O$ 杂相;反应 1 h 即可获得尺寸均匀、分散性好的 $NH_4V_3O_8$ 纳米棒;随着反应时间增加至 2 h,产物的形貌变化不大。反应 60 min 所得产物的电化学性能最好,在 15 $mA·g^{-1}$、30 $mA·g^{-1}$、120 $mA·g^{-1}$、240 $mA·g^{-1}$、300 $mA·g^{-1}$ 电流密度下,首次放电比容量分别为 325.44 $mA·h·g^{-1}$、278.87 $mA·h·g^{-1}$、247.88 $mA·h·g^{-1}$、217.06 $mA·h·g^{-1}$ 和 189.19 $mA·h·g^{-1}$。

(5) 随着反应物浓度的增大,产物衍射峰强度逐渐增强,产物的形貌由短棒状变为长棒状,最终变为小短棒与小片共存。反应物浓度为 $0.05\ mol·L^{-1}$、$0.10\ mol·L^{-1}$、$0.15\ mol·L^{-1}$ 和 $0.20\ mol·L^{-1}$ 时,产物的初始放电比容量依次为 288.32 $mA·h·g^{-1}$、332.25 $mA·h·g^{-1}$、264.07 $mA·h·g^{-1}$ 和 257.02 $mA·h·g^{-1}$,$0.1\ mol·L^{-1}$ 所得产物的电化学性能最好。

二、项目创新点与特色(包括使用了什么样的创新方法、手段,项目的科学意义和应用价值等,500 字以内):

(1) 创新性地将微波引入水热体系,借助微波加热均匀、速度快、效率高等优点,在较低温度和较短时间制备出电化学性能优异的 $NH_4V_3O_8$ 嵌锂材料,大大缩短了反应时间,降低了能耗,并利用微波水热技术实现 $NH_4V_3O_8$ 在形貌和结构的可调控性。

(2) 系统地研究了 pH 值、微波水热温度、反应时间、反应物浓度等工艺因素对 $NH_4V_3O_8$ 材料物相、形貌及电化学性能的影响规律,获得微波水热法制备 $NH_4V_3O_8$ 材料的最佳工艺条件。

(3) 经过摸索和探究,通过微波-超声及水浴等方法,在低于 100℃ 的条件下制得了电化学性能优异的 $NH_4V_3O_8$ 嵌锂材料,拓宽了 $NH_4V_3O_8$ 嵌锂材料的合成范围。

三、项目成果:包括理论、应用、技术等方面取得的成果,成果的具体形式包括发表论文(应注明论文题目、发表刊物、发表时间、作者等详细信息)、专利(专利申请及获批、专利名称、专利号、申请人、获得日期等信息)、研究报告、实物、软件、图纸、获奖证书等。

项目申请书中的预期成果及成果提交形式:	项目结题时取得的成果:
(1)采用微波水热法制备出电化学性能优异的 $NH_4V_3O_8$ 材料,获得微波水热法制备 $NH_4V_3O_8$ 材料的最佳工艺条件。 (2)完成 $NH_4V_3O_8$ 材料的性能研究总结报告。 (3)在国内外权威刊物上发表1～2篇学术论文,申请1项国家发明专利。	(1)完成2篇学术论文: [1] CAO Shanshan, HUANG Jianfeng, CAO Liyun, et al. A simple method to prepare $NH_4V_3O_8$ nanorods as cathode material for Li-ion batteries [J]. Materials Letters, 2014, 126: 20-23. [2] CAO Shanshan, HUANG Jianfeng, CAO Liyun, et al. Microwave synthesis of $NH_4V_3O_8$ nanosheets with improved electrochemical properties as cathode material for Lithium ion batteries [J]. Ceramics International. (在投). (2)申请五项国家发明专利(均已进入实审): [1] 谈国强,杨薇,任慧君.一种 $NH_4V_3O_8$ 纳米棒的制备方法:201310422042.X[P].2013-10-16. [2] 黄剑锋,曹杉杉,曹丽云,等.一种卡片状 $NH_4V_3O_8$ 微晶的制备方法:201310422044.9[P].2014-01-01. [3] 黄剑锋,曹杉杉,曹丽云,等.一种采用水浴法制备片状 $NH_4V_3O_8$ 微晶的方法:201310422187.X[P].2014-01-01. [4] 黄剑锋,曹杉杉,欧阳海波,等.一种多孔结构钒酸铵材料的制备方法:201310700620.1[P].2014-04-09. [5] 黄剑锋,曹杉杉,曹丽云,等.一种采用微波-超声制备薄片状 $NH_4V_3O_8$ 微晶的方法:201310697740.0[P].2014-01-01.

四、完成项目后的收获与体会(300字以内):

(1)收获:通过自己设计的实验方案成功制备了锂离子电池正极材料 $NH_4V_3O_8$,且产物具有较好的电化学性能。通过本项目,我们掌握了纳米材料制备、扣式电池组装及锂离子电池性能测试方法,学会了多种仪器设备的使用方法,同时对实验设计及理论分析有了一定程度的了解。

(2)体会:通过参与本项目,我们学到了许多书本上和课堂上学不到的知识,受益匪浅,感谢老师和学校给了我们这样一个学习的机会。以前我们只是进行一些验证性实验,而在本项目中,我们自己查阅资料、设计实验方案、分析实验结果,这提高了我们的动手能力、创新能力以及分析问题、解决问题的能力!

五、项目组承诺： 　　我保证上述填报内容的真实性，经费使用规范合理，项目成果无弄虚作假情况。 　　主持人签名：　　　　　　　项目组其他成员签名： 　　　　　　　　　　　　　　　　　　　　　　　　　　　日期：
六、指导教师意见（手写）： 　　签名：   　　　　　　　　　　　　　　　　　　　　　　　年　　　月　　　日
七、学院意见： 　　主管领导签字（盖章）：   　　　　　　　　　　　　　　　　　　　　　　　年　　　月　　　日
八、学校验收意见： 　　　　　　专家评价：（　）优秀　（　）良好　（　）合格　（　）不合格 　　　　　　　　　　　　　　　　　　　　盖章：   　　　　　　　　　　　　　　　　　　　　　　　年　　　月　　　日

4.2 钒酸铵/氧化石墨烯锂离子电池正极材料的合成及电化学性能的研究

大学生创新创业训练计划
项目申报表

推 荐 学 校　　陕西科技大学

项 目 名 称　　钒酸铵/氧化石墨烯锂离子电池正极材料的合成及电化学性能的研究

项 目 类 型　　创新项目

项目负责人　　王　浩

申 报 日 期　　2016.04

陕西省教育厅 制

二〇一六年四月

项目名称	钒酸铵/氧化石墨烯锂离子电池正极材料的合成及电化学性能的研究					
项目类型	(√)创新训练项目　(　)创业训练项目　(　)创业实践项目					
项目实施时间	起始时间：2016 年 04 月　　完成时间：2017 年 04 月					
申请人或申请团队		姓名	年级	学校	所在院系/专业	联系电话	E-mail
	主持人	王　浩	2013 级	陕西科技大学	材料科学与工程/材料化学	略	略
	成员	任佳佩	2013 级	陕西科技大学	材料科学与工程/材料化学	略	略
		王晶晶	2013 级	陕西科技大学	材料科学与工程/材料化学	略	略
		许　钊	2013 级	陕西科技大学	材料科学与工程/材料化学	略	略
		贾喜荣	2013 级	陕西科技大学	材料科学与工程/材料化学	略	略
指导教师	姓名	曹丽云		研究方向		碳基复合材料
	年龄	略		行政职务/专业技术职务		教师/教授
	主要成果	曹丽云，女，1972 年 4 月出生，教授，博士，硕士研究生导师，"材料物理与化学"方向学术骨干。主要从事功能薄膜及涂层材料及有机/无机复合材料、碳基复合材料的研究。主持或参加科研项目及人才计划有：①国家自然科学基金面上项目，$AlPO_4$ 抗氧化涂层的水热电泳电弧放电沉积新技术、性能和失效机理研究；②国家自然科学基金专项基金项目，基于紫外光诱导自组装微晶 SmS 光学薄膜的制备和生长机理的研究；③陕西省自然科学基金面上项目，$AlPO_4$ 自愈合涂层水热电泳沉积研究。出版专著 1 部，发表论文 100 余篇，其中 SCI 收录 8～10 篇；已授权发明专利 22 项，其中国际发明专利 1 项，国家发明专利 3～5 项。获得陕西省高校科学技术一等奖 1 项。					

发表的期刊论文：

[1] CAO Liyun, AN Ping, XU Zhanwei, et al. Performance evaluation of electrospun polyimide non-woven separators for high power lithium-ion batteries[J]. Journal of Electroanalytical Chemistry, 2016, 767: 34-39.

[2] CAO Liyun, HU Yani, OUYANG Haibo, et al. $Li_4Ti_5O_{12}$ hollow mesoporous microspheres assembled from nanoparticles for high rate lithium-ion battery anodes[J]. RSC Advances, 2015, 5(45): 35643-35650.

[3] CAO Liyun, GUO Zhanglin, HUANG Jianfeng, et al. Topotactic soft chemical synthesis and photocatalytic performance or one-dimensional $AgNbO_3$ nanostructures[J]. Materials Letters, 2014, 137: 110-112.

[4] CAO Liyun, MI Qun, HUANG Jianfeng, et al. Influence of hydrothermal treatment temperature on oxidation modification of C/C composites with aluminum phosphates solution by a microwave hydrothermal process[J]. Corrosion Science, 2010, 52(11): 3757-3762.

[5] CAO L Y, ZHANG B, HUANG J F, et al. Influence of fibre content on mechanical properties of C(f)/PMMA-PMA composites[J]. Materials Technology, 2009, 24(2): 111-113.

[6] CAO Liyun, WANG Han, HUANG Jianfeng, et al. Influence of Deposition Voltage on Properties of Lead Sulfide Thin Films[J]. American Ceramic Society Bulletin, 2008, 87(6): 9101-9104.

[7] CAO Liyun, ZHENG Bin, HUANG Jianfeng, et al. Preparation of zirconia fiber reinforced PMMA-PMA matrix composites[J]. Rare Metal Materials and Engineering, 2007, 36: 781-783.

[8] CAO Liyun, HUANG Jianfeng, WU Jianpeng, et al. Synthesis of nanometer $LiNiVO_4$ by a wet chemical process under ultrasonic irradiation[J]. Materials Technology, 2006, 21(2): 91-93.

部分申请及授权专利

[1] 曹丽云, 王敦强, 黄剑锋. 一种锂电池正极材料 LiV_3O_8 微晶棒的制备方法: ZL201110375907.2[P].2014-01-16.

[2] 曹丽云, 惠亚妮, 黄剑锋, 等. 一种中空微米球形钛酸锂材料及其制备方法: ZL201410707912.2[P].2015-03-11.

[3] 曹丽云, 李雯, 孔新刚, 等. 一种丝状隧道性钨酸钾及其制备方法: ZL201410469280.0[P].2015-01-07.

[4] 曹丽云, 张晓薇, 黄剑锋, 等. 一种球状 $ZnWO_4$ 光催化材料的制备方法: ZL201210458467.1[P].2014-10-29.

[5] 曹丽云, 符馨元, 黄剑锋, 等. 一种棒状氢氧化镧纳米晶的制备方法: ZL201210458171.X[P].2012-02-27.

[6] 曹丽云,张晓薇,黄剑锋,等.一种球状 $ZnWO_4$ 光催化材料的制备方法:ZL20120458467.1[P].2013-02-20.

[7] 曹丽云,马凤兰,黄剑锋,等.一种水热法制备六方棒状的 MoO_3 微米晶的方法:ZL201210458083.X[P].2013-02-20.

[8] 曹丽云,马凤兰,黄剑锋,等.一种水热法制备六方柱状的核壳结构 MoO_3 微晶的方法:ZL201210458082.5[P].2013-02-20.

[9] 曹丽云,余芳,黄剑锋,等.一种 $FeWO_4$ 纳米线的制备方法:ZL201210458610.7[P].2013-02-13.

[10] 曹丽云,张婷,黄剑锋,等.一种花球状 Bi_2MoO_6 微晶的制备方法:ZL201210458609.4[P].2013-02-13.

[11] 曹丽云,郝巍,黄剑锋,等.一种碳/碳复合材料 $SiC-MoSi_2-C-AlPO_4$ 复合梯度外涂层的制备方法:ZL201210391224.0[P].2014-04-16.

一、项目实施的目的、意义

锂离子电池作为当今社会的一个具有潜力的新型能源,已经广泛应用于便携式移动工具、数码产品、人造卫星、航空、航天等领域,也是混合电动汽车和纯电动汽车的重要选择[1-2]。商业化的锂离子电池主要由正极、负极、电解液和隔膜四部分组成。正极材料占整个锂离子电池成本的 35%~40%,是发展的关键。商业化的正极材料(如 $LiCoO_2$、$LiMn_2O_4$、$LiFePO_4$)容量一般都小于 150 $mA·h·g^{-1}$,远不能满足日后高能大功率电池的要求[3-5]。LiV_3O_8 凭借高容量(理论值为 300 $mA·h·g^{-1}$),被认为是钒酸盐体系中最有商业前景的正极材料之一[6-7]。但其在充放电过程中结构不太稳定,虽初始充放电容量高,但容量衰减严重,循环稳定性较差,这制约了其发展和应用[8]。具有较大半径的 NH_4^+ 可以有效增大 $[V_3O_8]^-$ 层之间的层间距,促进 Li^+ 的快速传输,还可以在层间形成分子内氢键,稳定其晶体结构,因而 $NH_4V_3O_8$ 具有比 LiV_3O_8 更优异的结构稳定性。研究还发现其实际放电容量不低于 LiV_3O_8,且成本更低,是一种更有发展前景的锂离子电池正极材料[9-10]。但 NH_4^+ 作为一个大基团插入在 $[V_3O_8]^-$ 层之间会增大旁边有效锂离子位置的活化能,在小倍率下,占据这些位置的锂离子可有效插入和脱出,但是在大电流密度下,由于速度太快,部分位置来不及响应,从而出现位阻滞后效应,降低了 $NH_4V_3O_8$ 的倍率性能。与此同时,尺寸较大的 $NH_4V_3O_8$ 也会使颗粒之间缺乏有效的链接,不利于电子的传导,再加上其导电性本身较差,也导致了其较差的倍率性能。因此,改善 $NH_4V_3O_8$ 正极材料的导电性及倍率性能是研究者努力的方向[11-12]。

石墨烯具有非常优异的电子导电性(电子迁移率为 15 000 $cm^2·(V·s)^{-1}$)[13]和导热性(热导率高达 5 300 $W·(m·K)^{-1}$)[14],前者保证了良好的电子传输通道,而后者确保了材料的稳定性;同时用于电极的石墨烯材料的二维尺寸可达纳米级别,使得锂离子在其中的迁移距离非常短,有助于提高电池的功率性能;获得高的理论比表面积(2 600 $m^2·g^{-1}$)、良好的机械性能。这些特点都使石墨烯成为一种理想的复合材料的组分。近年来,将正极材料与石墨烯复合制备锂离子电池正极材料是提高其循环性能和比容量的有效途径之一。Y. Ding 等[15]在室温下用共沉淀法合成了纳米结构的 $LiFePO_4$/石墨烯复合材料。在 2.4~4.2 V 下循环,0.2 C首次放电比容量为160 mA·h·g^{-1},10 C放电比容量保持在110 mA·h·g^{-1}。S. M. Bak等[16]通过微波辅助水热法能合成出结晶性好的纳米尺度的LiMn$_2$O$_4$,与氧化还原法制得的石墨烯进行复合,在3.5~4.5 V充放电,1 C放电比容量为137 mA·h·g^{-1},高倍率50 C和100 C放电比容量分别为117 mA·h·g^{-1}和101 mA·h·g^{-1};1 C和10 C循环100次,容量保持率分别为90%和96%。石墨烯的加入提高了LiMn$_2$O$_4$的结构的稳定性及导电性,使得其循环、倍率性能比单一的LiMn$_2$O$_4$有了大幅度提升。目前有关钒酸铵与石墨烯复合方面鲜有报道。

基于上述研究,本项目提出了钒酸铵/石墨烯纳米正极材料的新思路。以NH$_4$VO$_3$、氧化石墨烯(提供活性位点,解决石墨烯分散不均问题)为起始原料,采用微波水热工艺制备NH$_4$V$_3$O$_8$/氧化石墨烯纳米材料,该复合材料具有以下特点:首先,NH$_4$V$_3$O$_8$均匀地生长在石墨烯表面,形成以石墨烯为基体的三明治结构,形成富有弹性导电网络,使复合材料具有良好的导电性,提高了材料的倍率问题。其次,弹性的石墨烯处于三明治中心或两侧,可以有效地缓解充放电过程中材料的体积变化,使得复合材料可逆容量与循环稳定性得到提高。本项目研究可为新能源汽车及再生能源领域的大型锂离子电池正极材料工业化应用提供理论基础。

参考文献

[1] TANG Y, ZHANG Y, Chen X, et al. Rational Material Design for ultrafast Rechargeable Lithium-Ion Batteries[J]. Soc Rev, 2015(44):5926-5940.

[2] ZHANG G, LOU X. General synthesis of multi-shelled mixed metal oxide hollow spheres with superior lithium storage properties[J]. Chem Angew. Int Ed, 2014, 53:9041-9044.

[3] MUN J, YIM T, PARK J H, et al. Allylic ionic liquid electrolyte-assisted electrochemical surface passivation of LiCoO$_2$ for advanced, safe lithium-ion batteries[J]. Scientific reports, 2014(4):5802-5802.

[4] LEE M J, LEE S, OH P, et al. High performance LiMn$_2$O$_4$ cathode materials grown with epitaxial layered nanostructure for Li-ion batteries[J]. Nano letters, 2014, 2(14):993-999.

[5] ZHAO Y, PENG L, LIU B, et al. Single-Crystalline LiFePO$_4$ Nanosheets for High-Rate Li-ion Batteries[J]. Nano letters, 2014, 5(14):2849-2853.

[6] WANG D, CAO L, HUANG J, et al. Effects of different chelating agents on the composition, morphology and electrochemical properties of LiV$_3$O$_8$ crystallites synthesized via sol-gel method[J]. Ceramics International, 2013, 4(39):3759-3764.

[7] WANG D, CAO L, HUANG J, et al. Synthesis and electrochemical properties of submicron sized sheet-like LiV$_3$O$_8$ crystallites for lithium secondary batteries[J]. Materials Letters, 2012, 71:48-50.

[8] WADSLEY A, KIM Y G, OH S M. Crystal chemistry of non-stoichiometric pentavalent vandadium oxides: Crystal structure of LiV$_3$O$_8$ [J]. Acta Crystallographica. Section A, 1957, 4(10):261-267.

[9] 王海燕,唐有根,周东慧,等.锂离子电池用新型 MV_3O_8($M=Li^+$,Na^+,NH^{4+})嵌锂材料[J].化学进展,2013,6:927-939.

[10] HUANG S D, EHRSTEIN B, KLINGELER R. $NH_4V_3O_8$: a novel sinusoidal layered compound formed by the cation templating[J]. Chemical Communications, 1998,10(10):1069-1070.

[11] OTTMANN A, ZAKHAROVA G S. Electrochemical performance of single crystal belt-like $NH_4V_3O_8$ as cathode material for lithium-ion batteries[J]. Electrochimica Acta, 2015,174:682-687.

[12] CAO S, HUANG J, LI J, et al. Nitrogen doped activated carbon/graphene with high nitrogen level: Green synthesis and thermo-electrical properties of its nanofluid[J]. Materials Letters, 2015,148:192-195.

[13] FEI H, LIU X, LI H, et al. Enhanced electrochemical performance of ammonium vanadium bronze through sodium cation intercalation and interface and optimization of electrolyte[J]. Journal of colloid and interface science, 2014(418):273-276.

[14] CHEN J, JANG C, XIAO S. Intrinsic and extrinsic performance limits of graphene devices on SiO_2[J]. Nature Nanotechnology, 2008,3(4):206-209.

[15] BALANDIN A, GHOSH B, BAO W. Superior thermal conductivity of single-layer graphene[J]. Nano Letters, 2008,8(3):902-907.

[16] DING Y, JIANG Y, XU F. Preparation of nano-structured $LiFePO_4$/graphene composites by co-precipitation method[J]. Electrochem Commun, 2010,12(1):10-13.

二、项目研究内容和拟解决的关键问题

1.研究内容

本项目拟以 NH_4VO_3、氧化石墨烯为起始原料采用微波水热工艺制备 $NH_4V_3O_8$/氧化石墨烯纳米材料。研究氧化石墨烯浓度、水热工艺参数等对 $NH_4V_3O_8$/氧化石墨烯正极材料微观结构及电化学性能的影响规律,并探索其电化学反应机理。具体研究内容如下:

(1)$NH_4V_3O_8$/氧化石墨烯微波水热合成工艺研究。研究原料 NH_4VO_3 与氧化石墨烯的物质的量比、微波水热温度、微波水热时间对 $NH_4V_3O_8$ 形貌及结构的影响。

(2)$NH_4V_3O_8$/氧化石墨烯正极材料电化学性能研究。对比研究 $NH_4V_3O_8$ 与 $NH_4V_3O_8$/氧化石墨烯之间充放电循环稳定性、充放电比容量及阻抗,讨论 $NH_4V_3O_8$/氧化石墨烯的作用机理。

2.拟解决的关键问题

对 $NH_4V_3O_8$ 与氧化石墨烯复合的控制:在微波水热条件下控制的关键在于氧化石墨烯的浓度、pH 值及微波水热温度、时间的控制,充分利用氧化石墨烯吸收微波的特性,在氧化石墨烯表面微区形成温度梯度,使得氧化石墨烯与 $NH_4V_3O_8$ 复合。

三、项目研究与实施的基础条件

1.项目的研究基础

本项目组前期在老师的指导下开展了 $NH_4V_3O_8$ 的合成,通过微波水热合成的方法,以 NH_4VO_3 为原料,调节溶液 pH 值合成不同形貌结构的 $NH_4V_3O_8$ 纳米材料(见图 4-3)。

前期的实验研究表明,通过控制微波水热工艺条件,可以合成出不同形貌的 $NH_4V_3O_8$,该结果为本项目的实施奠定了基础,后期研究的重点主要在氧化石墨烯的浓度以及 $NH_4V_3O_8$/氧化石墨烯的电化学性能研究。

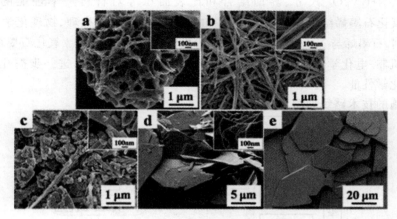

图 4-3 不同 pH 值下 180℃微波水热反应 1h 所制备 $NH_4V_3O_8$ 的 SEM 图
(a)pH=2; (b)pH=3; (c)pH=4; (d)pH=5; (e)pH=6

2.项目实施的基础条件

陕西科技大学材料科学与工程学院拥有"功能薄膜与涂层材料"国家优势学科重点实验室,科技部"无机材料国际合作基地"等研发平台,在功能薄膜及涂层材料、纳米材料、无机非金属材料物理化学基础等研究方向特色鲜明,优势突出。与本项目相关的研究条件和完成本项目所需的实验设备已基本具备,其中包括:

(1)微波水热反应仪(MAS-10)。

(2)Rigaku MiniFlex 600 X 射线衍射仪。

(3)Hitachi-4800 场发射扫描电镜。

(4)Tecnai G2 透射电子显微镜。

(5)比表面积分析仪 Micro-2460。

(6)Bruker V70 傅里叶变换红外光谱分析仪。

(7)Renishaw Raman spectroscopy。

(8)同步热分析仪(DSC/DTA-TG)STA 409 CD。

(9)超级电容器充放电测试仪。

(10)电化学工作站。

(11)真空手套箱。

四、项目实施方案

(1) $NH_4V_3O_8$ 与氧化石墨烯的复合工艺研究,利用 XRD 分析产物的物相结构,利用 SEM 分析产物的微观形貌,利用 TEM 分析产物的微观结构,研究 $NH_4V_3O_8$ 与氧化石墨烯复合材料合成的物质的量比浓度、微波水热温度与时间对 $NH_4V_3O_8$ 在氧化石墨烯中的分散性以及复合材料结构的影响;

(2) 研究 $NH_4V_3O_8$/氧化石墨烯结构作为锂离子电池正极材料的一系列电化学性能(如容量、充放电循环稳定性、倍率性能、导电性、阻抗等),重点研究 $NH_4V_3O_8$/氧化石墨烯的复合状态、$NH_4V_3O_8$ 尺寸、界面结合和比表面积等对材料倍率性能的影响,研究 $NH_4V_3O_8$/氧化石墨烯结构在充放电过程中的电极动力学反应机理、物理化学变化、Li^+嵌入和脱嵌机制、石墨烯与 $NH_4V_3O_8$ 协同作用的机理,建立 $NH_4V_3O_8$/氧化石墨烯复合结构-嵌锂与脱嵌机制-电化学性能的关系模型,以此指导优化材料结构,进一步提升倍率特性及材料综合电化学性能。

项目实施的技术路线如图 4-4 所示。

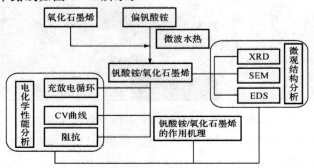

图 4-4 项目实施的技术路线图

五、学校可以提供的条件

陕西科技大学材料科学与工程学院拥有科技部"无机材料国际合作基地"等研发平台,在功能薄膜及涂层材料、纳米材料、无机非金属材料物理化学基础等研究方向特色鲜明,优势突出,可以为本项目相关的研究条件和提供所需的实验设备、分析仪器和研究场所。同时,学校聘请各相关学科专家对申报项目进行立项评审和技术指导。

六、预期成果

(1) 获得 $NH_4V_3O_8$/氧化石墨烯材料的合成工艺;

(2) 撰写一份 $NH_4V_3O_8$/氧化石墨烯锂离子电池正极材料的研究总结报告;

(3) 申请 1 项国家发明专利,发表 1 篇论文。

七、经费预算

经费预算,合计 10 000 元,其中的详细开支预算如下:

(1) 实验材料费,实验所需的化学试剂、锂离子电池组装的实验耗材等,预算 5 000 元;

(2) 分析测试费,实验需开展的 SEM、TEM、XRD 等表征和电容测试费用,预算 3 000 元;

(3) 调研资料费,调研查阅资料的打印材料费、资料购买费用等,预算 500 元;

(4) 论文发表及专利申请费,研究成果发表论文及申请专利的费用,预算 1 500 元。

八、导师推荐意见

　　$NH_4V_3O_8$/氧化石墨烯锂离子电池正极材料的合成及电化学性能研究是在申请团队的现有研究工作和大量调研的基础上,提出的一个创新性较强的研究课题,具有较强的理论意义和应用价值。

　　项目负责人以及项目组成员前期查阅了大量文献,对该项目有了深入的理解;且项目组同学学习认真踏实,多次获得奖学金,并且积极参加学校相关的科技活动和社会实践。大学三年级开始已经投入到本项目的前期相关研究,具有一定的理论基础和实验基础。申请者所提出的研究内容合理,研究方案可行,预期可以完成该项目目标。

　　特推荐申报。

签名：

年　　月　　日

九、院系推荐意见

　　　　　　　院系负责人签名：　　　　学院盖章

年　　月　　日

十、学校推荐意见：

　　　　　　　学校负责人签名：　　　　学校盖章

年　　月　　日

十一、省教育厅评审意见：

　　单位盖章

年　　月　　日

大学生创新创业训练项目
结题验收表

（☑国家级　　□省级　　□校级）

项目名称：钒酸铵/氧化石墨烯锂离子电池正极材料的合成及电化学性能的研究

项目编号：201610708021

主　持　人：王　浩

项目组成员：任佳培、王晶晶、许　钊、贾喜荣

指导教师：曹丽云

所在学院：材料科学与工程学院

立项年度：2016

填表日期：2017.10

陕西科技大学教务处　制

项目名称	钒酸铵/氧化石墨烯锂离子电池正极材料的合成及电化学性能的研究				
项目等级	(√)国家级　(　)省级　(　)校级			项目编号	201610708021
项目类别	(√)创新训练项目　(　)创业训练项目				
主持人姓名	王　浩	班级	2013 级	联系方式	略
项目组其他成员	序号	姓名	班级	承担工作任务	
	1	任佳培	2013 级	不同电流密度下的充放电测试,包括循环和倍率性能	
	2	王晶晶	2013 级	溶液 pH 值和水热时间对形貌的影响规律	
	3	许　钊	2013 级	微波水热温度对材料形貌和电化学性能影响	
	4	贾喜荣	2013 级	通过控制偏钒酸铵与氧化石墨烯物质的量比,合成钒酸铵/氧化石墨烯的复合材料	
指导教师	曹丽云	职称	教授	研究方向	有机无机复合材料,碳基复合材料,能源材料
项目经费	10 000 元	立项时间	2016.04	完成时间	2017.04

一、项目实施情况(立项依据、研究内容、研究结果等 1 000 字以内):

1.立项依据

石墨烯具有非常优异的电子导电性(电子迁移率为 15 000 $cm^2 \cdot (V \cdot s)^{-1}$)和导热性(热导率高达 5 300 $W \cdot (m \cdot K)^{-1}$),前者保证了良好的电子传输通道,而后者确保了材料的稳定性;同时用于电极的石墨烯材料的二维尺寸可达纳米级别,使得锂离子在其中的迁移距离非常短,有助于提高电池的功率性能;获得高的理论比表面积(2 600 $m^2 \cdot g^{-1}$),良好的机械性能。这些特点都使石墨烯成为一种理想的复合材料的组分。近年来,将正极材料与石墨烯复合制备锂离子电池正极材料是提高其循环性能和比容量的有效途径之一。Y. Ding 等[15]在室温下用共沉淀法合成了纳米结构的 $LiFePO_4$/石墨烯复合材料。在 2.4~4.2 V 下循环,0.2 C 首次放电比容量为 160 $mA \cdot h \cdot g^{-1}$,10 C 放电比容量保持在 110 $mA \cdot h \cdot g^{-1}$。S. M. Bak 等通过微波辅助水热法能合成出结晶性好的纳米尺度的 $LiMn_2O_4$,与氧化还原法制得的石墨烯进行复合,在 3.5~4.5 V 充放电,1 C 放电比容量为 137 $mA \cdot h \cdot g^{-1}$ 高倍率 50 C 和 100 C 放电比容量分别为 117 $mA \cdot h \cdot g^{-1}$ 和 101 $mA \cdot h \cdot g^{-1}$;1 C 和 10 C 循环 100 次,容量保持率分别为 90%和 96%。石墨烯的加入提高了 $LiMn_2O_4$ 的结构的稳定性及导电性,使得其循环、倍率性能比单一的 $LiMn_2O_4$ 有了大幅度提升。目前有关钒酸铵与石墨烯复合方面鲜有报道。

2.研究内容

本项目拟以 NH_4VO_3、氧化石墨烯为起始原料采用微波水热工艺制备 $NH_4V_3O_8$/氧化石墨烯纳米材料。研究氧化石墨烯浓度、水热工艺参数等对 $NH_4V_3O_8$/氧化石墨烯正极材料微观结构及电化学性能的影响规律,并探索其电化学反应机理。具体研究内容如下:

(1) $NH_4V_3O_8$/氧化石墨烯微波水热合成工艺研究。

研究原料 NH_4VO_3 与氧化石墨烯的物质的量比、微波水热温度、微波水热时间对 $NH_4V_3O_8$ 形貌及结构的影响。

(2) $NH_4V_3O_8$/氧化石墨烯正极材料电化学性能研究。

对比研究 $NH_4V_3O_8$ 与 $NH_4V_3O_8$/氧化石墨烯之间充放电循环稳定性、充放电比容量及阻抗,讨论 $NH_4V_3O_8$/氧化石墨烯的作用机理。

3.研究结果

通过对 NH_4VO_3 与氧化石墨烯的物质的量比、水热温度、水热时间对在 $NH_4V_3O_8$ 形貌及结构的影响,采用 XRD、SEM、TEM 等测试手段,获得 $NH_4V_3O_8$/氧化石墨烯材料的合成工艺,在水热的条件下,当氧化石墨烯浓度为 $0.5\ g \cdot L^{-1}$、$pH=3$、$c_{NH_4VO_3}=0.1\ mol \cdot L^{-1}$、$T=150\ ℃$、$t=180\ min$ 时所制备出的钒酸铵和氧化石墨烯的复合材料所具有的电化学性能最优。通过 SEM 表征,棒状形貌的钒酸铵在氧化石墨烯片层上均匀的生长,石墨烯的片层状形貌为 Li^+ 的脱嵌提供了更多的活性位点,使活性物质能够更充分的与电解液接触,促进了 Li^+ 的嵌入和脱出,解决了 $NH_4V_3O_8$ 导电性差的缺点,从而提升了材料的电化学性能。

二、项目创新点与特色(包括使用了什么样的创新方法、手段,项目的科学意义和应用价值等,500 字以内):

本项目提出了钒酸铵/石墨烯纳米正极材料的新思路。以 NH_4VO_3、氧化石墨烯(提供活性位点,解决石墨烯分散不均问题)为起始原料,采用微波水热工艺制备 $NH_4V_3O_8$/氧化石墨烯纳米材料。该复合材料具有以下特点:首先,$NH_4V_3O_8$ 均匀地生长在石墨烯表面,形成以石墨烯基体的三明治结构,形成富有弹性导电网络,使复合材料具有良好的导电性,提高了材料的倍率问题。其次,弹性的石墨烯处于三明治中心或两侧,可以有效缓解充放电过程中材料的体积变化,使得复合材料可逆容量与循环稳定性得到提高。本项目研究可为新能源汽车及再生能源领域的大型锂离子电池正极材料工业化应用提供理论基础。

三、项目成果:包括理论、应用、技术等方面取得的成果,成果的具体形式包括发表论文(应注明论文题目、发表刊物、发表时间、作者等详细信息)、专利(专利申请及获批、专利名称、专利号、申请人、获得日期等信息)、研究报告、实物、软件、图纸、获奖证书等。

项目申请书中的预期成果及成果提交形式：	项目结题时取得的成果：
（1）获得 $NH_4V_3O_8$/氧化石墨烯材料的合成工艺； （2）撰写一份 $NH_4V_3O_8$/氧化石墨烯锂离子电池正极材料的研究总结报告； （3）申请1项国家发明专利，发表1篇论文。	（1）$NH_4V_3O_8$/氧化石墨烯材料的合成工艺：在水热的条件下，当氧化石墨烯浓度为 $0.5\ g \cdot L^{-1}$，pH=3，$c_{NH_4VO_3}$ = $0.1\ mol \cdot L^{-1}$，$T=150℃$，$t=180\ min$，在这条件下所制备出的钒酸铵和氧化石墨烯的复合材料所具有的电化学性能最优。 （2）$NH_4V_3O_8$/氧化石墨烯锂离子电池正极材料的研究总结报告。 （3）发表1篇SCI文章： KOU Lingjang, CAO Liyun, HUANG Jianfeng, et al. Facile Synthesis of Reduced Graphene Oxide $NH_4V_3O_8$ with High Capacity as a Cathode Material for Lithium Ion Batteries[J]. Micro & Nano Letters, 2017, 1: 1-5. （4）申请3项国家发明专利： [1] 黄剑锋,寇领江,曹丽云,等.一种锂离子电池正极材料钒酸铵/石墨烯及其制备方法:201610479044.6[P].(已受理) [2] 黄剑锋,寇领江,曹丽云,等.一种石墨烯钒酸铵复合材料及其制备方法:201611039448.X[P].(已受理) [3] 曹丽云,寇领江,黄剑锋,等.一种三维网状钒酸铵纳米晶的制备方法:201710345139.3[P].(已受理)

四、完成项目后的收获与体会(300字以内)：

通过这次陕西科技大学大学生创新创业的项目，我对大学生创新创业有了进一步的认识。在完成这一项目的过程中，我认识到，最重要的不是自己迅速将分配给自己的任务完成，而是要注重团队合作。

从2016年3月份准备项目的申请到现在项目的结题，项目组成员能够积极查找资料，认真细致地准备申请材料，这都为后期项目的顺利开展创造了有利的条件，为项目的顺利结题打下了坚实的基础。在这一年的时间中，项目组成员通过实验、收集整理资料、分析测试实验数据到文章的发表和专利的实质审查付出了艰辛的劳动，同时也收获了丰硕的成果，项目的顺利结题离不开项目组成员的劳动，离不开指导老师的辛勤指导。

五、项目组承诺：

　　我保证上述填报内容的真实性，经费使用规范合理，项目成果无弄虚作假情况。

　　主持人签名：　　　项目组其他成员签名：

　　　　　　　　　　　　　　　　　　　日期：

六、指导教师意见（手写）：

　　签名：

　　　　　　　　　　　　　　　　　　　　　　　年　　月　　日

七、学院意见：

　　主管领导签字（盖章）：

　　　　　　　　　　　　　　　　　　　　　　　年　　月　　日

八、学校验收意见：

　　　　　专家评价：（　）优秀　（　）良好　（　）合格　（　）不合格

　　　　　　　　　　　　　　　盖章：

　　　　　　　　　　　　　　　　　　　　　　　年　　月　　日

4.3 碳包覆 Co_3O_4 纳米线锂离子电池负极材料的合成及电化学性能研究

大学生创新创业训练计划项目申报表

推荐学校	陕西科技大学
项目名称	碳包覆 Co_3O_4 纳米线锂离子电池负极材料的合成及电化学性能研究
项目类型	创新项目
项目负责人	弓琴琴
申报日期	2015.05

陕西省教育厅 制

二〇一五年五月

项目名称		碳包覆 Co_3O_4 纳米线锂离子电池负极材料的合成及电化学性能研究				
项目类型		(√)创新训练项目　（ ）创业训练项目　（ ）创业实践项目				
项目实施时间		起始时间：2015 年 05 月　　　　完成时间：2016 年 04 月				
申请人或申请团队		姓名	年级	学校	所在院系/专业	联系电话	E-mail
	主持人	弓琴琴	2012级	陕西科技大学	材料科学与工程/材料化学	略	略
	成员	张志成	2012级	陕西科技大学	材料科学与工程/材料化学	略	略
		王　兴	2012级	陕西科技大学	材料科学与工程/材料化学	略	略
		刘　起	2012级	陕西科技大学	材料科学与工程/材料化学	略	略
		王　帅	2013级	陕西科技大学	材料科学与工程/材料化学	略	略
指导教师	姓名	李翠艳		研究方向		纳米复合材料、碳纤维复合材料
	年龄	略		行政职务/专业技术职务		教师/讲师
	主要成果	李翠艳，女，博士，主要从事碳纤维及其复合材料、纳米复合材料的研究。2014年1月毕业于西北工业大学，获博士学位，2006年5月至今在陕西科技大学材料科学与工程学院从事教学与科研工作。陕西科技大学青年学术骨干，陕西省陶瓷材料绿色制造与新型功能化应用重点科技创新团队成员。作为项目负责人主持国家自然科学基金1项，陕西省科技厅项目1项，陕西省教育厅项目1项及校级项目3项，同时参与完成了国家自然基金、陕西省自然科学基金等多项科研工作。近三年来，在国内外著名学术刊物发表论文10余篇，其中SCI收录10篇，授权并申请国家发明专利10余项；2014年指导大学生参加各类科技大赛获国家级铜奖1项，陕西省银奖1项；获省部级科学技术发明二等奖1项，厅局级科学技术发明一等奖1项、二等奖3项。				

发表的期刊论文

[1] LI Cuiyan, LI Kezhi, LI Hejun, et al. Microstructure and ablation resistance of carbon/carbon composites with a zirconium carbide rich surface layer[J]. Corrosion Science, 2014, 85: 160 – 166.

[2] LI Cuiyan, LI Kezhi, LI Hejun, et al. Ablation resistance and thermal conductivity of carbon/carbon composites containing hafnium carbide[J]. Corrosion Science, 2013, 75: 169 – 175.

[3] LI Cuiyan, HUANG Jianfeng, LU Jing, et al. Effect of Nb coating on oxidation behavior of C/C composites[J]. Corrosion Science, 2012, 63: 182 – 186.

[4] LI Cuiyan, LI Kezhi, LI Hejun, et al. Effect of reaction temperature on crystallization of nanocrystalline zirconia synthesized by microwave – hydrothermal process[J]. Journal of Alloys and Compounds, 2013, 561: 23 – 27.

[5] LI Cuiyan, LI Kezhi, LI Hejun, et al. Microstructure and thermal conductivity of carbon/carbon composites containing zirconium carbide[J]. Journal of Materials Science, 2013, 48(21): 7568 – 7573.

[6] LI Cuiyan, LI Kezhi, LI Hejun, et al. Mechanical and thermophysical properties of carbon/carbon composites with hafnium carbide[J]. Ceramics International, 2013, 39(6): 6769 – 6776.

[7] LI Cuiyan, OUYANG Haibo, HUANG Jianfeng, et al. Synthesis and visible – light photocatalytic activity of SiC/SiO_2 nanochain heterojunctions[J]. Materials Letters, 2014, 122: 125 – 128.

[8] LI Cuiyan, OUYANG Haibo, HUANG Jianfeng, et al. Effect of pH values on crystallization of zirconia nanocrystalline by microwave – hydrothermal process[J]. Journal of Wuhan University of Technology Materials Science(Accepted).

部分申请及授权专利

[1] 李翠艳,黄剑锋,曹丽云,等.一种β-SiC纳米线的合成方法:ZL200810150116.8[P].2010-03-10.

[2] 李翠艳,黄剑锋,曹丽云,等.一种制备四方相氧化锆纳米棒的方法:ZL 201110072496.X[P].2012-10-10.

[3] 李翠艳,黄剑锋,曹丽云,等.一种短切碳纤维增强酚醛树脂基复合材料的制备方法:ZL2011010520238.9[P].2012-11-07.

[4] 李克智,李翠艳,张雨雷,等.一种碳纤维/氧化锆纳米线混杂增强材料的方法:ZL201210024567.3[P].2013-04-24.

[5] 李翠艳,黄剑锋,曹丽云,等.碳纤维纸增强酚醛树脂基复合材料的制备方法:ZL201110266419.8[P].2013-11-27.

[6] 李翠艳,欧阳海波,黄剑锋,等.一种多尺度结构的SiC/C多孔复合陶瓷及其制备方法:ZL201510187560.7[P].2017-08-29.

[7] 李翠艳,欧阳海波,黄剑锋,等.一种Cf/SiC多孔陶瓷的制备方法:ZL201410828518.4[P].2016-08-17.

[8] 李翠艳,欧阳海波,黄剑锋,等.一种$C_f/C-MC(M=Zr,Ta,Hf)$超高温陶瓷基复合材料的制备方法:ZL201410853569.2[P].2016-08-24.

[9] 李翠艳,欧阳海波,黄剑锋,等.一种ZrB_2-SiO_2复合高温抗氧化涂层的制备方法:ZL201410384665.7[P].2015-09-30.

[10] 李翠艳,欧阳海波,黄剑锋,等.一种微波水热辅助制备纳米ZrB_2粉体的方法:ZL201410273923.4[P].2016-04-06.

[11] 李翠艳,欧阳海波,黄剑锋,等.一种制备碳/碳复合材料的方法:ZL201310211922.2[P].2015-08-19.

一、项目实施的目的、意义

锂离子电池作为当今社会的一个具有潜力的新型能源,受到广泛的关注[1-2]。锂离子电池主要由正极材料、负极材料、电解液和隔膜组成。锂离子电池的负极材料研究的主要目标是提高循环性能和比容量,已经发展成为研究的热点。目前广泛应用的商业化石墨类碳负极材料具有良好的循环性能,但其比容量(300~350 $mA·h·g^{-1}$)较低,不能满足高比能量电池的发展要求,迫切需要进行新型高容量负极材料的探索和研究[3-4]。过渡金属氧化物,如Fe_2O_3、Co_3O_4、NiO、MnO_2和SnO_2等具有良好的电化学性能,非常有希望成为锂离子电池负极材料[5]。其中,Co_3O_4由于具有很高的理论容量,其理论比容量达到890 $mA·h·g^{-1}$,是石墨烯(理论容量为372 $mA·h·g^{-1}$)的2倍多,有望成为下一代锂离子电池负极材料。然而,Co_3O_4属于半导体材料,导电性差,而且在充放电的过程中产生了惰性的Li_2O,使得材料的导电性更差。其次,在第一次放电之后,过渡金属氧化物与锂反应,会产生体积膨胀,形成较大的应力,使得活性材料在循环过程中逐渐粉化,引起电极材料的脱落,从而丧失电化学活性。因此,改善Co_3O_4负极材料的导电性及循环稳定性是研究者努力的方向[6-8]。

碳材料是一种机械性能良好的导电材料,它可以在循环过程中起着导电剂、缓冲剂和分散剂的作用,而且电化学性质稳定,价格低廉,存在不同的形态和结构,因此是一种理想的复合材料的组分。近年来,将Co_3O_4与碳材料复合制备锂离子电池负极材料是提高其提高循环性能和比容量的有效途径之一[9-11]。Zhang等[12]采用电纺丝技术合成了Co_3O_4/碳复合材料,其以聚丙烯腈(PAN)为碳源与电纺丝基底材料、醋酸钴为金属源,经电纺丝、在空气中不同温度煅烧后,制得碳纤维直径约为200~300 nm,表面镶嵌着直径约为50~100 nm的Co_3O_4颗粒的复合材料。与单一Co_3O_4相比,复合材料的初始电容量略有降低,但后续容量保持率更好,且容量倍率性能大幅度提升。Wang等[13]合成了可自堆积的相互交替叠加的层状Co_3O_4/C复合材料,每层厚度约为40 nm在178 $mA·g^{-1}$条件下,其首次放电容量约为1 200 $mA·h·g^{-1}$,50次循环后基本无衰减。Zhan等[14]制备了Co_3O_4纳米颗粒附着的中空碳球,其直径约为300~400 nm,但未大幅度改善其电化学性能。Yang等[15]将有机金属盐酞菁钴(Cobalt Phthalocyanine)与石墨烯氧化物混合溶解,将前者固定在后者表面,然后在400℃空气氛围下煅烧,制得Co_3O_4/石墨烯复合材料。通过比较发现,复合材料的容量保持率与倍率性能大幅度提升:在75 $mA·g^{-1}$条件下,循环20次后其容量仍保持800 $mA·h·g^{-1}$以上,而单一Co_3O_4的容量已衰减至400 $mA·h·g^{-1}$。Abbas等[16]

将制备好的碳纳米管(长度约为几微米,管径约为 20~30 nm)放入硝酸钴溶液中,采用液相沉淀法和煅烧法制得 Co_3O_4/碳纳米管复合物。在 100 mA·g^{-1} 条件下,其首次放电容量约为 1 500 mA·h·g^{-1},50 次循环后容量仍保持为 870 mA·h·g^{-1};当电流密度增加至 250 mA·g^{-1}、350 mA·g^{-1} 和 500 mA·g^{-1} 后,其容量仍分别为 895 mA·g^{-1}、834 mA·g^{-1} 和 757 mA·h·g^{-1},倍率性能良好。

上述 Co_3O_4 与碳材料的复合,均能不同程度的提高 Co_3O_4 的电化学性能,Co_3O_4-C 复合材料中 Co_3O_4 多以纳米颗粒形式分布于碳材料表面,如碳纤维、碳纳米管或石墨烯表面,复合材料的循环性能未得到充分展示。Park 等[17]采用双模板法(即硬模板法辅助溶胶凝胶法),将介孔碳纳米管孔隙中填满了 Co_3O_4 纳米颗粒。在 100 mA·g^{-1} 条件下,其首次放电容量为 2 200 mA·h·g^{-1},第二次放电容量约为 1 200 mA·h·g^{-1},50 次循环后仍保持在 800 mA·h·g^{-1} 以上。该研究表明 Co_3O_4 外具有碳材料层是可有效提高其循环性能。此外,近期研究表明纳米纤维结构 Co_3O_4 的倍率性能优异,其在高倍率 20C,40C,50C 下均可以保持较高的比容量值。Shim 等[18]以枯草杆菌为模板,以上述类似方法合成了长度约为 2~5 μm,直径约为 500 nm 的中空 Co_3O_4 纳米线。在 240 mA·g^{-1} 条件下,其首次放电容量约为 1 500 mA·h·g^{-1},20 次循环后仍保持 1 000 mA·h·g^{-1}。Wang 等[19]采用模板法,分解前驱体 $Co(CO_3)_{0.5}(OH)·0.11H_2O$ 得 Co_3O_4 纳米阵列,重点分析了其高倍率下的电化学性能,发现在 1.5 C、15 C、30 C 倍率条件下,其初始放电容量均大于 800 mA·h·g^{-1};30 次循环后,1.5 C 倍率条件下容量基本无衰减,15 C 倍率条件下容量保持率大于 70%,30 C 倍率条件下容量保持率大于 37.5%,倍率性能优异。研究者认为纳米线、纳米棒、纳米管等纤维结构,与球形相比其自身结构相更稳定,可以更好地缓解充放电过程中由材料体积膨胀所引起的应力;且阵列属于二维纳米结构,便于电解液的扩散,缩短了锂离子传输距离,进一步促进了电极反应。基于上述研究,本项目提出了碳包覆 Co_3O_4 纳米线负极材料的新思路。首先采用微波水热工艺制备 Co_3O_4 纳米线,再以可溶性生物质为碳源,水热条件下对 Co_3O_4 纳米线进行纳米碳层包覆。该复合材料具有以下特点:首先,纳米碳包覆层在 Co_3O_4 纳米线表面形成富有弹性导电网络,使复合材料具有良好的导电性;其次,弹性的碳层包覆着整个活性粒子,可以有效地缓解充放电过程中材料的体积变化,使得复合材料可逆容量与循环稳定性得到提高。本项目研究可为新能源汽车及再生能源领域的大型锂离子电池负极材料工业化应用提供理论基础。

参考文献

[1] 黄国勇,徐盛明,李林艳,等.锂离子电池片状四氧化三钴负极的合成及改性[J].物理化学学报,2014,30(6):1121-1126.

[2] DUNN B, KAMATH H, TARASCON J M. Electrical energy storage for grid: a battery of choices[J].Science,2011,334(6058):928-935.

[3] 张建军,周金天,吴萌迪,等.片状介孔 Co_3O_4 的制备及其储锂性能[J].材料科学与工程学报,2014,32(2):276-281.

[4] LI Baojun, CAO Huaqiang, SHAO Jin, et al. Co_3O_4 @graphene composites as anode materials for high-performance lithium ion batteries [J]. Inorganic Chemistry, 2011,50(5):1628-1632.

[5] YAO Xiayin, XIN Xing, ZHANG Yiming, et al. Co_3O_4 nanowires as high capacity anode materials for lithium ion batteries[J]. Journal of Alloys and Compounds 2012, 521: 95-100.

[6] YAN Nan, HU Lin, LI Yan, et al. Co_3O_4 nanocages for high-perforformance anode material in lithium-ion batteries[J]. Journal of Physical and Chemistry, 2012, 116: 7227-7235.

[7] KAND Y, SONG M, KIM J, et al. A study on the charge-discharge mechanism of Co_3O_4 as an anode for the Li ion secondary battery[J]. Electrochimica Acta, 2005, 50: 3667-3673.

[8] XUE Xinyu, YUAN Shuang, XING Lili, et al. Porous Co_3O_4 nanoneedle arrays growing directly on copper foils and their ultrafast charging/discharging as lithium-ion battery anodes[J]. Chemical Communications, 2011, 47: 4718-4720.

[9] WANG B, WANG Y, PARK J, et al. In situ synthesis of Co_3O_4/graphene nanocomposite material for lithium[J]. Journal of Alloys and compounds, 2011, 509(29): 7778.

[10] WANG Y F, ZHANG L J. Simple synthesis of CoO-NiO-C anode material for lithium-ion batteries and investigation on its electrochemical performance[J]. Power Sources, 2012, 209: 20-29.

[11] LI B Y, CAO H Q, SHAO J, et al. Co_3O_4 @ graphene composites as anode materials for high-performance lithium ion batteries[J]. Inorg Chem, 2011, 50(5): 1628-1632.

[12] ZHANG P, GUO Z P, HUANG Y D, et al. Synthesis of Co_3O_4/Carbon composite nanowires and their electrochemical properties[J]. Power Sources, 2011, 196(16): 6987-6991.

[13] WANG X, GUAN H, CHEN S, et al. Self-stacked Co_3O_4 nanosheets for high-performance lithium ion batteries[J]. Chem Commun, 2011, 47(45): 12280-12282.

[14] ZHAN L, WANG Y L, QIAO W M, et al. Hollow carbon spheres with encapsulation of Co_3O_4 nanoparticles as anode material for lithium ion batteries[J]. Electrochimica Acta, 2012, 78: 440-445.

[15] YANG S B, CUI G L, PANG S P, et al. Fabrication of Cobalt and Cobalt Oxide/Graphene Composites: Towards High-Performance Anode Materials for Lithium Ion Batteries[J]. Chem Sus Chem, 2010, 3(2): 236-239.

[16] ABBAS S M, HUSSAIN S T, ALI S, et al. Synthesis of carbon nanotubes anchored with mesoporous Co_3O_4 nanoparticles as anode material for lithium-ion batteries[J]. Electrochimica Acta, 2013, 105: 481-488.

- [17] PARK J, MOON W G, KIM G P, et al. Three-dimensional aligned mesoporous carbon nanotubes filled with Co_3O_4 nanoparticles for Li-ion battery anode applications[J]. Electrochimica Acta, 2013, 105: 110-114.
- [18] SHIM H W, JIN Y H, SEO S D, et al. Highly reversible lithium storage in bacillus subtilis-directed porous Co_3O_4 nanostructures[J]. ACS Nano, 2011, 5(1): 443-449.
- [19] WANG Y, XIA H, LU L, et al. Excellent performance in lithium-ion battery anodes: rational synthesis of $Co(CO_3)_{0.5}(OH)_{0.11}H_2O$ nanobelt array and its conversion into mesoporous and single-crystal Co_3O_4[J]. ACS Nano, 2010, 4(3): 1425-1432.

二、项目研究内容和拟解决的关键问题

(一)研究内容

本项目拟采用微波水热工艺制备 Co_3O_4 纳米线,再以可溶性生物质为碳源,水热条件下对 Co_3O_4 纳米线进行纳米碳层包覆。研究水热工艺参数对碳包覆 Co_3O_4 纳米线复合负极材料微观结构及电化学性能的影响规律,并探索其电化学反应机理。具体研究内容如下:

(1) Co_3O_4 纳米线的微波水热合成研究。研究沉淀剂浓度、微波水热反应温度、时间等参数对合成 Co_3O_4 纳米线的直径和结晶性的影响规律。

(2)纳米碳层包覆 Co_3O_4 纳米线工艺研究。研究 Co_3O_4 纳米线与葡萄糖的物质的量比及浓度、微波水热温度、微波水热时间对在 Co_3O_4 纳米线表面沉积碳膜厚度及结构的影响。

(3)纳米碳层包覆 Co_3O_4 纳米线负极材料电化学性能研究。对比研究 Co_3O_4 纳米线与碳包覆 Co_3O_4 纳米线之间充放电循环稳定性,充放电比容量及阻抗,讨论 Co_3O_4 纳米线表面碳包覆层的作用机理。

(二)拟解决的关键问题

Co_3O_4 纳米线表面碳包覆的控制:在微波水热条件下,葡萄糖极易反应形成碳微球,而不在 Co_3O_4 纳米线表面沉积,控制的关键在 Co_3O_4 纳米线与葡萄糖的比例及微波水热温度控制,充分利用 Co_3O_4 吸收微波的特性,在 Co_3O_4 纳米线表面微区形成温度梯度,使得碳在 Co_3O_4 纳米线表面沉积。

三、项目研究与实施的基础条件

(一)项目的研究基础

项目组成员前期在老师的指导下开展了 Co_3O_4 纳米线的合成及其改性研究,通过微波水热,以尿素作为沉淀剂合成了 Co_3O_4 纳米线(如图 4-5(a)所示),所合成的 Co_3O_4 纳米线的直径为 30~50 nm(如图 4-5(b)所示)。以葡萄糖为碳源在 Co_3O_4 纳米线表面沉积了碳层(如图 4-5(c)所示),沉积碳层后 Co_3O_4 纳米线的表面变粗糙(如图 4-5(d)所示)。

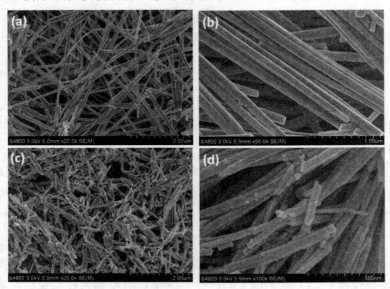

图 4-5 前期合成的 Co_3O_4 纳米线(a)(b)及碳包覆 Co_3O_4 纳米线(c)(d)

前期的实验研究表明,通过控制微波水热工艺条件,可以合成出 Co_3O_4 纳米线,该结果为本项目的实施奠定了基础,后期的研究的重点主要在 Co_3O_4 纳米线的电化学性能研究。

(二)项目实施的基础条件

陕西科技大学材料科学与工程学院拥有"功能薄膜与涂层材料"国家优势学科重点实验室,科技部"无机材料国际合作基地"等研发平台,在功能薄膜及涂层材料、纳米材料、无机非金属材料物理化学基础等研究方向特色鲜明,优势突出。与本项目相关的研究条件和完成本项目所需的实验设备已基本具备,其中包括:

(1)微波水热反应仪(MAS-10)。
(2)Rigaku MiniFlex 600 X 射线衍射仪。
(3)Hitachi-4800 场发射扫描电镜。
(4)Tecnai G2 透射电子显微镜。
(5)比表面积分析仪 Micro-2460。
(6)Bruker V70 傅里叶变换红外光谱分析仪。
(7)Renishaw Raman spectroscopy。
(8)同步热分析仪(DSC/DTA-TG)STA 409 CD。
(9)超级电容器充放电测试仪。
(10)电化学工作站。
(11)真空手套箱。

四、项目实施方案

(1) Co_3O_4 纳米线的微波水热合成。利用 XRD 分析产物的物相结构,利用 SEM 分析产物的微观形貌,研究研究沉淀剂浓度、微波水热反应温度,时间等参数对合成 Co_3O_4 纳米线的直径和结晶性的影响规律。

(2) 纳米碳层包覆 Co_3O_4 纳米线工艺研究。利用 XRD 分析产物的物相结构,利用 SEM 分析产物的微观形貌,利用 TEM 分析产物的微观结构,研究 Co_3O_4 纳米线与葡萄糖的物质的量比及浓度、微波水热温度、微波水热时间对在 Co_3O_4 纳米线表面沉积碳膜厚度及结构的影响。

(3) 纳米碳层包覆 Co_3O_4 纳米线负极材料电化学性能研究。利用锂电池充放电循环测试仪测试 Co_3O_4 纳米线与碳包覆 Co_3O_4 纳米线的充放电循环稳定性及充放电比容量,利用电化学工作站测试 Co_3O_4 纳米线与碳包覆 Co_3O_4 纳米线的 CV 曲线及阻抗,讨论 Co_3O_4 纳米线表面碳包覆层的作用机理。

项目实施的技术路线如图 4-6 所示。

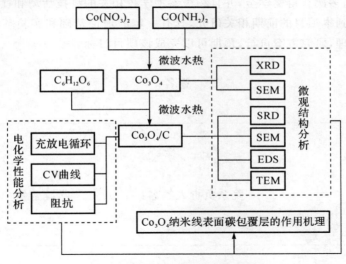

图 4-6 项目实施的技术路线图

五、学校可以提供的条件

陕西科技大学材料科学与工程学院拥有科技部"无机材料国际合作基地"等研发平台,在功能薄膜及涂层材料、纳米材料、无机非金属材料物理化学基础等研究方向特色鲜明,优势突出,可以为本项目相关的研究条件和提供所需的实验设备、分析仪器和研究场所。同时,学校聘请各相关学科专家对申报项目进行立项评审和技术指导。

六、预期成果

(1) 获得碳包覆 Co_3O_4 纳米线合成工艺;
(2) 撰写一份碳包覆 Co_3O_4 纳米线锂离子电池负极材料的研究总结报告;
(3) 申请 1 项国家发明专利,发表 1 篇论文。

七、经费预算

经费预算,合计10 000元,其中的详细开支预算如下:

(1)实验材料费,实验所需的化学试剂、锂离子电池组装的实验耗材等,预算3 000元;

(2)分析测试费,实验需开展的 SEM、TEM、XRD 等表征和电容测试费用,预算5 000元;

(3)调研资料费,调研查阅资料的打印费、资料购买费用等,预算500元;

(4)论文发表及专利申请费,研究成果发表论文及申请专利的费用,预算1 500元;

八、导师推荐意见

碳包覆 Co_3O_4 纳米线锂离子电池负极材料的合成及其电化学性能研究是在申请团队的现有研究工作和大量调研的基础上提出的一个创新性较强的研究课题,具有较强的理论意义和应用价值。

项目负责人以及项目组成员前期查阅了大量文献,对该项目有深入的理解;且项目组同学学习认真踏实,多次获得奖学金,并且积极参加学校相关的科技活动和社会实践。从大学三年级开始投入到本项目的前期相关研究,具有一定的理论基础和实验基础。申请者所提出的研究内容合理,研究方案可行,预期可以完成该项目目标。

特推荐申报。

签名:

年 月 日

九、院系推荐意见

院系负责人签名: 学院盖章

年 月 日

十、学校推荐意见:

学校负责人签名: 学校盖章

年 月 日

十一、省教育厅评审意见:

单位盖章

年 月 日

大学生创新创业训练项目
结题验收表

（☑国家级　　□省级　　□校级）

项　目　名　称：　碳包覆 Co_3O_4 纳米线锂离子电池负极材料的合成及电化学性能研究

项　目　编　号：　201510708149

主　　持　　人：　弓琴琴

项目组成员：　张志成、王　兴、刘　起、王　帅

指　导　教　师：　李翠艳

所　在　学　院：　材料科学与工程学院

立　项　年　度：　2015

填　表　日　期：　2016.10

陕西科技大学教务处　　制

项目名称	碳包覆 Co_3O_4 纳米线锂离子电池负极材料的合成及电化学性能研究				
项目等级	(✓)国家级　(　)省级　(　)校级			项目编号	201510708149
项目类别	(✓)创新训练项目　(　)创业训练项目				
主持人姓名	弓琴琴	班级	材化122班	联系方式	略
项目组其他成员	序号	姓名	班级	承担工作任务	
	1	王 兴	材化122班	作用机理分析	
	2	张志成	材化122班	微观组织、结构分析	
	3	刘 起	材化122班	电化学性能测试	
	4	王 帅	材化132班	微波水热合成	
指导教师	李翠艳	职称	副教授	研究方向	陶瓷基复合材料
项目经费	10 000元	立项时间	2015.05	完成时间	2016.04

一、项目实施情况(立项依据、研究内容、研究结果等1 000字以内):

　　碳材料是一种机械性能良好的导电材料,它可以在循环过程中起着导电剂、缓冲剂和分散剂的作用,而且其电化学性质稳定,价格低廉,存在不同的形态和结构,因此是一种理想的复合材料的组分。近年来,将 Co_3O_4 与碳材料复合制备锂离子电池负极材料是提高其循环性能和比容量的有效途径之一。基于上述研究,本项目提出了碳包覆 Co_3O_4 纳米线负极材料的新思路。首先采用微波水热工艺制备 Co_3O_4 纳米线,再以可溶性生物质为碳源,水热条件下对 Co_3O_4 纳米线进行纳米碳层包覆。该复合材料具有以下特点:首先,纳米碳包覆层在 Co_3O_4 纳米线表面形成富有弹性导电网络,使复合材料具有良好的导电性;其次,弹性的碳层包覆着整个活性粒子,可以有效地缓解充放电过程中材料的体积变化,使得复合材料可逆容量与循环稳定性得到提高。本项目研究可为新能源汽车及再生能源领域的大型锂离子电池负极材料工业化应用提供理论基础。

　　本项目拟采用微波水热工艺制备 Co_3O_4 纳米线,再以可溶性生物质为碳源,在水热条件下对 Co_3O_4 纳米线进行纳米碳层包覆。研究水热工艺参数对碳包覆 Co_3O_4 纳米线复合负极材料微观结构及电化学性能的影响规律,并探索其电化学反应机理。具体研究内容如下:

　　1. Co_3O_4 纳米线的微波水热合成研究

　　研究沉淀剂浓度、微波水热反应温度、时间等参数对合成 Co_3O_4 纳米线直径和结晶性的影响规律。

2. 纳米碳层包覆 Co_3O_4 纳米线工艺研究

研究 Co_3O_4 纳米线与葡萄糖的物质的量比及浓度、微波水热温度、微波水热时间对在 Co_3O_4 纳米线表面沉积碳膜厚度及结构的影响。

3. 纳米碳层包覆 Co_3O_4 纳米线负极材料电化学性能研究

对比研究 Co_3O_4 纳米线与碳包覆 Co_3O_4 纳米线之间充放电循环稳定性，充放电比容量及阻抗，讨论 Co_3O_4 纳米线表面碳包覆层的作用机理。

以 $Co(NO_3)_2 \cdot 6H_2O$ 为钴源、尿素为沉淀剂，采用微波热水法，通过控制水热温度及模板剂制备出了多级结构的 Co_3O_4。实验研究了微波不同水热温度对 Co_3O_4 的形成以及形貌的影响，通过 XRD 分析可知在 200℃以下水热碱式碳酸钴很难分解成为 Co_3O_4，当水热温度超过 200℃时有产物中逐渐出现 Co_3O_4，因此可知要得到纯度较高的 Co_3O_4 产物应控制水热温度超过 200℃。所制备的 Co_3O_4 纳米纤维为立方相，其直径为 40～70 nm、长度为 2～4 μm。纳米纤维由尺寸为 20 nm 左右的颗粒聚集而形成多孔结构。多孔 Co_3O_4 纳米纤维的比表面积为 61.89 $m^2 \cdot g^{-1}$。多孔 Co_3O_4 纳米纤维具有较高的比容量，在电流密度 100 $mA \cdot g^{-1}$、200 $mA \cdot g^{-1}$、500 $mA \cdot g^{-1}$、800 $mA \cdot g^{-1}$、1 000 $mA \cdot g^{-1}$、2 000 $mA \cdot g^{-1}$ 时，其可逆容量分别为 856 $mA \cdot h \cdot g^{-1}$、763 $mA \cdot h \cdot g^{-1}$、695 $mA \cdot h \cdot g^{-1}$、598 $mA \cdot h \cdot g^{-1}$、502 $mA \cdot h \cdot g^{-1}$、382 $mA \cdot h \cdot g^{-1}$。当电流返回 100 $mA \cdot g^{-1}$ 时，容量可再次达到 850 $mA \cdot h \cdot g^{-1}$ 左右，表明多孔 Co_3O_4 纳米纤维具有较高的倍率容量和良好的循环可逆性。

二、项目创新点与特色（包括使用了什么样的创新方法、手段，项目的科学意义和应用价值等，500 字以内）：

本项目提出了碳包覆 Co_3O_4 纳米线负极材料的新思路。本项目采用微波水热工艺制备 Co_3O_4 纳米线，再以可溶性生物质为碳源，在水热条件下对 Co_3O_4 纳米线进行纳米碳层包覆。纳米碳包覆层在 Co_3O_4 纳米线表面形成富有弹性导电网络，使复合材料具有良好的导电性；弹性的碳层包覆着整个活性粒子，可以有效地缓解充放电过程中材料的体积变化，使得复合材料可逆容量与循环稳定性得到提高。通过调节水热温度、表面活性剂浓度、保温时间和煅烧条件等因素来控制前驱体和合成产物的物相与形貌，得到所需的 Co_3O_4 纳米粉体，并采用 X 射线衍射来分析所得产物的物相，用扫描电子显微镜和透射电子显微镜对粉体晶体结构和微观形貌进行研究，最终通过分析可得出不同微波水热温度对所制得产物形貌的影响和变化规律，以及水热后产物经高温煅烧后对产物形貌和性能的影响。该复合材料具有以下特点：首先，纳米碳包覆层在 Co_3O_4 纳米线表面形成富有弹性导电网络，使复合材料具有良好的导电性；其次，弹性的碳层包覆着整个活性粒子，可以有效地缓解充放电过程中材料的体积变化，使得复合材料可逆容量与循环稳定性得到提高。本项目研究可为新能源汽车及再生能源领域的大型锂离子电池负极材料工业化应用提供理论基础。

三、项目成果：包括理论、应用、技术等方面取得的成果，成果的具体形式包括发表论文（应注明论文题目、发表刊物、发表时间、作者等详细信息）、专利（专利申请及获批、专利名称、专利号、申请人、获得日期等信息）、研究报告、实物、软件、图纸、获奖证书等。

项目申请书中的预期成果及成果提交形式：	项目结题时取得的成果：
（1）获得碳包覆 Co_3O_4 纳米线合成工艺； （2）撰写一份碳包覆 Co_3O_4 纳米线锂离子电池负极材料的研究总结报告； （3）申请1项国家发明专利，发表1篇论文。	（1）以微波水热工艺制备 Co_3O_4 纳米线，再以可溶性生物质为碳源，水热条件下对 Co_3O_4 纳米线进行纳米碳层包覆。 所制备的 Co_3O_4 纳米纤维为立方相，其直径为40～70 nm、长度为2～4 μm。纳米纤维由尺寸为20 nm左右的颗粒聚集而形成多孔结构。多孔 Co_3O_4 纳米纤维的比表面积为61.89 $m^2 \cdot g^{-1}$。 （2）多级结构 Co_3O_4 纳米材料的合成及性能研究总结报告。 （3）李翠艳，弓琴琴，王兴，等.多孔 Co_3O_4 纳米纤维的合成及性能研究（已收录）. （4）李翠艳，弓琴琴，欧阳海波，等.一种以藻类植物为碳源制备多级结构碳材料的方法：2016104165267[P].2016－11－09.

四、完成项目后的收获与体会（300字以内）：

首先，衷心地感谢学校能给我们提供此次"大学生创新训练项目"的宝贵机会，这对于我们大学本科生来说是一个很好的锻炼机会。

我们确立的项目是"碳包覆 Co_3O_4 纳米线锂离子电池负极材料的合成及电化学性能研究"。通过参加本次"大学生创新性实验计划项目"，我们小组成员都获益颇多。从确定项目立意点，到撰写项目申请书；从制定详细的实施计划，到项目的具体研究，在这个过程中我们不仅学到了严谨的科研态度、坚韧不拔的钻研精神，还有敢于创新的实践勇气。创新实验项目实施的过程增强了我们的实验动手能力，提高了团队协作能力，加强了创新意识并且提高了创新能力。在项目的实施中得到的体会最多的是团队合作方面，我们小组成员间不断地磨合，学会倾听大家的意见和分享自己的想法，做到尊重小组内的每一个组员，开心地交流与合作。每一个人有想法都可以及时地提出来，大家一起讨论交流。多次的交流沟通才能事半功倍，并且在做项目的过程中我们5个组员也感到很开心、很快乐。同时，也学到了很多东西，将自己课堂上所学的各种理论知识运用到实验项目中，达到理论与实际相结合的效果。充分地发挥了自己所学的理论知识，达到所学有所用，更加激发了我们学习知识的信念。

五、项目组承诺：
　　我保证上述填报内容的真实性，经费使用规范合理，项目成果无弄虚作假情况。

　　主持人签名：　　　　　　项目组其他成员签名：

　　　　　　　　　　　　　　　　　　　　　　　　日期：

六、指导教师意见（手写）：

　　签名：

　　　　　　　　　　　　　　　　　　　　　年　　　月　　　日

七、学院意见：

　　主管领导签字（盖章）：

　　　　　　　　　　　　　　　　　　　　　年　　　月　　　日

八、学校验收意见：

　　专家评价：（　）优秀　（　）良好　（　）合格　（　）不合格

　　　　　　　　　　　　　　　　　　　盖章：

　　　　　　　　　　　　　　　　　　　　　年　　　月　　　日

4.4　一种二硫化钼/石墨烯气凝胶柔性锂离子电池

大学生创新创业训练计划
项目申报表

推 荐 学 校　　陕西科技大学

项 目 名 称　　一种二硫化钼/石墨烯气凝胶柔性锂离子电池

项 目 类 型　　创新训练

项目负责人　　董婉萌

申 报 日 期　　2016.04

陕西省教育厅 制

二〇一六年四月

项目名称	一种二硫化钼/石墨烯气凝胶柔性锂离子电池					
项目类型	(√)创新训练项目　(　)创业训练项目　(　)创业实践项目					
项目实施时间	起始时间：2016 年 04 月　　　完成时间：2017 年 04 月					
申请人或申请团队		姓名	年级	学校	所在院系/专业	联系电话	E-mail
	主持人	董婉萌	14级	陕西科技大学	材料科学与工程学院/纳米材料与技术专业	略	略
	成员	梁宇	14级	陕西科技大学	材料科学与工程学院/纳米材料与技术专业	略	略
		王子怡	14级	陕西科技大学	材料科学与工程学院/纳米材料与技术专业	略	略
		陈南涛	14级	陕西科技大学	材料科学与工程学院/纳米材料与技术专业	略	略
		程一乔	14级	陕西科技大学	材料科学与工程学院/纳米材料与技术专业	略	略
指导教师	姓名	刘　辉		研究方向		新能源与环境材料	
	年龄	略		行政职务/专业技术职务		系主任/副教授	
	主要成果	刘辉，博士，副教授，硕士研究生导师，陕西科技大学学术骨干。2008 年毕业于西北工业大学理学院应用物理系，获材料物理与化学专业博士学位，同年进入陕西科技大学材料科学与工程学院工作，主要从事新型纳米结构材料及新能源与环境材料的合成、表征与应用研究。作为项目负责人和主要技术骨干参与了"十二五"科技支撑计划研究项目（2011BAE30B01）、博士后基金（20080440185、200902584）、国家自然科学基金（51272147）以及陕西省自然科学基金（2015JM5208）等多项科研任务，发表论文和申请专利 60 余项。2012 年、2013 年分别作为第一完成人获得中国轻工业联合会科技进步二、三等奖各 1 项、陕西省高等学校科学技术二等奖两项和咸阳市科技进步三等奖各 2 项。2012 年、2014 年分别指导学生完成国家级大学生创新创业训练计划项目 2 项。					

一、项目实施的目的、意义

本项目主要致力于制备二硫化钼/石墨烯气凝胶柔性锂离子电池,并对其电化学性能进行测试,形成具有自主知识产权和核心技术的二硫化钼/石墨烯气凝胶柔性锂离子电池样品。具体研发目标为:①获得具有可逆弹性形变能力,同时可正常工作的锂离子电池,并获得相关制备工艺的核心技术并申请专利;②所制备的柔性材料易于组装,并且组装工艺不影响锂离子电池的工作状态;③制备的柔性锂离子电池具有较高的安全性,符合可穿戴便携式电子产品的基本要求。

随着柔性显示屏、电子衬衫和卷屏手机的等新的智能穿戴设备理念的提出,在引起了广大消费者的兴趣和期望的同时,也引发了科研工作者对柔性智能穿戴设备技术的深入探究。为了满足对电子产品小型化、多样性和便携性的发展需求,柔性可穿戴等便携式电子产品成为近年来的研究热潮,作为智能穿戴设备的柔性显示技术已经日臻成熟,而与智能可穿戴设备相匹配的柔性电池,特别是具有高比容量和循环稳定性的锂离子电池的发展相对较为落后,已经严重阻碍了智能穿戴设备技术的发展和应用,因此,柔性电池的开发将推动新一代电子技术的革命,并对社会生活方式产生巨大影响。目前,新一代智能可穿戴设备用锂离子电池除了新的高能量密度材料体系尚未得到突破外,电池弯曲性无法与柔性显示屏等部件相匹配也已严重制约了柔性消费电子的开发与应用。最受关注的苹果手表电池只有 200 mA·h 且不可弯曲,只能放在表盘中间。目前,硬件设计师对于电池的认识仍然处于扣式、方形或者圆柱形且不可弯曲,这严重限制了产品设计人员的想象力,可以说柔性电池的突破,将为可穿戴设备甚至柔性手机等科技的发展创造无限的可能。因此,我们提出用二硫化钼/石墨烯气凝胶锂离子电池来解决这一难题。

作为一种柔性材料,二硫化钼/石墨烯气凝胶复合材料本身具有良好的弹性,非常适合作为柔性电池的电极材料,因此,本研究项目提出采用二硫化钼/石墨烯气凝胶复合材料作为锂离子电池的电极材料构建一种柔性锂离子电池,充分利用三明治层状结构的二硫化钼和石墨烯的二维蜂窝状结构、很高的电导率和热导率、功能化表面、易加工成柔性薄膜、大的比表面积可负载更多活性物质等特点在实现柔性化的基础上进一步提高其电化学性能。二硫化钼/石墨烯材料作为电极时既能实现柔性化又可提高电池的整体能量密度,具有广阔的发展前景。本项目的研究有望为便携式电子产品提供核心的电池材料,让柔性便携式电子产品更加的安全可靠,性能更优异。

柔性电子产品具有独特的功能和新颖性,对消费者具有很大的吸引力,但是要使用柔性的电子产品,就要有相应的可折叠电池。柔性可穿戴电子产品的生产同时也要求开发和研究柔性轻薄的储能器件作为柔性电子产品的电源。目前相对于其他较为成熟的柔性部件,柔性电池的开发显得尤为重要。因此,本项目研究工作具有较强的科学意义和实用价值,应用前景相当广阔。

二、项目研究内容和拟解决的关键问题

(一)研究内容

(1)研究采用Hummers法制备具有片层状结构的微米和纳米石墨烯的关键技术,获得尺寸在微米或纳米范围内的、具有片层状结构的石墨烯粉体材料。并对石墨烯的Hummers法制备过程和机理进行研究。确定片层状石墨烯的微观形貌、结构特征与①各步骤反应中的反应温度;②还原剂的种类和用量;③样品的后处理技术程序等制备条件之间的关系和规律。

(2)在制备片层状石墨烯的基础上,以氧化钼为钼源、硫脲为硫源,采用水热技术制备二硫化钼/石墨烯气凝胶复合材料,获得密度小且具有优异弹性模量的二硫化钼/石墨烯气凝胶复合材料,并研究其微观形貌、结构特征与①石墨烯的用量及石墨烯与硫化钼在复合体系中所占比例;②在水热过程中的钼源和硫源加入量、反应时间和温度;③硫化钼的形成对石墨烯片层状结构以及硫化钼产物的结构、形貌等对气凝胶的微观形貌的影响;④样品的后处理方式;⑤所制备的气凝胶的机械性能(弹性性能)等之间的关系和规律。

(3)基于二硫化钼/石墨烯气凝胶复合材料的柔性锂离子电池的制备与性能研究。主要包括:①以二硫化钼/石墨烯气凝胶复合材料为电池活性组分,以导电石墨纸(富锂)为集流体、$LiPF_6$为电解液构建柔性锂离子电池;②对二硫化钼/石墨烯气凝胶柔性电池的电化学性能的测试和实验结果分析;③建立体系的组分、微观结构、形貌等与其电化学性能之间的关联;④分析气凝胶体系中各组分、复合方式和界面特征等对电极材料电化学性能的协同作用,建立复合体系与电化学性能之间的构效关系。

(二)拟解决的关键问题

具有优异弹性模量的电极材料的获得是本项目的关键。本项目将充分利用石墨烯二维结构材料和硫化钼类二维结构材料的可弯曲结构特点制备具有优异弹性模量的硫化钼/石墨烯气凝胶复合材料,并在此基础上为构筑柔性锂离子电池奠定基础。

三、项目研究与实施的基础条件

(1)本项目依托的项目组具备良好的湿化学法合成纳米结构材料制备工艺及电化学性能测试的研究基础。项目组拥有纳米材料与纳米技术实验室及相关设备,主要包括:蓝电电池充放电测试系统、上海辰华电化学工作站两台、真空手套箱、台式涂布机、真空干燥箱、手动切片机、NOVA2000e高速自动比表面与孔隙度分析仪等材料性能与锂离子电池组装及性能检测设备,MDS-10型多通量密闭微波化学工作站两台(工作条件300℃-10 MPa)、各种聚四氟乙烯内衬水热反应釜、压力容器、磁力搅拌器、电子分析天平、保护气氛高温热压烧结炉(石墨加热,2 200℃)、微机控温高温炉($MoSi_2$棒加热)、空气气氛高温炉(SiC棒加热)、马弗炉、功率可调变频超声波发生器、高速离心机、真空抽滤及各种湿化学制备粉体材料装置等。这些设备可以保障本项目中材料的制备及相关电池器件的构筑及性能检测。本项目依托的陕西科技大学材料科学与工程学院拥有德国耐驰综合热分析仪(1 600℃),X射线衍射分析仪,FT-IR,SEM,TEM,EDS,AFM,马尔文激光粒度测定仪等一系列分析测试设备,完全可以满足本项目的研究。本项目依托的项目组老师具有多年从事纳米粉体材料的合成与相关性能研究的工作经验,可以为本项目气凝胶复合材料的制备、锂离子电池的组装和相关性能的测试与分析提供指导,保障本项目的建立和实施。

(2)本项目的指导教师长期从事纳米材料的合成及光电性能等方面的研究,近年来在以硫化钼、石墨烯等材料为基础的锂离子电池研究方面也进行了研究,相关成果以在国内外高水平学术期刊上发表研究论文数篇。同时项目组成员对石墨烯气凝胶的制备工艺有一定的实验基础,前期已成功制备出石墨烯气凝胶材料(见图 4-7),这些都为本项目的实施奠定了基础并提供了保障。

图 4-7 石墨烯气凝胶数码照片

四、项目实施方案

第一阶段:

采用改进的 Hummers 法制备具有片层状结构的石墨烯材料,获得高品质的堆叠程度小的片状石墨烯材料,并初步探索二硫化钼/石墨烯气凝胶的制备方法和条件,为下一阶段的材料制备奠定基础,确定材料形貌、微结构与制备条件之间的关系和规律。

第二阶段:

利用水热技术制备二硫化钼/石墨烯气凝胶材料,研究制备条件对凝胶结构、形貌以及机械性能的影响,不断改进制备工艺,确定最佳的实验方案。

第三阶段:

利用所制备的二硫化钼/石墨烯气凝胶复合材料组装柔性可弯曲的锂离子电池。寻求一种有效的柔性电池的组装工艺。对所组装的柔性电池进行电化学性能测试,研究电池在弯曲折叠前后的电化学性能,获得可弯曲折叠的柔性锂离子电池。总结研究工作,撰写研究报告,发表论文并申请专利。

五、学校可以提供的条件

本项目实施依托课项目所在单位——陕西科技大学,拥有设备完善的分析测试中心,如X 射线光谱仪、扫描电镜、透射电镜等,丰富的图书馆文献、资料以及主要的材料专业数据库和高素质的科研团队,为项目的开展提供了坚实的基础。另外本项目为学校统一部署的 2016 年大学生创新训练项目,学校为本项目的原材料、组成和结构及性能测试等实施提供资金支持,保证了本项目的顺利实施。

六、预期成果

通过本项目的研究,获得具有优异电化学性能的二硫化钼/石墨烯气凝胶电极活性材料,并获得一种柔性可折叠锂离子电池的组装工艺。通过电化学性能测试,探讨材料的电化学性能与微观结构之间的构效关系,同时撰写一份二硫化钼/石墨烯气凝胶柔性锂离子电池的研究总结报告,申请并获得授权的核心技术国家发明专利1项或在相关学术期刊上发表研究论文1篇。

七、经费预算

预计本项目研究经费10 000元,其中
(1)材料费4 000元,主要是各种化学试剂以及小型设备的购买费用和水电等费用;
(2)测试费3 000元,主要是用于二硫化钼/石墨烯气凝胶样品表征与性能测试;
(3)资料费1 000元,主要包括相关文献专利查阅及发表论文费用;
(4)鉴定验收费1 000元,项目鉴定验收费用;
(5)其他费用1 000元。

八、导师推荐意见

近年来,柔性可穿戴的便携式电子产品吸引了越来越多研究学者的关注,除了新的高能量密度电极材料体系尚未得到突破外,电池无法弯曲也严重制约了柔性消费电子的开发与应用。本项目选用二硫化钼/石墨烯气凝胶作为锂离子电池电极材料不仅可以充分利用三明治层状结构的二硫化钼和石墨的二维蜂窝状结构、高的电导率和热导率、功能化表面、易加工成柔性薄膜、大的比表面积可负载更多活性物质等特点在实现柔性化的基础上提高其电化学性能,而且其自身具有小的密度和高的弹性变形性能使得电子设备满足便携式特性。项目立项依据较为充分,有一定的创新性,可行性论证充分合理,项目组主要成员已就本项目研究开展了一些前期工作,具有良好的基础,因此,本项目研究具有较高的创新性和可行性。

签名:

年 月 日

九、院系推荐意见

院系负责人签名: 　　学院盖章

年 月 日

十、学校推荐意见：   学校负责人签名： 学校盖章   年 月 日
十一、省教育厅评审意见：   单位盖章   年 月 日

大学生创新创业训练项目
结题验收表

（☑国家级　□省级　□校级）

项目名称：　一种二硫化钼/石墨烯气凝胶柔性锂离子电池

项目编号：　201610708032

主　持　人：　董婉萌

项目组成员：　梁　宇、程一乔、王子怡、陈南涛

指导教师：　刘　辉

所在学院：　材料科学与工程

立项年度：　2016

填表日期：　2017.10

陕西科技大学教务处　制

项目名称	一种二硫化钼/石墨烯气凝胶柔性锂离子电池				
项目等级	(√)国家级　(　)省级　(　)校级			项目编号	201610708032
项目类别	(√)创新训练项目　　(　)创业训练项目				
主持人姓名	董婉萌	班级	纳米141	联系方式	略
项目组其他成员	序号	姓名	班级	承担工作任务	
	1	梁　宇	纳米141	设计实验方案,对测试结果进行分析	
	2	程一乔	纳米141	制备二硫化钼-石墨烯气凝胶电极材料	
	3	王子怡	纳米141	对所制得的样品进行 XRD、SEM 等测试表征	
	4	陈南涛	纳米141	对测试表征结果进行作图分析,优化实验方案	
	5				
指导教师	刘　辉	职称	教授	研究方向	新能源与环境材料
项目经费	10 000 元	立项时间	2016.04	完成时间	2017.04

一、项目实施情况(立项依据、研究内容、研究结果等 1 000 字以内):

1.立项依据

二硫化钼/石墨烯气凝胶复合材料本身具有良好的弹性,非常适合作为柔性电池的电极材料,因此,本研究项目提出采用二硫化钼/石墨烯气凝胶复合材料作为锂离子电池的电极材料构建一种柔性锂离子电池,充分利用三明治层状结构的二硫化钼和石墨烯的二维蜂窝状结构、高的电导率和热导率、功能化表面、易加工成柔性薄膜、大的比表面积可负载更多活性物质等特点在实现柔性化的基础上进一步提高其电化学性能。二硫化钼/石墨烯材料作为电极时既能实现柔性化又可提高电池的整体能量密度,具有广阔的发展前景。

2.研究内容

(1)研究采用 Hummers 法制备具有片层状结构的微米和纳米石墨烯的关键技术,获得尺寸在微米或纳米范围内的、具有片层状结构的石墨烯粉体材料。

(2)在制备片层状石墨烯的基础上,以氧化钼为钼源、硫脲为硫源,采用水热技术制备二硫化钼/石墨烯气凝胶复合材料,获得密度小且具有优异弹性模量的二硫化钼/石墨烯气凝胶复合材料。

(3)对二硫化钼/石墨烯气凝胶复合电极材料的微观形貌和结构特征进行研究,并对此电极材料电化学性能研究。

3.研究结果

采用改进的 Hummers 法制备具有片层状结构的石墨烯材料,获得高品质的堆叠程度小的片状石墨烯材料。进一步利用水热技术制备二硫化钼/石墨烯气凝胶材料,研究了起始原料的比例、水热时间、干燥条件等对制备出二硫化钼/石墨烯气凝胶复合型电极材料的稳定性的影响,研究制备条件对凝胶结构、形貌以及机械性能的影响,不断改进制备工艺,确定最佳的实验方案,制备出来了二硫化钼/石墨烯气凝胶材料,并通过 XRD、SEM 等测试表征,此电极材料具有良好的微观形貌与结构;通过 CV、EIS 等电化学测试,表明二硫化钼/石墨烯气凝胶电极材料具有优良的电化学性能,达到了预期目标。

二、项目创新点与特色(包括使用了什么样的创新方法、手段,项目的科学意义和应用价值等,500 字以内):

1.创新点

(1)采用改进的 Hummers 法获得尺寸在微米或纳米范围内的、具有片层状结构的石墨烯粉体材料,制得的石墨烯尺寸合适,性能优良。

(2)采用水热法制备二硫化钼/石墨烯气凝胶电极材料,充分利用三明治层状结构的二硫化钼和石墨烯的二维蜂窝状结构、很高的电导率和热导率、功能化表面、易加工成柔性薄膜、大的比表面积可负载更多活性物质等特点在实现柔性化的基础上进一步提高其电化学性能。此方法简单可行,易操作,重复性高。

(3)所制备的二硫化钼/石墨烯气凝胶电极材料具有柔性可折叠特性,并且气凝胶材料满足便携式电子产品质轻的要求。

2.科学意义和应用价值

轻、薄、柔性化是便携式电子产品的重要发展趋势。传统的锂离子电池因质量大和不可弯折等缺点已经无法满足柔性电子设备对储能器材的要求。因此,研制出更轻、更薄且具有优异可弯曲性能,同时具备高比功率、高能量密度、卓越的倍率性能的锂离子电池迫在眉睫。电极作为锂离子电池的重要组成部分,柔性电极材料的开发成为柔性储能领域的研究热点之一。二硫化钼/石墨烯材料作为电极时既能实现柔性化又可提高电池的整体能量密度,具有广阔的发展前景。

本项目的研究为二硫化钼/石墨烯电极材料的制备和功能拓展提供一种新的思路和理论依据,所制备的电极材料在柔性化、轻型化等领域得到广泛应用。因此,本项目研究工作具有较强的科学意义和工程实用价值,应用前景广阔。

三、项目成果:包括理论、应用、技术等方面取得的成果,成果的具体形式包括发表论文(应注明论文题目、发表刊物、发表时间、作者等详细信息)、专利(专利申请及获批、专利名称、专利号、申请人、获得日期等信息)、研究报告、实物、软件、图纸、获奖证书等。

项目申请书中的预期成果及成果提交形式： 通过本项目的研究,将获得拥有自主知识产权的核心专利技术,获得具有优异性能的二硫化钼/石墨烯气凝胶材料,并揭示不同原材料的配比与二硫化钼/石墨烯气凝胶材料的微观结构和电化学性能之间的构效关系,同时申请并获得授权的核心技术国家发明专利1项,在国内外学术期刊上发表1篇与本项目相关的高质量论文。	项目结题时取得的成果： （1）成功采用改进的Hummers法获得尺寸在微米或纳米范围内的、具有片层状结构的石墨烯粉体材料； （2）成功制备出性能优良的二硫化钼/石墨烯气凝胶电极材料； （3）申请国家发明专利一项：刘辉,董婉萌,庞凌燕,等.一种二硫化钼-石墨烯气凝胶电极材料制备方法：201710443457.3[P]. 2017-11-24.

四、完成项目后的收获与体会（300字以内）：

在为期一年的创新创业项目的过程中,我们收获的不仅是丰富的专业知识,还体会到研究的乐趣,并磨砺了我们毅力,与此同时,我们还意识到了团队精神的重要性,收获了友谊。

在整个项目进行中,我们分工明确,团结协作,克服重重困难,在一次次的失败中找到了解决方案,有沟通,有交流,这让我深深体会到团队合作的不易与重要性。

项目的顺利进行离不开老师的悉心指导和队员们的共同努力,国家大学生创新性实验项目极大地调动了我们主动学习的积极性,培养了我们团队合作精神,同时也锻炼了我们的组织、协调能力,大大提高了我们的创新实践的能力。

在今后的学习生活中,我们也会带着老师的教诲和成功的经验继续前行,并且积极参加各种科技竞赛,用青春书写无愧于求学生涯的华彩篇章。

五、项目组承诺：

我保证上述填报内容的真实性,经费使用规范合理,项目成果无弄虚作假情况。

主持人签名： 项目组其他成员签名：

日期：

六、指导教师意见(手写)：

签名：

                                                          年   月   日

七、学院意见：

主管领导签字(盖章)：

                                                          年   月   日

八、学校验收意见：

专家评价:( )优秀   ( )良好   ( )合格   ( )不合格

                                            盖章：

                                                          年   月   日

4.5 生物碳材料改性钠离子电池负极纳米 SnS_2 材料的研究

大学生创新创业训练计划
项目申报表

推 荐 学 校	陕西科技大学
项 目 名 称	生物碳材料改性钠离子电池负极纳米 SnS_2 材料的研究
项 目 类 型	创新训练项目
项 目 负 责 人	白培杰
申 报 日 期	2016.04

陕西省教育厅 制

二〇一六年四月

项目名称		生物碳材料改性钠离子电池负极纳米 SnS_2 材料的研究					
项目类型		(√)创新训练项目　（　）创业训练项目　（　）创业实践项目					
项目实施时间		起始时间：2016 年 06 月　　　　完成时间：2017 年 05 月					
申请人或申请团队		姓名	年级	学校	所在院系/专业	联系电话	E-mail
	主持人	白培杰	14 级	陕西科技大学	材料学院无机非金属	略	略
	成员	张　蓓	14 级	陕西科技大学	材料学院纳米材料与技术	略	略
		张　颖	14 级	陕西科技大学	材料学院纳米材料与技术	略	略
		雷钰洁	15 级	陕西科技大学	材料学院无机非金属	略	略
		金东东	15 级	陕西科技大学	材料学院纳米材料与技术	略	略
指导教师	姓名	殷立雄			研究方向		纳米材料、薄膜及涂层
	年龄	略			行政职务/专业技术职务		副院长/副教授
	主要成果	殷立雄，副教授，博士，硕士生导师，材料科学与工程学院副院长。中国硅酸盐学会陶瓷分会理事、中国硅酸盐学会溶胶凝胶分会理事，陕西省硅酸盐学会理事，陕西科技大学"学术骨干培育计划"入选者。主要从事薄膜、涂层材料以及纳米材料的制备及性能研究。目前主持国家自然科学基金项目 1 项，陕西省工业攻关项目 2 项、陕西省自然科学基金 1 项以及教育厅、咸阳市和横向项目等 10 余项；先后在 *Journal of Alloys and Compounds*、*Materials Letters*、*Ceramics International* 等期刊上发表收录论文 10 篇；申请发明专利 30 余项，授权 10 项；获得陕西省科学技术二等奖 1 项，厅局级奖 3 项。					

一、项目实施的目的、意义

钠离子电池(SIBs)是一种新型电化学电源,具有成本低、比容量和效率较高等优点,同时钠储量(2.64%)远高于主要集中于南美的锂资源(0.006 5%)[1],提取相对比较容易,较为符合规模化储能应用要求,且钠与锂的化学性质相似,电极电势也比较接近($E_{Na^+/Na}=-2.71$ V,$E_{Li^+/Li}=-3.02$ V, vs. SHE)[2-3],在提升大规模可再生能源并网接入能力、提高电能使用效率和电能质量方面,若能构建性能良好的钠离子二次电池,将比锂离子电池具有更大的应用潜力。由于钠离子储能电池中能量储存和转换均发生在正负极材料内,因此正负极材料技术是钠离子储能电池的主要关键技术,只有研制出具有稳定脱/嵌钠能力的电极材料,才能实现钠离子电池的实用性突破[4]。

钠离子电池负极材料的电化学性能与其结构密切相关,一般负极材料的晶粒尺寸越小,比表面积越大,与电解质的接触面也就越大,就越有利于钠离子电池负极材料电化学性能的提升[5]。多级微纳米结构已被证明能够有效地提高电极材料的电化学储锂/钠性能[6],这些材料电化学性能的提升得益于三维多级微纳米结构特殊的纳米级组装单元、复杂的组装结构、组装体相对较大的尺寸以及由此衍生出的多孔结构和大的比表面积[7]。二硫化锡(SnS_2)具有CdI_2型的层状结构,这种结构单元是由两层六方密堆积的硫离子中间加入锡离子的三明治结构(S-Sn-S)组成的[8]。SnS_2的这种层状结构中存在很多晶格空位,可作为"插层"的主体晶格。这种优越的柔韧性使它能够作为基底,通过共轭化合物的插入,形成具有独特光电性质的插层化合物[5]。插层化合物在形成过程中由于表面张力的作用会形成具有特殊形貌的多级微纳米结构。SnS_2以其高比容量,被认为有望取代碳材料,成为最有前途的钠离子电池负极材料之一。随着研究的深入,人们发现SnS_2也可以与钠离子在低电位发生和氧化锡(SnO_2)类似的合金反应,且比SnO_2具有更好的循环稳定性,因此,近年来SnS_2作为钠离子电池负极材料受到广泛关注。

传统的多级微纳米结构SnS_2材料制备方法有化学水浴沉积法[9]、固相法[3]、乙醇溶剂热合成法[10]等,但从应用的角度来说这些工艺较复杂、设备昂贵、生产率低,工艺难以控制,不利于大规模生产,而且SnS_2在锂或钠脱/嵌过程中存在体积变化大,容易导致电极粉化、导电率低,充放电过程中电极容量衰减快、保持率低等问题[11-12],同时在使用中可能存在潜在的安全性问题,而解决这一问题的常见方法是对电极材料进行形貌调控,并且通过高导电率和结构稳定性材料对其改性。目前,已有大量关于SnS_2/C复合改性的文献报道[13],但是由于石墨烯、碳纳米管等成本较高和SnS_2形貌较难控制因素使其不具备优势,而生物碳材料因其原材料本身特殊的结构及低成本等优势,能够在合成SnS_2负极材料的过程中对其形貌进行控制,同时提高其导电性,从而能够获得所需的纳微米结构材料,达到提高其电化学性能的目的。

本项目采用均相水热法制备生物碳材料(bio-carbon materials)改性的微纳米结构SnS_2钠离子电池负极材料。通过调控工艺因素探索水热法制备SnS_2的最佳制备条件,并研究工艺因素对SnS_2微观结构、形貌及电化学性能的影响。用生物碳材料对SnS_2的形貌结构进行调控以解决钠离子电池负极材料充放电过程中材料结构易坍塌导致的循环稳定性差、导电性差、高倍率下容量衰减快等问题,以期制备出形貌确定、结构稳定的微纳米结构SnS_2钠离子电池负极材料。

主要参考文献：

[1] 钱江锋，高学平，杨汉西. 电化学储钠材料的研究进展[J]. 电化学，2013，19(6)：523－529.

[2] 金翼，孙信，余彦，等. 钠离子储能电池关键材料[J]. 化学进展，2014，26(04)：582－591.

[3] WANG J, LUO C, MAO J, et al. Solid－State Fabrication of SnS_2/C Nanospheres for High－Performance Sodium Ion Battery Anode[J]. ACS Applied Materials & Interfaces, 2015.

[4] 叶飞鹏，王莉，连芳，等. 钠离子电池研究进展[J]. 化工进展，2013，32(8)：1789－1795.

[5] ZHU Y, CHU Y, LIANG J, et al. Tucked flower－like SnS_2/Co_3O_4 composite for high－performance anode material in lithium－ion batteries[J]. Electrochimica Acta, 2015, 190:843－851.

[6] WU X, ZHANG S, HUA F, et al. Feasibility of utilizing three－dimensional nanoarchitecture to endow metal sulfides with superior Li^+ storage capability[J]. Journal of Power Sources, 2014, 264(1): 311－319.

[7] WU Q, JIAO L, DU J, et al. One－pot synthesis of three－dimensional SnS_2 hierarchitectures as anode material for lithium－ion batteries[J]. Journal of Power Sources, 2013, 239(10): 89－93.

[8] AHARON E, ALBO A, KALINA M, et al. Stable Blue Emission from a Polyfluorene/Layered－Compound Guest/Host Nanocomposite[J]. Advanced Functional Materials, 2006, 16(7):980－986.

[9] PRICE L S, PARKIN I P, HARDY A M E, et al. Chem Inform Abstract: Atmospheric Pressure Chemical Vapor Deposition of Tin Sulfides (SnS, Sn_2S_3, and SnS_2) on Glass[J]. Chemistry of Materials, 2010, 30(40):1792－1799.

[10] BHASKAR A, DEEPA B, RAO T N. Tin Disulfide Nanoflowers versus Nanosheets as Anodes in Lithium－ion Batteries: How the Nanostructure Controls Performance[J]. Electrochimica Acta, 2015, 184:239－249.

[11] ZHENG C H, LIU X, CHEN Z D, et al. Excellent supercapacitive performance of a reduced graphene oxide/Ni(OH)$_2$ composite synthesized by a facile hydrothermal route[J]. Journal of Central South University, 2014, 21(7): 2596－2603.

[12] ZHOU K G, MAO N N, WANG H X, et al. A mixed－solvent strategy for efficient exfoliation of inorganic graphene analogues[J]. Angewandte Chemie International Edition, 2011, 50(46): 10839－10842.

[13] ZHANG L, HUANG Y, ZHANG Y, et al. Three－dimensional nanoporous graphene－carbon nanotube hybrid frameworks for confinement of SnS_2 nanosheets: flexible and binder－free papers with highly reversible lithium storage [J]. ACS Applied Materials & Interfaces, 2015, 7(50): 27823－27830.

二、项目研究内容和拟解决的关键问题

（一）研究内容

（1）均相水热法制备生物碳材料改性微纳米结构 SnS_2 材料。研究水热反应 pH 值、温度、时间等对 SnS_2 产物的结构、形貌、物相、电化学性能的影响，探索 SnS_2 纳米材料的生长机理，建立工艺-结构-性能之间的关系。

（2）将 SnS_2 纳米材料组装成为 SIBs，研究其电化学性能并优化工艺参数。研究纳米 SnS_2 不同形貌、结构对 SIBs 电化学性能及电子电导率、钠离子扩散的影响，并且建立纳米结构的电化学性能与结构、形貌之间的关系，优化生物碳材料改性微纳米结构 SnS_2 钠离子电池负极材料的工艺。

（3）提高所制备的纳米材料的电化学性能。探索均相水热法制备 SnS_2 纳米颗粒悬浮液浓度、水热温度、水热时间、生物碳种类、加入量等工艺因素对纳米材料结晶度、物相及形貌的影响。研究采用生物材料碳化复合改性 SnS_2，探索改性后纳米 SnS_2 材料结构及电化学性能的变化。研究复合改性前后纳米材料的电导率、充放电前后形貌、结构变化以及复合改性钠离子电池负极材料提高电化学性能的机理。

（二）拟解决的关键问题

（1）采用旋转均相水热法制备 SnS_2 钠离子电池负极材料，并通过优化工艺参数，探索最佳制备工艺，以获得纯相且结晶性好、晶面择优生长的纳米材料。

（2）采用不同的碳化生物材料（不同微观结构）对 SnS_2 的微观结构进行调控，优化工艺以获得充放电过程中结构较为稳定的纳米材料，同时确定最佳的改性生物碳材料。

确定最佳的生物碳材料种类、加入量等对 SnS_2 微纳米材料微观形貌及电化学性能的影响，进一步通过优化工艺来获得形貌较为特殊、电导率高、循环性能稳定的纳米复合材料。

三、项目研究与实施的基础条件

（一）研究基础

项目组指导老师殷立雄副教授及其团队成员所在的项目组多年从事纳米粉体及薄膜材料的研究工作，实验室装备了系列化的研究与制备设备，积累了丰富经验，在纳米粉体及薄膜材料的制备工艺及性能研究等方面均取得大量的数据和研究成果，发表了几十篇相关论文，已授权国家发明专利 10 余项，相关研究成果得到国内外同行专家的广泛关注与充分肯定。

本项目组在之前国家自然科学基金（50942047）项目"基于紫外光诱导自组装微晶 SmS 光学薄膜的制备和生长机理研究"（2010.1—2013.12）资助下，利用紫外光诱导液相自组装法制备研究 SmS 光学薄膜，获得了一些研究结果，在液相法制备薄膜关键技术以及薄膜的表征测试方面积累了一定的经验，项目已于 2013 年 12 月结题。同时本项目组于 2009—2014 年在 Sm_2O_3 和 Sm_2S_3 薄膜及粉体制备方面取得了重要突破，其中 SmS、Sm_2O_3 功能薄膜及粉体的制备新技术研究获得陕西省科学技术二等奖，Sm 系光学薄膜和粉体的制备及性能表征获得咸阳市科学技术二等奖，Sm_2O_3 光学薄膜的制备及性能标准获得咸阳市优秀学术论文一等奖。

在前期的研究工作中,本课项目分别采用水热法、水浴沉淀法和液相自组装法制备出了 $Sm(OH)_3$ 纳米晶、Sm_2O_3 微晶薄膜、Sm_2S_3 薄膜。用溶胶-凝胶法和水热法制备了 Sm_2O_3 微晶薄膜,其对紫外和可见光的吸收性均增强,薄膜禁带宽度由 2.88 eV 增加到 2.95 eV,相关文章分别发表在《硅酸盐学报》和《人工晶体学报》上;采用水热法和水浴沉淀法制备了 $Sm(OH)_3$ 纳米晶,在 500 W 汞灯的模拟紫外光照射下,对罗丹明 B 降解 30 min 后,降解率可达 97.3%,相关文章分别发表在 Journal of Alloys and Compounds、RSC Advances 和 Materials Letters。采用水浴法和微波水热法分别制备出的超薄 $NH_4V_3O_8$ 纳米棒、纳米带沿 [001] 方向平均带宽为 40~60 nm,在 15 $mA·g^{-1}$ 的电流密度下放电容量为 337 $mA·h·g^{-1}$,100 个循环之后容量保持率为 98%,相关文章分别发表在 Materials Letter 和 Journal of Electroanalytical Chemistry。采用均相水热法制备的 SnO_2 超细纳米颗粒,其尺寸范围为 6~21 nm,在 100 $mA·g^{-1}$ 的电流密度下 50 次循环后放电容量为 272.5 $mA·h·g^{-1}$,相关文章已发表在 Ceramics International。

因此,项目组在水热法制备微纳米结构材料方面具有较为成熟的技术指导,为后续 SnS_2 纳米材料的研究奠定了坚实的基础。在前期研究的基础上,将水热制备技术应用于钠离子电池 SnS_2 纳米负极材料的制备上,并进行改性研究,以得到具有稳定结构、形貌可控且具有优异电化学性能的 SnS_2 钠离子电池负极材料。

图 4-8 和图 4-9 是采用均相水热法在不同条件下制备的 SnS_2 材料的 SEM 扫描图和性能测试图,从图 4-8(a)(b)(c) 中可以看出所制备的 SnS_2 材料有一定的团聚现象,且无特定形貌;从图 4-9(a)(b) 中可以看出在不同时间下制备的 SnS_2 材料具有较高的的首次放电容量,但其可逆容量较低,这是由钠离子充放电过程中造成 SnS_2 材料较大的体积变化所导致的。本项目采用生物碳材料改性微纳米结构 SnS_2 钠离子电池负极材料,以解决钠离子电池负极材料充放电过程中材料结构易坍塌导致的循环稳定性差、导电性差、高倍率下容量衰减快等问题,以期制备出形貌确定、结构稳定的微纳米结构 SnS_2 钠离子电池负极材料。

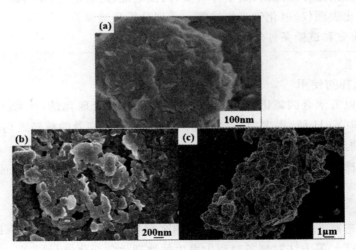

图 4-8 不同水热时间下 SnS_2 纳米颗粒的 SEM 图
(a)(b)(c) 分别为 8h、12h、16h 水热时间下制备 SnS_2 的 SEM 图

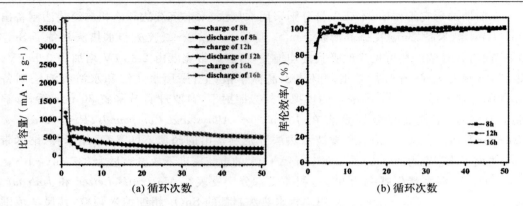

图 4-9 不同均相水热时间条件下 SnS_2 纳米颗粒
(a) 循环伏安曲线; (b) 库伦效率

(二) 实施的基础条件

陕西科技大学材料科学与工程学院拥有"功能薄膜与涂层材料"国家优势学科重点实验室,科技部"无机材料国际合作基地"等研发平台,在纳米材料、有机-无机复合材料、功能薄膜及涂层材料、无机非金属材料物理化学基础等研究方向特色鲜明,优势突出。与本项目相关的研究条件和完成本项目所需的实验设备已基本具备,主要包括以下几项。

1.实验设备

实验室目前拥有均相水热反应仪、DHG-9075A 型电热恒温鼓风干燥箱。电热真空干燥箱、pHs-2C 型数字式 pH 计、水浴锅、TD 型单盘电子天平、85-1 型恒温磁力搅拌器、800 型离心沉淀器、KQ-500TDB 型高频数控超声波清洗器、电化学工作站、光化学反应仪等设备。

2.分析测试设备

X 射线衍射仪、红外光谱仪、热重分析仪、扫描电镜、透射电镜、X 射线光电子能谱分析、原子力显微镜、比表面仪、电化学工作站等一系列分析测试设备。

该项目的研究和试验条件均可得到保证。

四、项目实施方案

1.原料的选择与使用

(1) 拟采用以五水合四氯化锡 ($SnCl_4·5H_2O$) 和九水合硫化钠 ($Na_2S·9H_2O$) 为原料,加入相应试剂调节 pH 值,用生物碳材料辅助水热法,采用高效的旋转式均相反应仪进行反应,制备 SnS_2 纳米材料。

(2) 拟结合梯度热处理工艺,采用生物碳材料辅助水热法制备 SnS_2 钠离子电池负极材料。

2.表征测试

(1) 采用静态氮吸附容量法测定所制备纳米材料的比表面积,采用 XRD、FTIR、XPS、SEM 和 TG-DTA 等方法对制备过程中发生的物理化学变化进行研究。

(2) 拟用生物碳材料辅助水热法,用经过碳化的生物材料对所制备的材料进行复合改性,并对其电化学性能进行测试。

3. 工艺流程(见图4-10)

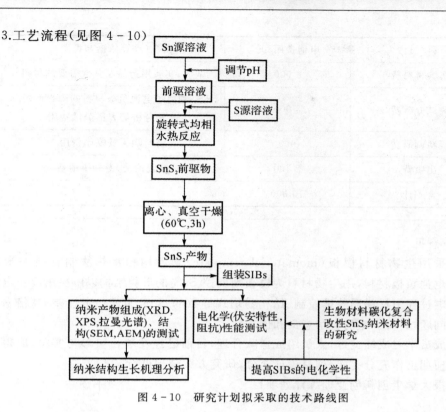

图4-10 研究计划拟采取的技术路线图

五、学校可以提供的条件

陕西科技大学材料科学与工程学院拥有"功能薄膜与涂层材料"国家优势学科重点实验室和科技部"无机材料国际合作基地"等研发平台,在纳米材料、复合材料、功能薄膜及涂层材料、无机非金属材料物理化学基础等研究方向特色鲜明,优势突出,可以为本项目相关的研究条件和提供所需的实验设备、分析仪器和研究场所,同时学校聘请各相关学科专家对申报项目进行立项评审和技术指导。学校拥有 Hitachi S-4800 扫场发射描电子显微镜(FE-SEM)、透射电子显微镜(TEM),材料学院拥有 D/MAX-2200PC 型 X 射线衍射仪、原子力显微镜、红外光谱仪、紫外光谱仪、荧光光谱仪、TG-DSC、激光粒度分布测试仪等一系列分析测试设备,基本可以满足本项目的研究。

六、预期成果

(1)采用旋转均相水热法制备出结晶性好、形貌可控、电化学性能较好的 SnS_2 纳米材料,并获得最佳工艺条件。

(2)采用水热法在所制备的纳米材料的基础上利用生物材料碳化的方法对 SnS_2 纳米颗粒进行复合改性,提高 SIBs 的电化学性能,使其容量保持率能够维持在90%左右。

(3)撰写研究报告1篇。

(4)在国外权威刊物上发表高水平学术论文1~2篇,申请国家发明专利1~2项。

七、经费预算

科　目	申请费用/元	备注(计算依据与说明)
实验材料费	4 000	试剂、实验用药品及其他需要的材料
测试分析费	3 000	SnS_2 钠离子电池负极材料的微观形貌及晶相分析等表征测试费用
资料调研费	600	资料购买及复印费用
出版费	2 400	发表论文、专利申请费
合　计	10 000	

八、导师推荐意见

　　本项目采用生物材料模板(biomaterial template)辅助均相水热法制备微纳米结构 SnS_2 钠离子电池负极材料,用生物材料为模板剂调控 SnS_2 的形貌结构以解决钠离子电池负极材料充放电过程中材料形貌难控制、结构易坍塌导致的 SnS_2 循环稳定性差、高倍率下容量衰减快等问题,具有一定的科学意义和创新性。

　　项目组成员学习成绩良好,人员组成梯队合理,目前已经在项目组参与实验,取得了一定的成果。前期工作充分扎实,项目论证充分,研究方案合理可行。

　　同意申报大学生创新创业训练计划项目。

签名：

年　　月　　日

九、院系推荐意见

院系负责人签名：　　学院盖章

年　　月　　日

十、学校推荐意见

学校负责人签名：　　学院盖章

年　　月　　日

十一、省教育厅评审意见

单位盖章

年　　月　　日

注:表格栏高不够可增加。

大学生创新创业训练项目
结题验收表

(☑国家级　□省级　□校级)

项　目　名　称：　生物碳材料改性钠离子电池负极纳米SnS_2材料的研究

项　目　编　号：　201610708008

主　持　人：　白培杰

项目组成员：　张　蓓、张　颖、雷钰洁、金东东

指　导　教　师：　殷立雄

所　在　学　院：　材料科学与工程学院

立　项　年　度：　2016

填　表　日　期：　2017.10

陕西科技大学教务处　制

项目名称	生物碳材料改性钠离子电池负极纳米 SnS$_2$ 材料的研究			
项目等级	(√)国家级　(　)省级　(　)校级		项目编号	201610708008
项目类别	(√)创新训练项目　(　)创业训练项目			
主持人姓名	白培杰	班级	教改材料14	联系方式　略
项目组其他成员	序号	姓名	班级	承担工作任务
	1	白培杰	教改材料14	实验方案制定及执行
	2	张 蓓	纳米141班	实验样品的相关测试及分析
	3	张 颖	纳米141班	药品与耗材的购买及记录
	4	金东东	纳米151班	实验数据记录及处理
	5	雷钰洁	教改材料15	文献查阅及实验情况总结
指导教师	殷立雄	职称	副教授	研究方向　纳米材料、薄膜与涂层方向
项目经费	10 000元	立项时间	2016.05	完成时间　2017.05

一、项目实施情况(立项依据、研究内容、研究结果等1 000字以内)：

1.立项依据

钠离子电池(SIBs)是一种新型电化学电源，具有成本低、比容量和效率较高等优点，同时钠储量(2.64%)远高于锂资源(0.006 5%)，提取相对比较容易，较为符合规模化储能应用要求，且钠与锂的化学性质相似，电极电势也比较接近($E_{Na^+/Na}=-2.71$ V，$E_{Li^+/Li}=-3.02$ V，vs. SHE)，在提升大规模可再生能源并网接入能力、提高电能使用效率和电能质量方面具有极大的应用潜力。由于钠离子储能电池中能量储存和转换均发生在正负极材料内，因此正负极材料技术是钠离子储能电池的关键技术。

钠离子电池负极材料的电化学性能与其结构密切相关，一般负极材料的晶粒尺寸越小，比表面积越大，与电解质的接触面也就越大，更有利于钠离子电池负极材料电化学性能的提升。二硫化锡(SnS$_2$)具有CdI$_2$型的层状结构，是一种两层六方密堆积的硫离子中间加入锡离子的三明治结构(S-Sn-S)。这种层状结构中存在很多晶格空位，可作为"插层"的主体晶格，其优越的柔韧性使它能够作为基底，通过共轭化合物的插入，形成具有独特光电性质的插层化合物。SnS$_2$以其高比容量，被认为有望取代碳材料，成为最有前途的钠离子电池负极材料之一。

传统的多级微纳米结构SnS$_2$材料制备方法从应用的角度来说工艺较复杂、设备昂贵、生产率低，工艺难以控制，不利于大规模生产，而且SnS$_2$在锂或钠脱/嵌过程中存在体积变化大，容易导致电极粉化、导电率低，充放电过程中电极容量衰减快、保持率低等问题，在使用中可能存在潜在的安全性问题，而解决这一问题的常见方法是对电极材料进行形貌调控，并且通过高导电率和结构稳定性材料对其改性。目前,已有大量关于 SnS_2/C 复合改性的文献报道,但是由于石墨烯、碳纳米管等成本较高和 SnS_2 形貌较难控制因素使其不具备优势,而生物碳材料因其原材料本身特殊的结构及低成本等优势,能够在合成 SnS_2 负极材料的过程中对其形貌进行控制,同时提高其导电性,从而能够获得所需的纳微米结构材料,达到提高其电化学性能的目的。

本项目采用均相水热法制备生物碳材料(bio-carbon materials)改性的微纳米结构 SnS_2 钠离子电池负极材料。通过调控工艺因素探索水热法制备 SnS_2 的最佳制备条件,并研究工艺因素对 SnS_2 微观结构、形貌及电化学性能的影响。用生物碳材料对 SnS_2 的形貌结构进行调控以解决钠离子电池负极材料充放电过程中材料结构易坍塌导致的循环稳定性差、导电性差、高倍率下容量衰减快等问题,以期制备出形貌确定、结构稳定的微纳米结构 SnS_2 钠离子电池负极材料。

2.研究内容

本项目采用简单的均相水热法制备 SnS_2 纳米材料,通过研究水热反应 pH 值、温度、时间等对 SnS_2 产物的结构、形貌、物相、电化学性能的影响。另外,通过研究生物碳种类、加入量探索改性后纳米 SnS_2 材料结构及电化学性能的变化。研究复合改性前后纳米材料的电子电导率、充放电前后形貌、结构变化以及复合改性钠离子电池负极材料提高电化学性能的机理。

3.研究结果

(1) SnS_2 纳米材料的调控工艺。得出水热反应 pH 值、温度、时间等对 SnS_2 产物的结构、形貌、物相的影响,得出最佳制备工艺,获得了结晶性好、晶面择优生长的纳米 SnS_2 材料。

(2)生物碳材料复合改性对 SnS_2 电化学性能的影响。采用不同的碳化生物材料(不同微观结构)对 SnS_2 的微观结构进行调控,获得了充放电过程中结构较为稳定的纳米材料,同时确定最佳的改性生物;确定了最佳的生物碳材料种类、加入量对 SnS_2 微纳米材料微观形貌及电化学性能的影响,进一步优化了工艺,获得了形貌较为特殊、电导率高、循环性能稳定的纳米复合材料。

二、项目创新点与特色(包括使用了什么样的创新方法、手段,项目的科学意义和应用价值等,500 字以内):

本项目以生物碳材料对 SnS_2 的形貌结构进行调控以解决钠离子电池负极材料充放电过程中材料结构易坍塌导致的循环稳定性差、导电性差、高倍率下容量衰减快等问题,制备出形貌确定、结构稳定的微纳米结构 SnS_2 钠离子电池负极材料,较好地解决了 SnS_2 在锂或钠脱/嵌过程中存在体积变化大,容易导致电极粉化、导电率低;充放电过程中电极容量衰减快、保持率低等问题;此外,本项目适当采用了微波水热法制备 SnS_2 纳米材料,节约了实验时间,降低了能源消耗。

三、项目成果:包括理论、应用、技术等方面取得的成果,成果的具体形式包括发表论文(应注明论文题目、发表刊物、发表时间、作者等详细信息)、专利(专利申请及获批、专利名称、专利号、申请人、获得日期等信息)、研究报告、实物、软件、图纸、获奖证书等。

项目申请书中的预期成果及成果提交形式:.	项目结题时取得的成果:
(1)采用不同的生物材料碳化对 SnS_2 的微观结构进行调控,优化工艺以获得充放电过程中结构较为稳定的纳米材料,同时确定最佳的改性生物碳材料,获得形貌较为特殊、电导率高、循环性能稳定的纳米复合材料。 (2)撰写一份生物碳材料改性钠离子电池负极纳米 SnS_2 材料的研究总结报告。 (3)申请1项国家发明专利,发表1篇学术论文。	(1)确定了最佳的生物碳材料种类、加入量对 SnS_2 微纳米材料微观形貌及电化学性能的影响,进一步优化了工艺条件,获得了形貌较为特殊、电导率高、循环性能稳定的纳米复合材料。 (2)3项国家发明专利: [1] 殷立雄,白培杰,柴思敏,等.一种六角片层状 SnS_2 钠离子电池负极材料的制备方法:201611116943.6[P].2017-05-31. [2] 殷立雄,刘瑶,程如亮,等.一种纳米片组装核桃状 SnS_2 钠离子电池负极材料的制备方法:201611116944.0[P].2017-05-24. [3] 殷立雄,刘瑶,程如亮,等.一种纳米片组装实心花簇状 SnS_2 钠离子电池负极材料的制备方法:201611118244.5[P].2017-03-22. (3)1篇学术论文: YIN Lixiong, CHAI Simin, MA Jianzhong, et al. Effects of binders on electrochemical properties of the SnS_2 nanostructured anode of the lithium-ion batteries[J]. Journal of Alloys and Compounds,2017,698:828-834.

四、完成项目后的收获与体会(300字以内):

本团队从大二就已经开始关注钠离子电池负极材料的研究工作,在参与此次项目期间对过渡金属硫化物、生物碳材料复合工作有一定程度的了解,熟悉 SnS_2 材料的基本制备工艺,并参与了项目组相关项目的研究工作。通过实践项目,本团队成员实验操作、数据分析、论文专利撰写等各个方面能力有了很大提升,在一定程度上调动了团队成员对于科研工作兴趣,为今后工作奠定一定理论基础。同时,我们也希望今后能够有更多机会参与到各类科技竞赛活动中,全方面锻炼自己。

五、项目组承诺:

我保证上述填报内容的真实性,经费使用规范合理,项目成果无弄虚作假情况。

主持人签名:

项目组其他成员签名:

日期:

六、指导教师意见(手写)：

签名：

年　　月　　日

七、学院意见：

主管领导签字(盖章)：

年　　月　　日

八、学校验收意见：

专家评价：(　)优秀　(　)良好　　(　)合格　(　)不合格

盖章：

年　　月　　日

第5章 光催化材料

5.1 硫化锡-石墨烯复合型光催化剂的制备及对制革污水中低浓度重金属铬(Ⅵ)的光还原性能研究

**大学生创新创业训练计划
项目申报表**

推 荐 学 校	陕西科技大学
项 目 名 称	硫化锡-石墨烯复合型光催化剂的制备及对制革污水中低浓度金属铬(Ⅵ)的光还原性能研究
项 目 类 型	创新训练
项 目 负 责 人	官 杰
申 报 日 期	2014.05

陕西省教育厅 制

二〇一四年五月

项目名称	硫化锡-石墨烯复合型光催化剂的制备及对制革污水中低浓度重金属铬(Ⅵ)的光还原性能研究					
项目类型	(√)创新训练项目　(　)创业训练项目　(　)创业实践项目					
项目实施时间	起始时间:2014年05月　　　　完成时间:2015年04月					
申请人或申请团队		姓名	年级	学校	所在院系/专业	联系电话	E-mail
	主持人	官杰	12级	陕西科技大学	材料科学与工程学院/无机非金属材料工程专业	略	略
	成员	杨洋	12级	陕西科技大学	材料科学与工程学院/无机非金属材料工程专业	略	略
		同晨博	12级	陕西科技大学	资源与环境学院/皮革专业	略	略
		沈婉秋	11级	陕西科技大学	材料科学与工程学院/材料化学专业	略	略
		郭凯	11级	陕西科技大学	材料科学与工程学院/材料化学专业	略	略
指导教师	姓名	刘辉		研究方向		新能源与环境材料
	年龄	略		行政职务/专业技术职务		系主任/副教授
	主要成果	刘辉,博士(后),副教授,硕士研究生导师,陕西科技大学学术骨干。2008年毕业于西北工业大学理学院应用物理系,获材料物理与化学专业博士学位,同年进入陕西科技大学材料科学与工程学院工作,主要从事新型纳米结构材料及新能源与环境材料的合成、表征与应用研究。作为项目负责人和主要技术骨干参与了"十二五"科技支撑计划研究项目(2011BAE30B01)、博士后基金(20080440185、200902584)、国家自然科学基金(51272147)以及陕西省专项研究基金(12JK0467)等多项科研任务,发表论文和申请专利30余篇(项)。2012年、2013年分别作为第一完成人获得中国轻工业联合会科技进步三等奖、陕西省高等学校科学技术二等奖和咸阳市科技进步三等奖各一项。					

一、项目实施的目的、意义

本项目主要致力于制备具有不同复合方式的硫化锡-石墨烯复合型光催化剂,并测试其对水体中低浓度金属铬(Ⅵ)的光催化还原性能,形成具有自主知识产权的核心技术的硫化锡-石墨烯复合型光催化剂材料样品,具体研发目标为:①获得各种不同负载方式的硫化锡-石墨烯复合型关催化剂材料,获取相关制备工艺的核心技术并申请专利;②所制备的复合型光催化剂对水体中低浓度金属铬(Ⅵ)污染物具有良好的光催化性能。

当前,有关半导体光催化技术的研究主要集中在两个领域:一是水体中有机污染物的降解,一是利用光催化剂分解水制氢的洁净能源生产技术。但是,水体中另外一种重要的污染物——重金属污染的光催化治理一直鲜有研究报道。而作为水体中可以与有机污染物同样值得关注的重金属污染主要为铅、铬(Ⅵ)、镉、砷和汞等,由其所引发的生态环境安全、饮用水安全、食品安全和人类健康问题越来越突出。其中,由制革、电镀、化工等行业所产生的重金属铬(Ⅵ)污染因其能够诱导有机体物质突变,从而产生肺部充血和肝损伤等一系列疾病受到普遍的关注。目前,重金属铬(Ⅵ)污染物的去除方法主要有还原法、化学和物理吸附法以及絮凝沉降法等,但是这些方法均需要使用大量的化学剂,且工艺过程比较复杂。另外,这些方法的最大缺点在于难于对水体中低浓度的重金属铬(Ⅵ)污染物进行有效的去除。

硫化锡-石墨烯复合型光催化剂作为一种新型复合光催化材料,将充分利用石墨烯表面所具有的羟基、羧基等阴离子官能团对水体中低浓度重金属铬(Ⅵ)污染物进行有效富集,而且具有窄禁带宽度的硫化锡能够使得其光催化还原得以在可见光波段进行。因此,硫化锡-石墨烯复合型光催化剂的制备、界面过程以及构效关系等都必将对水体中低浓度重金属铬(Ⅵ)污染物的光催化还原性能产生极大的影响。本项目的研究有望为石墨烯-硫化物半导体复合型光催化材料的制备和功能拓展提供一种新的思路和理论依据,所制备的硫化锡-石墨烯复合型光催化材料在环境净化,特别是在对水体中低浓度重金属污染物的去除、自清洁材料和先进新能源等领域得到广泛应用。因此,本项目研究工作具有较强的科学意义和工程实用价值,应用前景广阔。

二、项目研究内容和拟解决的关键问题:

1. 研究内容

(1)研究采用Hummers法制备具有片层状结构的微米和纳米石墨烯的关键技术,获得尺寸在微米或纳米范围内的、具有片层状结构的石墨烯粉体材料,并对石墨烯的Hummers法制备过程和机理进行研究,确定片层状石墨烯的微观形貌、结构特征与①各步骤反应中的反应温度;②还原剂的种类和用量;③样品的后处理技术程序等制备条件之间的关系和规律。

(2)在制备片层状石墨烯的基础上,以四氯化锡为锡源、硫代乙酰胺为硫源,采用水热技术制备硫化锡-石墨烯复合体系,实现简单混合、插层和石墨烯与硫化锡层叠结构等形式的硫化锡-石墨烯复合型光催化剂。研究其微观形貌、结构特征与①石墨烯的用量及石墨烯与硫化锡在复合体系中所占比例;②硫化锡在水热过程中的加入量、反应时间和温度;③硫化锡的形成对石墨烯片层状结构,以及硫化锡产物的粒径、形貌等对产物的微观形貌的影响;④各种不同复合形式对硫化锡产物的微观形貌的要求及水热步骤;⑤样品的后处理方式等制备条件之间的关系和规律。

(3)硫化锡-石墨烯复合体系对重金属铬(Ⅵ)的光催化还原性能研究,主要包括:①对复合体系的 UV－vis 光区光催化还原性能进行测试和分析;②建立体系的组分、微观形貌和复合方式等与其催化性能之间的关联;③分析复合体系中各组分、复合方式和界面特征等对材料催化性能的协同作用,建立复合体系与催化性能之间的构效关系。

2.拟解决的关键问题

①样品制备。采用 Hummers 法制备具有片层状结构的石墨烯材料,进而通过水热技术制备具有不同复合方式的硫化锡-石墨烯复合型光催化剂材料,通过改变水解过程中的组分、浓度、表面活性剂的种类和浓度、水热步骤、样品的后处理程序等实现不同复合方式的复合体系的制备。②进行成分、结构和形貌测定。对硫化锡-石墨烯复合型光催化剂用 X 射线衍射(XRD)、扫描电子显微镜(SEM)、透射电子显微镜(TEM)、红外吸收谱、Raman 光谱、电子能谱等手段研究其结构、形貌和组分。③测试其光催化性能及与复合体系的构效关系。用光催化性能测试仪研究其对水体中低浓度金属铬(Ⅵ)的光催化还原性能,通过对光催化实验数据及复合体系中各组分、复合方式和界面特征等微观结构的分析,建立复合体系与催化性能之间的构效关系。

三、项目研究与实施的基础条件

本项目组具备良好的湿化学法合成纳米粉体材料并对其进行后处理及吸附和催化性能测试的研究基础,拥有纳米材料与纳米技术实验室及相关设备,主要设备包括比朗光催化性能测试仪、NOVA2000e 高速自动比表面与孔隙度分析仪、粉体吸附与催化性能测试仪、各种溶胶-凝胶化学反应装置、MDS－10 型多通量密闭微波化学工作站(工作条件 300 ℃－10 MPa)、各种聚四氟乙烯内衬水热反应釜、压力容器、搅拌器、电子分析天平、保护气氛高温热压烧结炉(石墨加热,2 200 ℃)、微机控温高温炉($MoSi_2$ 棒加热)、空气气氛高温炉(SiC 棒加热)、马弗炉、真空干燥箱、功率可调变频超声波发生器、高速离心机、真空抽滤及各种湿化学制备粉体材料装置等。这些设备均可以用来制备纳米粉体材料和进行材料的后处理,并对产物的吸附性能进行测试和分析。本项目组所属陕西科技大学材料科学与工程学院还拥有德国耐驰综合热分析仪(1 600 ℃)、X 射线衍射分析仪、XRD、FT－IR、SEM、TEM、EDS、AFM、马尔文激光粒度测定仪等一系列分析测试设备,完全可以满足本项目的研究。项目组所在的陕西科技大学材料科学与工程学院拥有先进的仪器设备,在合成纳米粉体材料,特别是水热法合成纳米粉体材料研究方面具有多年的研究基础和丰富的实践经验,为本项目的实施奠定了良好的基础。项目组的教师和研究生从事相近或相关项目的研究,具有良好的学术和合作氛围。

四、项目实施方案

第一阶段:

采用改进的 Hummers 法和原位水解技术制备具有片层状结构的石墨烯材料,获得高品质单层和多层石墨烯材料,并初步探索硫化锡-石墨烯复合材料的制备方法和条件,为复合材料的制备奠定基础,确定材料形貌、微结构与制备条件之间的关系和规律。

第二阶段:

利用水热技术制备硫化锡-石墨烯复合型光催化剂材料,研究制备条件对各种不同复合方式光催化剂的影响,并探索复合体系的微观形貌和结构特征与制备条件的关系和规律。总结发表相关研究论文。

第三阶段：

复合体系对水体中低浓度重金属铬(Ⅵ)污染物光催化还原性能测试和实验结果分析，研究复合体系中各组分、复合方式和界面特征等对材料催化性能的协同作用，建立复合体系与催化性能之间的构效关系。总结研究工作，撰写研究报告，发表论文并申请专利。

五、学校可以提供的条件

本项目实施依托项目组所在单位——陕西科技大学，拥有设备完善的分析测试中心，如 X 射线光谱仪、扫描电镜等，丰富的图书馆文献、资料以及主要的材料专业数据库和高素质的科研团队，为项目的开展提供了坚实的基础。另外本项目为学校统一部署的 2014 年大学生创新训练项目，学校为本项目的原材料、组成和结构及性能测试等实施提供资金支持，保证了本项目的顺利实施。

六、预期成果

通过本项目的研究，将获得拥有自主知识产权的核心专利技术，获得具有优异光催化还原性能的硫化锡-石墨烯复合型光催化剂材料，并揭示材料的催化性能与微观结构之间的构效关系，同时申请并获得授权的核心技术国家发明专利 1 项，在国内外学术期刊上发表 1 篇与本项目相关的高质量论文。

七、经费预算

预计本项目研究经费 10 000 元，其中：

(1)材料费 4 000 元，主要是各种化学试剂的购买费用以及小型设备和水电等费用；

(2)测试费 3 000 元，主要用于硫化锡-石墨烯样品表征与性能测试；

(3)资料费 1 000 元，主要包括相关文献专利查阅及发表论文费用；

(4)鉴定验收费 1 000 万元，项目鉴定验收费用；

(5)其它费用 1 000 元。

八、导师推荐意见

制革、电镀、化工等行业产生的重金属铬，特别是低浓度的重金属铬污染物能够诱导有机体物质突变从而产生肺部充血和肝损伤等一系列疾病受到普遍的关注。近年来，从一般单体光催化技术为基础发展的光催化还原技术因其在金属催化还原方面的特殊作用而崭露头角。但是对于低浓度重金属的光催化还原问题因重金属离子的富集难度较高一直鲜有进展。本项目提出石墨烯与二硫化锡复合型光催化材料，充分利用石墨烯对低浓度重金属离子的富集作用和二硫化锡优异的光催化还原能力对水体中的低浓度重金属铬进行光催化还原处理，项目立项依据较为充分，有一定的创新性，可行性论证充分合理，因此，本项目研究具有较高的可行性。

签名：

年　月　日

九、院系推荐意见 　　　　　院系负责人签名：　　　学院盖章 　　　　　　　　　　　　　　　　　　年　月　日
十、学校推荐意见： 　　　　　学校负责人签名：　　　学校盖章 　　　　　　　　　　　　　　　　　　年　月　日
十一、省教育厅评审意见： 　　　　　单位盖章 　　　　　　　　　　　　　　　　　　年　月　日

大学生创新创业训练项目结题验收表

（☑国家级　□省级　□校级）

项目名称：　硫化锡-石墨烯复合型光催化剂的制备及对制革污水中低浓度重金属铬（Ⅵ）的光还原性能研究

项目编号：　201410708007

主　持　人：　官　杰

项目组成员：　杨　洋、同晨博、沈婉秋、郭　凯

指导教师：　刘　辉

所在学院：　材料科学与工程

立项年度：　2014

填表日期：　2015.05

陕西科技大学教务处　制

项目名称	硫化锡-石墨烯复合型光催化剂的制备及对制革污水中低浓度重金属铬(Ⅵ)的光还原性能研究					
项目等级	(√)国家级 ( )省级 ( )校级			项目编号		201410708007
项目类别	(√)创新训练项目 ( )创业训练项目					
主持人姓名	官 杰		班级	材料教改班12级	联系方式	略
项目组其他成员	序号	姓名	班级	承担工作任务		
	1	杨 洋	材料122	研究实验方案,计算实验所需药品量,通过实验进行样品制备		
	2	同晨博	皮革教改班12级	硫化锡-石墨烯光催化材料的制备		
	3	沈婉秋	材化112	对所制得的样品进行 XRD、SEM 等测试表征		
	4	郭 凯	材化112	对测试出的实验数据进行整理作图,并进行初步分析		
指导教师	刘 辉		职称	副教授	研究方向	无机非金属材料
项目经费	10 000 元		立项时间	2014.05	完成时间	2015.04

一、项目实施情况(立项依据、研究内容、研究结果等 1 000 字以内):

1.立项依据

目前,重金属铬(Ⅵ)污染物的去除方法主要有还原法、化学和物理吸附法以及絮凝沉降法等,但是这些方法均需要使用大量的化学剂,且工艺过程比较复杂。另外,这些方法的最大缺点在于难于对水体中低浓度的重金属铬(Ⅵ)污染物进行有效的去除。基于此,需要寻找一种新的方法来降解重金属铬(Ⅵ)。硫化锡-石墨烯作为一种新型复合光催化材料,将充分利用石墨烯表面所具有的羟基、羧基等阴离子官能团对水体中低浓度重金属铬(Ⅵ)污染物进行有效富集,而且具有窄禁带宽度的硫化锡能够使其光催化还原得以在可见光波段进行。因此,硫化锡-石墨烯复合型光催化剂的制备、界面过程以及构效关系等都必将对水体中低浓度重金属铬(Ⅵ)污染物的光催化还原性能产生极大的影响。

2.研究内容

(1)具有片层状结构高品质石墨烯的制备与微观形貌和结构的表征;

(2)硫化锡-石墨烯复合型光催化剂的制备与微观形貌和结构的表征;

(3)硫化锡-石墨烯复合体系对重金属铬(Ⅵ)的光催化还原性能研究。

3.研究结果

采用改良的 Hummers 法制备出氧化石墨烯,氧化石墨烯溶度为 0.25 mg/mL。五水四氯化锡与硫脲我的物质的量之比为 1∶5、反应温度为 180℃、反应时间为 24 h 条件下制备出的 SnS_2/石墨烯复合光催化剂对六价重金属铬(Ⅵ)离子有较强的还原催化作用。随着可见光照射时间的延长,重金属铬(Ⅵ)离子不断被还原,并且在可见光照射下 120 min 时其还原能力达到 90% 以上,这说明所制备的 SnS_2/石墨烯复合光催化材料能够有效地去除水体中的重金属铬(Ⅵ)污染物,达到了预期的目标。

二、项目创新点与特色(包括使用了什么样的创新方法、手段,项目的科学意义和应用价值等,500 字以内):

1.创新点

(1)硫化锡-石墨烯复合体系的 Hummers 法和原位水解技术制备为自主探索所得,体系的微观形貌和复合方式具有适度的可调性,且制备技术简单、易操作和重复性好;

(2)具有不同复合方式和微结构特征的硫化锡-石墨烯复合体系可能具有新的物理特性;

(3)复合体系中各组分、复合方式和界面特征等微观结构与光催化性能之间的关联将对新能源与环境材料的研究奠定基础。

2.科学意义与应用价值

本项目的研究为石墨烯-硫化物半导体复合型光催化材料的制备和功能拓展提供了一种新的思路和理论依据,所制备的硫化锡-石墨烯复合型光催化材料在环境净化,特别是在对水体中低浓度重金属污染物的去除、自清洁材料和先进新能源等领域得到广泛应用。因此,本项目研究工作具有较强的科学意义和工程实用价值,应用前景广阔。

三、项目成果:包括理论、应用、技术等方面取得的成果,成果的具体形式包括发表论文(应注明论文题目、发表刊物、发表时间、作者等详细信息)、专利(专利申请及获批、专利名称、专利号、申请人、获得日期等信息)、研究报告、实物、软件、图纸、获奖证书等。

项目申请书中的预期成果及成果提交形式:	项目结题时取得的成果:
通过本项目的研究,将获得拥有自主知识产权的核心专利技术,获得具有优异光催化还原性能的硫化锡-石墨烯复合型光催化剂材料,并揭示材料的催化性能与微观结构之间的构效关系,同时申请并获得授权的核心技术国家发明专利 1 项,在国内外学术期刊上发表 1 篇与本项目相关的高质量论文。	(1)成功制备出具有优异光催化还原性能的硫化锡-石墨烯复合型光催化剂材料。 (2)就本项目的相关研究成果申请中国发明专利 1 项,已受理申请。 (3)发表论文 1 篇: LIU Hui, DENG Lu, ZHANG Zhifu, et al. One-step in-situ hydrothermal synthesis of SnS_2/reduced graphene oxide nanocomposites with high performance in visible light-driven photocatalytic reduction of aqueous Cr(Ⅵ)[J]. Journal of Materials Science, 2015, 50:3207-3211.

四、完成项目后的收获与体会（300字以内）：

　　本项目已经完成，在此期间，项目成员积极参与，分工明确，定期进行小组讨论和学习，在实验室做实验使我们了解到更深层次与项目相关的信息，并多次与导师谈话，我们组成员有了更多的想法和实践方案，基于大家的相互协助，现在已经有了项目专利书1份，正在实审阶段，发表1篇英文论文。国家大学生创新性实验项目给我们提供了展现创新能力的平台，极大地调动了我们主动学习的积极性，培养了我们团队合作精神，同时也锻炼了我们的组织、协调能力，让我们逐渐掌握了思考问题、解决问题的方法，大大提高了我们的创新实践的能力。感谢老师的指导和组员们的共同奋斗，在以后的学习生活中，我们还需继续努力。

五、项目组承诺：

　　我保证上述填报内容的真实性，经费使用规范合理，项目成果无弄虚作假情况。

　　主持人签名：　　　　　　项目组其他成员签名：

　　　　　　　　　　　　　　　　　　　　　　　　　日期：

六、指导教师意见（手写）：

　　签名：

　　　　　　　　　　　　　　　　　　　　　　年　　月　　日

七、学院意见：

　　主管领导签字（盖章）：

　　　　　　　　　　　　　　　　　　　　　　年　　月　　日

八、学校验收意见：

　　　　　　　专家评价：（　）优秀　（　）良好　（　）合格　（　）不合格

　　　　　　　　　　　　　　　　　　　　　　盖章：

　　　　　　　　　　　　　　　　　　　　　　年　　月　　日

5.2 纯相纳米 Bi_2SiO_5 粉体的制备及性能研究

大学生创新创业训练计划
项目申报表

推 荐 学 校　　陕西科技大学

项 目 名 称　　纯相纳米 Bi_2SiO_5 粉体的制备及性能研究

项 目 类 型　　创新训练项目

项 目 负 责 人　　高　辉

申 报 日 期　　2015.05

陕西省教育厅 制

二〇一五年四月

项目名称		纯相纳米 Bi_2SiO_5 粉体的制备及性能研究					
项目类型		(√)创新训练项目　（　）创业训练项目　（　）创业实践项目					
项目实施时间		起始时间：2015 年 05 月　　　完成时间：2016 年 05 月					
申请人或申请团队		姓名	年级	学校	所在院系/专业	联系电话	E-mail
	主持人	高辉	大三	陕西科技大学	材料科学与工程学院	略	略
	成员	王众	大三	陕西科技大学	材料科学与工程学院	略	略
		许婷	大三	陕西科技大学	材料科学与工程学院	略	略
		刘敏	大二	陕西科技大学	材料科学与工程学院	略	略
		鲁建	大二	陕西科技大学	材料科学与工程学院	略	略
指导教师	姓名	伍媛婷		研究方向		纳米材料、超材料、光子晶体	
	年龄	略		行政职务/专业技术职务		副教授	
	主要成果	[1] 王秀峰，伍媛婷. 微电子材料与器件制备技术[M]. 北京：化学工业出版社，2008. [2] WU Yuanting, WANG Xiufeng. Rapid preparation of hexagonal and square array colloidal crystal via electrophoresis—assisted self-assembly method[J]. Materials Letters, 2015, 142：109-111. [3] WU Yuanting, WANG Xiufeng. Preparation and characterization of single-phase α-Fe_2O_3 nanopowders by pechini sol-gel method short communication[J]. Materials Letters, 2011, 65(13)：2062-2065. [4] WU Yuanting, WANG Xiufeng, YU Chenglong, et al. Preparation and characterization of Barium Titanate (BaTiO3) Nano-powders by pechini sel-gel method[J]. Materials and Manufacturing Processes, 2012, 27：1329-1333.					

[5] 伍媛婷,王秀峰,李二元,等.双尺寸胶体晶体的制备及其结构表征[J].人工晶体学报,2013,42(1):42-46.

[6] 伍媛婷,王秀峰,刘静,等.SiO_2-$BaTiO_3$异质双尺寸超材料结构的制备[J].人工晶体学报,2013,42(10):2200-2203.

[7] 伍媛婷,王秀峰.一种亚微米二氧化硅球体颗粒的制备方法:ZL201010232223.2[P].2012-06-27.

[8] 伍媛婷,王秀峰.一种球形二氧化硅纳米粉体的制备方法:ZL201010232224.7[P].2012-05-09.

[9] 伍媛婷,王秀峰.一种纳米α-氧化铁粉体的制备方法:200910023687.X[P].2011-05-18.

[10] 伍媛婷,王秀峰.一种板状钛酸钡纳米粉体的制备方法:ZL201010232215.8[P].2012-12-19.

[11] 伍媛婷,王秀峰.一种TiO_2/SiO_2复合粉体的制备方法:ZL201010232209.2[P].2012-11-07.

一、项目实施的目的、意义

硅酸铋(BSO)是一种十分重要的功能材料,具有独特的光电、电导、声光、压电、铁电性能,可以用来制造高性能光折变晶体、光变色玻璃、高温超导体、电子陶瓷、高选择性催化剂等,在工业、国防、航空、航天、信息、环境、生物医学等领域具有广泛的应用。研究 Bi_2O_3-SiO_2 系统晶体的制备及性能是掌握形成氧化铋和含铋氧化物材料的重要基础。

近年来,有关 Bi_2O_3-SiO_2 系统的研究大多围绕相平衡、$Bi_{12}SiO_{20}$ 等晶体制备、材料性能测定及应用展开。已知该系统熔体中可以析出的晶体有 $Bi_{12}SiO_{20}$、$Bi_4Si_3O_{12}$ 和 Bi_2SiO_5,其中,前两种是稳定化合物,Bi_2SiO_5 是亚稳态。$Bi_{12}SiO_{20}$ 单晶制备及应用已经比较成熟,但是针对 Bi_2O_3-SiO_2 系统中亚稳态 Bi_2SiO_5 的晶体生长和性质的报道还不多见。总的来说,目前对该系统的全面研究仍十分欠缺,众多的研究工作尚未展开,晶体生长的基本规律、条件、性能改善及对结晶的影响因素还未查明,诸多现象仍然无法解释。因此,开展该系统纯相晶体的制备、结晶行为及性能的研究,对发展该系统新功能晶体材料具有迫切而现实的意义。

亚稳相晶体 Bi_2SiO_5 具有介电、热电以及非线性光学等性质,它的非对称晶体结构使其可能具有铁电性质,已被广泛用于催化剂及辐射探测等领域,由于晶体生长方面存在的困难,有关 Bi_2SiO_5 晶体各种性能应用的报道尚缺。目前,硅酸铋粉体的制备方法主要有固相法、溶胶-凝胶法、水热法和熔盐法等。在 Bi_2O_3-SiO_2 系统晶体的制备中,存在两方面的问题,一方面是反应的均匀性问题,特别是固相反应中,由于 Bi_2O_3 和 SiO_2 的密度不同,造成两者混合不均匀,导致杂相的生成;另一方面,Bi_2O_3 的挥发性也易导致反应体系中 $n_{Si}:n_{Bi}$ 不符合化合物晶相的计量比,导致杂相的生成以及 Bi_2O_3 的污染。如何避免这两方面的问题,合成纯相硅酸铋晶体是目前 Bi_2O_3-SiO_2 系统晶体研究的热点之一。针对纯相亚稳相 Bi_2SiO_5 粉体的制备,除了考虑以上问题外,还应考虑杂相的存在,这主要是由于稳定相 $Bi_{12}SiO_{20}$ 的结晶温度与 Bi_2SiO_5 的结晶温度相近。

项目组在前期大量的研究工作中,应用 Pechini 溶胶-凝胶法合成了多种金属氧化物,如氧化钛、氧化硅、氧化铁、钛酸钡等晶体,通过这些研究发现,Pechini 溶胶-凝胶法中利用柠檬酸、聚乙二醇和乙二醇等络合剂和分散剂,可将离子络合形成大的网络结构,使各类离子均匀地存在于溶胶-凝胶体系中,而且采用不同的络合过程,可以获得不同的结晶过程,有效避免或减少难去除的中间相的生成,这点不仅有利于 Bi 离子和 Si 离子在前驱体中的均匀分布,而且可有效控制氧化铋的生成,因此,合成纯相 Bi_2SiO_5 晶相是可行的。采用 Pechini 溶胶-凝胶法制备 Bi_2SiO_5 粉体的初步实验表明,通过对前驱体的调配以及煅烧温度制度的合理调整,可有效减少中间相的生成,这为各工艺因素对制备纯相硅酸铋粉体的影响的研究奠定了良好的基础。但是,目前对于此方法中制备工艺-结构-性能关系仍不明确,还有待研究探索。

总而言之,目前对于 Bi_2SiO_5 晶相的制备已有一定的成果,为本项目中纯相 Bi_2SiO_5 晶相的制备、晶体生长机理及其性能研究的探索奠定了基础。本项目组在前期研究工作的基础之上,结合新工艺和新思路,有望获得纯相 Bi_2SiO_5 晶相,研究各工艺因素对 Bi_2SiO_5 粉体的晶相组成、形貌和结晶过程的影响规律,分析其晶体生长机理,探索其性能,建立制备工艺-结构-性能关系,这利于 Bi_2SiO_5 晶相新工艺的开发,为 $Bi_2O_3-SiO_2$ 系统中 Bi_2SiO_5 的开发和应用提供新的工艺和思路,拓宽其应用领域。

本项目的主要研究目的包括以下几点:

(1)采用 Pechini 溶胶-凝胶法合成出纯相纳米 Bi_2SiO_5 粉体,明确获得纯相 Bi_2SiO_5 粉体的制备方法及工艺条件。

(2)深入研究各工艺参数对 Bi_2SiO_5 粉体的形貌和晶相的影响,探索各影响因素对晶体的结晶过程的影响,阐明 Bi_2SiO_5 粉体的晶体生长机制。

(3)阐明 Bi_2SiO_5 粉体的性能,揭示 Bi_2SiO_5 粉体的结构与性能的关系,建立硅酸铋粉体的制备工艺-结构-性能的关系。

二、项目研究内容和拟解决的关键问题

1.研究内容

(1)纯相 Bi_2SiO_5 纳米粉体的制备工艺研究。拟采用 Pechini 溶胶-凝胶法制备纯相 Bi_2SiO_5 纳米粉体,研究分散剂和络合剂的种类和浓度、pH 值、前驱体的配制过程、$n_{Si}:n_{Bi}$、水浴方式及温度、煅烧温度制度等对所得 Bi_2SiO_5 粉体的晶相和形貌的影响规律,揭示分散剂的种类和用量、络合剂(柠檬酸)的用量、$n_{Si}:n_{Bi}$、前驱体的配制过程及其 pH 值、煅烧温度制度对硅酸铋粉体材料结晶过程及晶粒生长过程的影响规律。

(2)Bi_2SiO_5 粉体的晶体生长机制及其性能研究。结合各工艺因素对 Bi_2SiO_5 粉体的影响,探索 Pechini 溶胶-凝胶法中 Bi_2SiO_5 粉体的结晶过程及晶体生长机制,进一步研究 Pechini 溶胶-凝胶法制备的 Bi_2SiO_5 粉体的工艺原理和反应机制。探索所制备 Bi_2SiO_5 粉体的光学等性能,结合所分析的 Bi_2SiO_5 粉体的晶体结构探索结构与性能的关系。

2.拟解决的关键问题

(1)均匀溶胶前驱体的配制及凝胶化过程的均匀化控制,是形成纯相硅酸铋粉体的关键问题之一。

本项目的创新之处在于利用了 Pechini 溶胶-凝胶法中的络合剂使硅离子和铋离子均匀存在于前驱体中,从而获得纯相 Bi_2SiO_5 粉体。在本项目中,需要利用 Pechini 溶胶-凝胶法中络合剂和分散剂使金属离子均匀存在于络合物中,但在配制前驱体时,硝酸铋在氨水的存在下易形成沉淀,而将柠檬酸溶于氨水中,有利于柠檬酸的络合作用。本项目拟通过调节前驱体的配制过程、溶剂的种类、pH 值、$n_{柠檬酸}:n_{离子}$ 等,研究获得配制无沉淀的均匀溶胶-凝胶的工艺参数。

(2)凝胶在热处理过程中的结晶过程控制是获得纯相硅酸铋粉体的另一个关键问题。

在制备硅酸铋粉体的过程中,易生成中间相 Bi_2O_3 晶相,而 Bi_2O_3 具有一定的挥发性,这将造成所制备的粉体中 n_{Bi} 与 n_{Si} 的比值不符合化学剂量比,从而造成杂相的生成,因此如何在热处理过程中控制结晶过程,是能否获得纯相硅酸铋粉体的另一个关键问题。本项目中,一方面通过对 $n_{柠檬酸}:n_{离子}$、$n_{Si}:n_{Bi}$ 以及前驱体的配制过程的控制,改变中间相以避免 Bi_2O_3 晶相的生成;另一方面,可以通过控制煅烧温度制度,利用有机物的燃烧分解,更有效地避免中间相 Bi_2O_3 晶相的生成,从而获得纯相 Bi_2SiO_5 粉体。

三、项目研究与实施的基础条件

本项目有关材料的制备将安排在指导教师实验室及学院相关实验室完成,实验室目前拥有电热恒温水浴锅、多头磁力加热搅拌器、自制电泳提拉沉积设备、恒温磁力搅拌器、精密增力电动搅拌器、气氛高温炉(1 300℃)、马弗炉、台式离心机、微机控温高温炉(1 700℃、1 350℃)、电热恒温干燥箱、真空干燥箱、离心机、旋涂仪、热台、数控超声波清洗器、电子分析天平等。所在学校及学院还拥有 X 射线衍射仪、热分析仪、红外光谱仪、紫外可见近红外光谱仪、显微共焦激光拉曼光谱仪、场发射扫描电子显微镜、Zeta 电位粒度仪、原子力显微镜、黏度计、阻抗分析仪、荧光光谱仪等一系列分析测试设备。依托陕西科技大学教育部轻化工助剂重点实验室以及陕西省新型功能陶瓷材料与器件工程研究中心,可以满足本实验的研究。另外,学校现有资料基本满足本项目的研究需要,可提供多个国内外电子图书及期刊全文数据库。

本项目指导老师多年从事纳米粉体材料的研究,近年来在溶胶-凝胶法制备纳米粉体研究方面做了大量工作,为项目提供良好的研究基础。本项目组成员在指导老师的引导下对异质光子晶体的研究方法有了一定认识,并做了前期的调研工作,开始了一部分实验工作,为项目的成功完成奠定了基础。项目组成员在专业方面都有比较系统的学习,比较深入的了解,具有较强的团队合作意识与上进心,主攻方向明确,研究方案合理可行,技术路线可操作性强,易于实现。项目组拥有所需常规的制备设备和分析仪器,有助于项目的顺利进行。因此,如果获得资助,项目可望顺利实施,达到制定的各项目标,并获得相应的研究成果。

四、项目实施方案

本项目的技术路线图如图 5-1 所示,其中以硅酸铋粉体的制备及结构和性能研究为主线,具体的实施方案包括以下两个方面。

(1)纯相纳米 Bi_2SiO_5 粉体的制备工艺研究。以硝酸铋、正硅酸乙酯等为原料,柠檬酸、聚乙二醇、乙二醇等为络合剂和分散剂,采用 Pechini 溶胶-凝胶法配制前驱体,研究分散剂和络合剂的种类和浓度、pH 值、前驱体的配制过程、$n_{Si}:n_{Bi}$、水浴方式及温度等对所配制前驱体均匀度及凝胶化均匀性的影响,通过工艺因素探索,配制出均匀的前驱体,并使其在凝胶化过程中无沉淀和偏析现象的产生。进一步将凝胶干燥发泡及煅烧后获得 Bi_2SiO_5 粉体,分别采用 X 射线衍射仪(XRD)、热分析仪、傅里叶红外光谱仪(FT-IR)、场发射扫描电子显微镜(FE-SEM)和透射电子显微镜(TEM)分析粉体的晶型、结晶过程、收缩率、形貌及粒径等,探索分散剂和络合剂的种类和浓度、pH 值、前驱体的配制过程、$n_{Si}:n_{Bi}$、水浴方式及温度、煅烧温度制度等对所得 Bi_2SiO_5 粉体的晶相和形貌的影响规律,优化工艺,探索获得纯相 Bi_2SiO_5 晶相的工艺参数,进一步探索硅酸铋粉体的结晶过程。

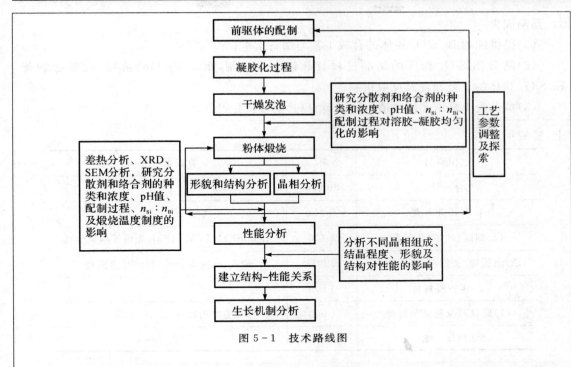

图 5-1 技术路线图

（2）Bi_2SiO_5 粉体的晶体生长机制及其性能研究。采用 Smileview 图像处理程序对 Bi_2SiO_5 粉体的粒径及其分布进行分析，结合 XRD 计算结果及粒度仪的测定分析所得粉体的晶粒尺寸、颗粒尺寸及其粒径分布，并结合对硅酸铋粉体的中间相的组成及结晶过程，探索 Bi_2SiO_5 粉体的晶体生长机制。采用荧光光谱仪、紫外可见近红外光谱仪等分析所制备的 Bi_2SiO_5 粉体的性能，研究所得 Bi_2SiO_5 粉体的晶相组成、结晶成度、杂相、形貌及结构等对性能的影响，建立制备工艺-结构-性能关系，从而进一步分析晶体的生长机制，并得出获得纯相 Bi_2SiO_5 粉体的工艺条件。

五、学校可以提供的条件

本项目有关材料的制备将安排在指导教师实验室及学院相关实验室完成，实验室目前拥有电热恒温水浴锅、多头磁力加热搅拌器、自制电泳提拉沉积设备、恒温磁力搅拌器、精密增力电动搅拌器、气氛高温炉（1 300℃）、马弗炉、台式离心机、微机控温高温炉（1 700℃、1 350℃）、电热恒温干燥箱、真空干燥箱、离心机、旋涂仪、热台、数控超声波清洗器、电子分析天平等。所在学校及学院还拥有X射线衍射仪、热分析仪、红外光谱仪、紫外可见近红外光谱仪、显微共焦激光拉曼光谱仪、场发射扫描电子显微镜、Zeta电位粒度仪、原子力显微镜、黏度计、阻抗分析仪、荧光光谱仪等一系列分析测试设备。依托陕西科技大学教育部轻化工助剂重点实验室以及陕西省新型功能陶瓷材料与器件工程研究中心，可以满足本实验的研究。另外，学校现有资料基本满足本项目的研究需要，可提供多个国内外电子图书及期刊全文数据库。对于纯相 Bi_2SiO_5 粉体的制备、形貌、晶相组成、结构分析及性能等方面的检测提供了条件。

六、预期成果

(1) 提供纯相 Bi_2SiO_5 粉体的合成工艺与制备技术;

(2) 阐明 Bi_2SiO_5 粉体的结晶过程及晶体生长机制,揭示 Pechini 溶胶-凝胶法制备 Bi_2SiO_5 粉体的工艺原理及反应机制;

(3) 拟发表 1 篇论文或申请 1 项发明专利,撰写研究报告。

七、经费预算

支出科目	金额/元	计算根据及理由
合　计	10 000	
1. 科研业务费	5 200	
(1) 测试/计算/分析费	3 200	XRD、SEM、TEM、AFM、光谱等测试分析
(2) 出版物/文献/信息传播费	2 000	论文、研究报告等版面费、通信费
2. 实验材料费	4 800	
(1) 原材料及药品购置费	4 000	实验用原料、试剂、药品等
(2) 其　他	800	消耗材料

八、导师推荐意见

该项目组成员对材料物理方向进行了系统性学习,具有较强的动手能力和创新能力,在"纯相纳米 Bi_2SiO_5 粉体的制备及性能研究"方面的研究有一定的基础。且该项目组成员参与了本项目的前期研究工作,组成人员包含了大三及大二两级的学生,结构合理,有利于本项目的进一步研究及延续。本项目的选择属于科研前沿,具有创新性,有利于大学生的动手动脑能力的培养,项目方案设计合理,实验方案可行,同意推荐申请。

签名:

年　月　日

九、院系推荐意见

院系负责人签名:　　　　　　　　　　　学院盖章

年　月　日

十、学校推荐意见
   　　　　　　　　学校负责人签名：　　　　　　　　　学院盖章 　　　　　　　　　　　　　　　　　　　　　　　　　年　月　日
十一、省教育厅评审意见
   　　　　　　　　　　　　　单位盖章 　　　　　　　　　　　　　　　　　　　　　　　　　年　月　日

大学生创新创业训练项目结题验收表

（☑国家级　□省级　□校级）

项　目　名　称：　纯相纳米 Bi_2SiO_5 粉体的制备及性能研究

项　目　编　号：　201510708153

主　持　人：　高　辉

项目组成员：　王　众、许　婷、鲁　建、刘　敏

指　导　教　师：　伍媛婷

所　在　学　院：　材料科学与工程学院

立　项　年　度：　2015

填　表　日　期：　2016.10

陕西科技大学教务处　制

项目名称	纯相纳米 Bi_2SiO_5 粉体的制备及性能研究					
等级	(√)国家级　(　)省级　(　)校级			项目编号		201510708153
项目类别	(√)创新训练项目　(　)创业训练项目					
主持人姓名	高辉		班级	材物121	联系方式	略
项目组其他成员	序号	姓名	班级	承担工作任务		
	1	王 众	材物122	Bi_2SiO_5 纳米粉体的制备		
	2	许 婷	材物121	纯相 Bi_2SiO_5 纳米粉体的制备		
	3	鲁 建	材物131	纳米粉体的结晶过程及反应机理分析		
	4	刘 敏	材物132	Bi_2SiO_5 纳米粉体晶相和形貌分析		
指导教师	伍媛婷		职称	副教授	研究方向	纳米材料、超材料、光子晶体
项目经费	10 000元		立项时间	2015.05	完成时间	2016.05

一、项目实施情况（立项依据、研究内容、研究结果等 1 000 字以内）：

硅酸铋（BSO）是一种十分重要的功能材料，具有独特的光电、电导、声光、压电、铁电性能，可以用来制造高性能光折变晶体、光变色玻璃、高温超导体、电子陶瓷、高选择性催化剂等，在工业、国防、航空、航天、信息、环境、生物医学等领域具有广泛的应用。目前，针对 Bi_2O_3-SiO_2 系统中亚稳态 Bi_2SiO_5 的晶体生长和性质的报道并不多见，其晶体生长基本规律、条件、性能改善及对结晶的影响因素还未查明，诸多现象仍然无法解释。因此，开展该系统纯相晶体的制备、结晶行为及性能的研究，对发展该系统新功能晶体材料具有迫切而现实的意义。

本项目组在前期指导教师的指导下研究发现可采用 Pechini 溶胶-凝胶法中络合剂和分散剂，将硅离子和铋离子络合形成大网络结构，从而使硅离子和铋离子均匀存在于体系中，使 Bi_2SiO_5 粉体的结晶过程更均匀，结合合理的热处理温度制度，获得纯相 Bi_2SiO_5 粉体。此项研究为亚稳相多元金属氧化物的合成提供新的工艺和思路，对于 Bi_2O_3-SiO_2 系统纯相粉体的制备及性能探索有着重要的意义。

本项目的主要研究内容和研究结果如下：

（1）以硝酸铋、正硅酸乙酯等为原料，以柠檬酸、聚乙二醇、乙二醇等为络合剂和分散剂，采用 Pechini 溶胶-凝胶法配制前驱体，研究分散剂和络合剂的种类和浓度、pH 值、前驱体的配制过程、$n_{Si}:n_{Bi}$、水浴方式及温度等对所配制前驱体均匀度及凝胶化均匀性的影响，通过工艺因素探索，配制出均匀的前驱体，并使其在凝胶化过程中无沉淀和偏析现象的产生。

（2）将所得前驱体经水浴、干燥和热处理过程获得了 Bi_2SiO_5 纳米粉体，并采用 X 射线衍射仪和场发射扫描电子显微镜（FE-SEM）对所制备的粉体进行了晶相和形貌的表征，获得了分散剂和络合剂的种类和浓度、pH 值、$n_{Si}:n_{Bi}$（物质的量比）、煅烧温度制度等因素对所得 Bi_2SiO_5 粉体的晶相和形貌的影响规律，研究表明，当 $n_{柠檬酸}:n_{离子}=2:1$，$n_{铋离子}:n_{硅离子}=1:5$，煅烧温度为 650℃时，可获得纯相 Bi_2SiO_5 纳米粉体。

(3)采用热分析仪对获得纯相 Bi_2SiO_5 纳米粉体的干凝胶进行了 TG-DSC 分析,获得结晶过程中产生变化的温度点,结合 X 射线衍射仪对不同温度点所得粉体进行晶相表征,由此分析了 Bi_2SiO_5 纳米粉体的中间相的组成和结晶过程。

二、项目创新点与特色(包括使用了什么样的创新方法、手段,项目的科学意义和应用价值等,500 字以内):

本项目以纯相 Bi_2SiO_5 亚稳相粉体的制备为出发点,利用络合剂和分散剂使铋离子和硅离子形成大分子网络结构,从而使离子均匀分布于凝胶体系中,通过研究络合剂和分散剂的用量、前驱体配制过程、热处理温度、煅烧温度制度、$n_{离子}:n_{柠檬酸}$、$n_{Bi}:n_{Si}$ 等工艺参数对所得粉体的晶相组成和形貌的影响,获得了制备纯相 Bi_2SiO_5 粉体的工艺条件,探索了所得粉体的光学性能。本项目研究成果对于亚稳相多元金属氧化物纯相的制备新工艺、硅酸铋体系粉体的结晶过程和性能探索具有重要意义。主要的创新点和特色包括以下几点:

(1)利用络合过程,通过工艺探索和优化,采用 Pechini 溶胶-凝胶法成功合成出纯相 Bi_2SiO_5 亚稳相粉体材料。

(2)获得各工艺参数对所得 Bi_2SiO_5 粉体的晶相组成和形貌的影响规律,探索了 Bi_2SiO_5 粉体的结晶过程及性能,这不仅为多金属氧化物的制备特别是亚稳相的制备提供新的工艺,还为硅酸铋体系性能的研究提供依据。

本项目的研究成果提供了一种制备纯相 Bi_2SiO_5 亚稳相粉体的工艺,为亚稳相粉体的制备与研究提供新思路,有利于硅酸铋特别是亚相 Bi_2SiO_5 粉体的结构与性能研究,拓宽其应用。

三、项目成果:包括理论、应用、技术等方面取得的成果,成果的具体形式包括发表论文(应注明论文题目、发表刊物、发表时间、作者等详细信息)、专利(专利申请及获批、专利名称、专利号、申请人、获得日期等信息)、研究报告、实物、软件、图纸、获奖证书等。

项目申请书中的预期成果及成果提交形式:	项目结题时取得的成果:
(1)提供纯相 Bi_2SiO_5 粉体的合成工艺与制备技术; (2)阐明 Bi_2SiO_5 粉体的结晶过程及晶体生长机制,揭示 Pechini 溶胶-凝胶法制备 Bi_2SiO_5 粉体的工艺原理及反应机制; (3)拟发表一篇论文或申请一项发明专利,撰写研究报告。	(1)通过工艺研究及优化,获得了制备纯相 Bi_2SiO_5 粉体的合成工艺与制备技术; (2)阐明了 Bi_2SiO_5 粉体的结晶过程,揭示了 Pechini 溶胶-凝胶法制备 Bi_2SiO_5 粉体的工艺原理及反应机制; (3)成功申请了一项中国发明专利: 伍媛婷,鲁建,栗梦龙,等.一种 Bi_2SiO_5 多孔材料的制备方法:201610292787.2[P].(已受理)

四、完成项目后的收获与体会(300 字以内):

经过一年的努力,大学生创新创业项目已落幕,本项目组的成员分工合理、精诚合作,为本项目的顺利完成奠定了基础。我们从项目的申请、实验方案的设计、实验的实施、实验的完善及结果测试分析等阶段学到了很多,不仅学习了文献的检索、数据的处理和分析方法,而且培养了我们提出问题、分析问题和解决问题的能力,培养了自身的创新意识与创新能力,提高了自身的动手能力。另外,从项目的实施过程发现,团队合作的力量是最重要的,本项目锻炼了自身的组织策划能力,培养了团队协作意识。项目的实施过程中遇到了许多困难,在老师的指导下,团队成员共同讨论,解决难题。本项目对我们是很好的历练,让我们学到了课本上学不到的知识。

五、项目组承诺:

我保证上述填报内容的真实性,经费使用规范合理,项目成果无弄虚作假情况。

主持人签名: 　　　　　项目组其他成员签名:

日期:

六、指导教师意见(手写):

签名:

年　　月　　日

七、学院意见:

主管领导签字(盖章):

年　　月　　日

八、学校验收意见:

专家评价:( )优秀　　( )良好　　( )合格　　( )不合格

盖章:

年　　月　　日

5.3 不同形貌 Sm_2O_3 微晶的可控合成及性能研究

大学生创新创业训练计划
项目申报表

推 荐 学 校	陕西科技大学
项 目 名 称	不同形貌 Sm_2O_3 微晶的可控合成及性能研究
项 目 类 型	创新训练项目
项 目 负 责 人	韩 鑫
申 报 日 期	2014.05

陕西省教育厅 制

二〇一四年五月

项目名称		不同形貌 Sm_2O_3 微晶的可控合成及性能研究					
项目类型		(√)创新训练项目　　(　)创业训练项目　　(　)创业实践项目					
项目实施时间		起始时间:2014 年 5 月　　　　　　　完成时间:2016 年 4 月					
申请人或申请团队		姓名	年级	学校	所在院系/专业	联系电话	E-mail
	主持人	韩　鑫	12 级	陕西科技大学	材料学院材料教改班	略	略
	成　员	宋华虎	11 级	陕西科技大学	材料学院材料化学	略	略
		裴宇梁	12 级	陕西科技大学	材料学院材料教改班	略	略
指导教师	姓名	殷立雄			研究方向	纳米材料、薄膜及涂层	
	年龄	略			行政职务/专业技术职务	副院长/副教授	
	主要成果	殷立雄,副教授,博士,硕士生导师,材料科学与工程学院副院长,陕西科技大学"学术骨干培育计划"入选者。主要从事功能纳米粉体、薄膜及涂层材料的液相制备及性能研究工作。目前主持陕西省自然科学基金 1 项以及教育厅、咸阳市和横向项目等 4 项,先后发表论文 10 余篇,申请发明专利 20 余项,授权 6 项,获得陕西省科学技术二等奖 1 项、厅局级奖 3 项。					

一、项目实施的目的、意义

由于稀土材料在光、电、磁等领域的应用具有特殊的能量转换、传输、存储功能,因而,通过对稀土原料的加工,目前已形成稀土永磁材料、稀土发光材料、稀土激光材料,稀土储氢材料等一批新兴功能材料[1-3]。纳米结构的稀土化合物材料因具有小尺寸效应、表面效应和量子尺寸效应等使其在光、电、磁及催化等方面表现出了常规材料所不具备的一些特性,稀土金属氧化物薄膜(如氧化钐、氧化铒、氧化钇、氧化饰和氧化铈等)由于具有良好的化学和热稳定性,被广泛地应用于高效发光器件、磁性材料、微电路电池、光电设备和光电仪器等,成为国内外学者争相研究的课题。另外,我国的稀土资源和产量在世界上占有优势,研究开发稀土材料并将其应用于各种功能材料中,将是一个前景非常广阔的研究开发领域[4-6]。

Sm_2O_3 是一种具有 4f 电子结构的宽禁带金属氧化物材料,常温下禁带宽度为 4~6 eV。Sm_2O_3 具有高的电阻率、高的介电常数、宽的禁带宽度、高的化学稳定性和热稳定性等特性,具有优越的电学、光学和磁学性能,可作为新一代的能量转化材料、半导体材料及高性能催化剂材料,被广泛应用于陶瓷电容器、汽车尾气处理和催化剂等方面,同时在陶瓷增韧改性及高温耐火材料等方面也具有潜在的应用前景[7-8]。另外,微晶 Sm_2O_3 还具有核性质,可用于原子能反应堆的结构材料、屏蔽材料和控制材料等。因此,对 Sm_2O_3 的制备方法和性能的研究不仅具有深远的理论意义,而且具有重要应用价值[9-10]。

材料的结构决定其性能,结构特殊的 Sm_2O_3 微晶将表现出更加优越的性能,而已有的报道主要为简单的棒状或颗粒状 Sm_2O_3 微晶,故寻求简单的、形貌可控的 Sm_2O_3 微晶的合成工艺非常必要。

光学薄膜是现代化光学器件的重要组成部分,它通过在各种光学材料表面镀上一层或多层膜,利用光的干涉效应改变透射光或反射光的偏振、相位及能量,被广泛地应用于通信、建筑、防伪、医疗、空间技术等领域。Sm_2O_3 光学薄膜作为新一代的光电薄膜材料,可用来制备光学开关、数据存储和光电转换元件,还可用于电子和磁性器件及特种玻璃的滤光器。

高度有序的 Sm_2O_3 纳米阵列的光电性能更具优势,开发一种溶胶-凝胶法制备 Sm_2O_3 纳米阵列的新工艺,并获得结晶度高、取向性好、光-电性能优异的 Sm_2O_3 纳米阵列,在电子器件和光导器件的理论和应用方面具有重要的意义,在光学材料、垂直磁性记录材料、锂电池的电极材料和光催化剂等方面有着广阔的应用前景。

主要参考文献:

[1] ZHANG Y, LU C, SUN L Y, et al. Influence of Sm_2O_3 on the Crystallization and Luminescence Properties of Boroaluminosilicate Glasses[J]. Materials Research Bulletin, 2009, 44(1):179-183.

[2] DAKHEL A A. Dielectric and Optical Properties of Samarium Oxide Thin Films[J]. Journal of Alloys and Compounds, 2004, 365(1):233-239.

[3] DJERDJ I, GARNWEITNER G, SU D S, et al. Morphology controlled nonaqueous synthesis of anisotropic lanthanum hydroxide nanoparticles[J]. Journal of Solid State Chemistry, 2007, 180(7):2154-2165.

[4] ZHANG L, ZHU H. Dielectric, Magnetic and Microwave Absorbing Properties of Multi-walled Carbon Nanotubes Filled with Sm_2O_3 Nanoparticles[J]. Materials Letters, 2009, 63(2):272-274.

[5] PARAC-VOGT T N, DELEERSNYDER K, BINNEMANS K. Lanthanide(Ⅲ) complexes of aromatic sulfonic acids as catalysts for the nitration of toluene[J]. Journal of Alloys and Compounds, 2004, 374(1):46-49.

[6] HOU J G, ZHAO Y C, YANG W, et al. Preparation of Samarium Oxide Nanoparticles and its Catalytic Activity on the Esterification[J]. Materials Chemistry and Physics, 2002, 77(1):65-69.

[7] HE X L, YE F, ZHANG H J, et al. Effect of Sm_2O_3 Content on Microstructure and Thermal Conductivity of Spark Plasma Sintered AlN Ceramics[J]. Journal of Alloys and Compounds, 2009, 482(1):345-348.

[8] HONMA T, BENINO Y, FUJIWARA T, et al. Crystalline Phases and YAG Laser-Induced Crystallization in Sm_2O_3-Bi_2O_3-B_2O_3 Glasses[J]. Journal of the American Ceramic Society, 2005, 88(4):989-992.

[9] YIN L X, HUANG J F, HUANG Y. Orientation Growth and Optical Properties of Sm_2O_3 Thin Films[J]. Advanced Materials Research, 2010, 105(1):345-347.

[10] CHEN F H, HUNG M N, YANG J F, et al. Effect of Surface Roughness on Electrical Characteristics in Amorphous InGaZnO Thin-film Transistors with High-k Sm_2O_3 Dielectrics[J]. Journals of Physics and Chemistry of Solids, 2013, 74:570-574.

二、项目研究内容和拟解决的关键问题

（一）研究内容

(1) 不同形貌 Sm_2O_3 微晶的制备工艺研究。研究影响制备不同形貌 Sm_2O_3 微晶的关键工艺因素，包括碱源、反应体系 pH 值、水热反应温度和时间、Sm^{3+} 浓度、前驱体等，得出制备不同形貌 Sm_2O_3 微晶的最佳合成工艺。

(2) Sm_2O_3 微晶薄膜的制备工艺研究。研究制备 Sm_2O_3 微晶薄膜的关键工艺因素，包括 Sm^{3+} 浓度、反应体系 pH 值、碱源、添加剂、基板类型、热处理温度和时间等，得出制备取向性生长的 Sm_2O_3 微晶薄膜的最佳工艺。

(3) Sm_2O_3 纳米阵列制备的探索性研究。在制备取向性生长的 Sm_2O_3 微晶薄膜的基础上，探索 Sm_2O_3 纳米阵列的制备，研究 Sm_2O_3 微晶和 Sm_2O_3 微晶薄膜的光电性能及应用。

（二）拟解决的关键问题

(1) 通过选择适当的原料、溶剂以及添加剂，在进行大量的实验探究和理论分析后，提出控制 Sm_2O_3 微晶形貌和 Sm_2O_3 微晶薄膜定向生长方式的关键影响因素，得出制备不同形貌 Sm_2O_3 微晶及取向性生长的 Sm_2O_3 微晶薄膜的最佳合成工艺。

(2) 在溶胶-凝胶法制备 Sm_2O_3 纳米阵列的过程中，研究影响溶胶形成的因素，如 pH 值、浓度、添加剂等，研究凝胶煅烧热处理的温度和时间、去除模板剂的最佳条件等也是关键的问题。

(3) 选择恰当的表征手段对产物的性能进行检测分析，联系实际应用对产物的应用前景进行科学的评估和分析。

三、项目研究与实施的基础条件

（一）研究基础

项目组指导老师殷立雄副教授及成员所在的项目组多年从事纳米粉体及薄膜材料的研究工作，实验室装备了系列化的研究与制备设备，积累了丰富经验，在纳米粉体及薄膜材料的制备工艺及性能研究等方面均取得大量的数据和研究成果，发表了几十余篇相关论文，已授权国家发明专利 10 余项，相关研究成果得到国内外同行专家的广泛关注与充分肯定。项目组近期又在前期研究的基础上，研发了 Sm_2O_3 微晶的制备工艺，利用控制水热过程中各个参数调控 Sm_2O_3 微晶的生长过程，从而实现 Sm_2O_3 微晶的可控生长。

图 5-2 所示为前期研究结果的一个实例，通过控制相关工艺参数制得了不同形貌的 Sm_2O_3 微晶。图 5-2 表明通过改变工艺参数可以制备出不同形貌的 Sm_2O_3，该结果为本项目提供了有力的基础。尽管目前的初步研究尚未能深入揭示不同形貌 Sm_2O_3 微晶的生长机理，但现在的研究结果表明，本项目的学术思想和研究方案可行，而且有必要设计制备 Sm_2O_3 微晶薄膜的工艺，以拓宽 Sm_2O_3 的应用范围，为实现将 Sm_2O_3 应用于光电子器件方面做铺垫，也为其今后的工业化应用奠定基础。

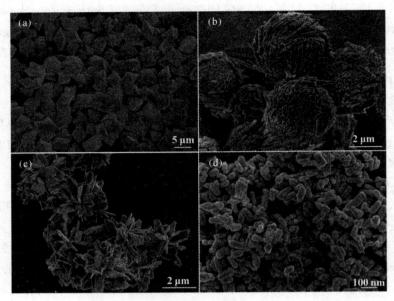

图 5-2 (a)(b)(c)(d)分别为以碳酸钠、尿素、六亚甲基四胺和
二乙烯三胺为碱源时所得产物的 SEM 图片

(二)实施的基础条件

陕西科技大学材料科学与工程学院拥有"功能薄膜与涂层材料"国家优势学科重点实验室和科技部"无机材料国际合作基地"等研发平台,在纳米材料、有机-无机复合材料、功能薄膜及涂层材料、无机非金属材料物理化学基础等研究方向特色鲜明,优势突出。与本项目相关的研究条件和完成本项目所需的实验设备已基本具备,其中包括:

1.实验设备

雷磁 pH 计、恒温加热磁力搅拌器、电子天平、分析天平、数控超声波清洗器、水热反应仪、水热反应釜、真空干燥箱、电热恒温鼓风干燥箱等。

2.分析测试设备

X 射线衍射仪、红外光谱仪、热重分析仪、扫描电镜、透射电镜、X 射线光电子能谱分析、原子力显微镜、比表面仪、UV-Vis、电化学工作站等一系列分析测试设备。

该项目的研究和试验条件均可得到保证。

四、项目实施方案

1.原料的选择与使用

(1)拟采用六水合硝酸钐($Sm(NO_3)_3 \cdot 6H_2O$)、碳酸钠、尿素、六亚甲基四胺和二乙烯三胺为主要原料,酒石酸、十六烷基三甲基溴化铵(CTAB)、十二烷基苯磺酸钠(SDS)等作为模板剂,采用水热-热处理相结合的方法在合适的工艺条件下进行不同形貌 Sm_2O_3 微晶的制备。

(2)拟采用六水合硝酸钐($Sm(NO_3)_3 \cdot 6H_2O$)、尿素为主要原料,聚乙烯醇作为添加剂,采用水热-热处理相结合的方法于(100)型硅基板或 ITO 导电玻璃上,进行 Sm_2O_3 微晶薄膜的制备。

(3)拟采用六水合硝酸钐($Sm(NO_3)_3 \cdot 6H_2O$)、氨水为主要原料,聚乙烯醇水溶液作为添加剂,用溶胶-凝胶法制备 Sm_2O_3 纳米阵列。

2.主要工艺流程(见图 5-3～图 5-5)

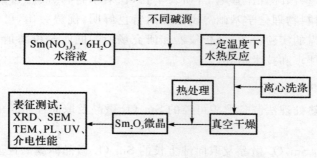

图 5-3　Sm_2O_3 微晶的制备工艺流程图

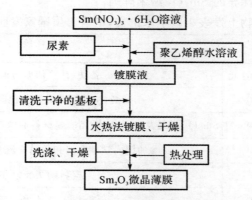

图 5-4　Sm_2O_3 微晶薄膜的制备工艺流程图

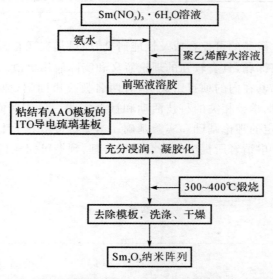

图 5-5　溶胶-凝胶法制备 Sm_2O_3 纳米阵列的工艺流程图

五、学校可以提供的条件

陕西科技大学材料科学与工程学院拥有"功能薄膜与涂层材料"国家优势学科重点实验室和科技部"无机材料国际合作基地"等研发平台,在纳米材料、复合材料、功能薄膜及涂层材料、无机非金属材料物理化学基础等研究方向特色鲜明,优势突出,可以为本项目相关的研究条件和提供所需的实验设备、分析仪器和研究场所。同时学校聘请各相关学科专家对申报项目进行立项评审和技术指导。

六、预期成果

(1) 获得水热-热处理法制备形貌可控的 Sm_2O_3 微晶及取向性生长的 Sm_2O_3 微晶薄膜的最佳工艺条件。

(2) 不同形貌的 Sm_2O_3 微晶及取向性生长的 Sm_2O_3 微晶薄膜的性能研究总结报告。

(3) 探索性尝试开发一种溶胶-凝胶法制备 Sm_2O_3 纳米阵列的新工艺,尝试获得结晶度高、取向性好、光-电性能优异的 Sm_2O_3 纳米阵列。

(4) 在国内外权威刊物上发表1篇学术论文,申请1项国家发明专利。

七、经费预算

科 目	申请费用/元	备注(计算依据与说明)
实验材料费	2 600	试剂、实验用药品及其他需要的材料
测试分析费	2 400	Sm_2O_3 微晶及 Sm_2O_3 微晶薄膜材料的微观形貌及晶相分析测试费用
会议费/差旅费	2 500	参加国内学术会议和学术交流及科研出差费用
资料调研费	500	资料购买和复印
出版费	2 000	发表论文、专利申请费
合 计	10 000	

八、导师推荐意见

"不同形貌 Sm_2O_3 微晶的可控合成及性能研究"项目是在现有研究工作基础上,提出的一个创新性较强的研究课题,具有较强的理论意义和实际应用价值。

包括项目负责人韩鑫在内的项目组成员,有两名教改班同学,他们学习认真踏实,学习成绩优良,并且积极参加学校相关的科技活动和社会实践。目前他们已经投入到本项目的前期相关研究,具有一定的理论基础和实验基础。本项目可培养学生的科研创新、理论与实践相结合等综合能力。申请者所提出的研究方案合理,预期可完成目标。

特推荐申报。

签名:

年 月 日

九、院系推荐意见

院系负责人签名：　　　　学院盖章

年　月　日

十、学校推荐意见：

学校负责人签名：　　　　学校盖章

年　月　日

十一、省教育厅评审意见：

单位盖章

年　月　日

大学生创新创业训练项目
结题验收表

（☑国家级　□省级　□校级）

项　目　名　称：	不同形貌 Sm_2O_3 微晶的可控合成及性能研究
项　目　编　号：	201410708009
主　持　人：	韩　鑫
项目组成员：	裴宇梁、宋华虎
指　导　教　师：	殷立雄
所　在　学　院：	材料科学与工程学院
立　项　年　度：	2014
填　表　日　期：	2015.05

陕西科技大学教务处　制

项目名称	不同形貌 Sm_2O_3 微晶的可控合成及性能研究				
项目等级	(√)国家级 ( )省级 ( )校级			项目编号	201410708009
项目类别	(√)创新训练项目 ( )创业训练项目				
主持人姓名	韩 鑫	班级	材料学院 材料教改班	联系方式	略
项目组 其他成员	序号	姓名	班级	承担工作任务	
	1	宋华虎	材料学院 材料化学	材料结构分析和影响因素研究	
	2	裴宇梁	材料学院 材料教改班	材料的制备工艺及机理研究	
指导教师	殷立雄	职称	副教授	研究方向	纳米材料、薄膜 及涂层
项目经费	10 000 元	立项时间	2014.06	完成时间	2015.05

一、项目实施情况(立项依据、研究内容、研究结果等 1 000 字以内):

1.立项依据

Sm_2O_3 是一种具有 4f 电子结构的宽禁带金属氧化物材料,具有高的电阻率、高的介电常数、高的化学稳定性和热稳定性等特性,具有优越的电学、光学和磁学性能,可作为新一代的能量转化材料、半导体材料及高性能催化剂材料。因此,对 Sm_2O_3 的制备方法和性能研究不仅具有深远的理论意义,而且具有重要应用价值。

材料的结构决定其性能,结构特殊的 Sm_2O_3 微晶将表现出更加优越的性能,而已有的报道主要为简单的棒状或颗粒状 Sm_2O_3 微晶,故寻求简单的、形貌可控的 Sm_2O_3 微晶的合成工艺非常必要。

2.研究内容

在水热-热处理条件下对多级结构 Sm_2O_3 微/纳米晶的合成工艺进行探究,研究影响制备不同形貌 Sm_2O_3 微晶的关键工艺因素,包括碱源、反应体系 pH 值、水热反应温度和时间、Sm^{3+} 浓度、前驱体等,得出制备不同形貌 Sm_2O_3 微晶的最佳合成工艺。

3.研究结果

以 $Sm(NO_3)_3 \cdot 6H_2O$ 作为原料,采用不同碱源(Na_2CO_3、尿素和六亚甲基四胺)在水热-热处理条件下制备了不同形貌的 Sm_2O_3 微/纳米晶,其中以 Na_2CO_3 为碱源的产物结晶性最好,具有较好的光学性能。在不同的 Sm^{3+} 与 Na_2CO_3 物质的量配比下(2∶1.5、1∶1.5、1∶3 和 1∶4.5),所得产物在热处理前后,形貌整体上未发生大的变化。当 Sm^{3+} 与 Na_2CO_3 的物质的量配比为 2∶1.5 时,产物为形状规则、大小均匀且其上分布有纳米级孔洞的八面体状结构;当 Sm^{3+} 与 Na_2CO_3 的物质的量配比为 1∶1.5 时,产物为小球串接成的类似于领结状的结构,球的表面上也存在少量的孔洞;当 Sm^{3+} 与 Na_2CO_3 的物质的量配比为 1∶3 时,所得产物为向两边发散生长的哑铃状结构,两头为较细的棒状自组装成的花状结构;当 Sm^{3+} 与 Na_2CO_3 的配比为 1∶4.5 时,产物仍为无规则的纳米颗粒。

二、项目创新点与特色(包括使用了什么样的创新方法、手段,项目的科学意义和应用价值等,500字以内):

水热法是制备纳米材料较常见的湿法合成法,但是由于 Sm_2O_3 活化能较高,在较低温度下不易制得,文献报道制备 Sm_2O_3 的方法大多为固相高温烧结法,需要很高温度才能获取 Sm_2O_3 物相。本项目采用水热-热处理的方式在 450℃ 下即制备了 Sm_2O_3 微晶,节能高效,而且以 Na_2CO_3、尿素及六亚甲基四胺为碱源,在合适的 Sm^{3+} 和碱的配比条件下,经水热-热处理过程制备出了八面体、哑铃状、毛绒球、花状及集束状等不同形貌的立方相 Sm_2O_3 微晶。

三、项目成果:包括理论、应用、技术等方面取得的成果,成果的具体形式包括发表论文(应注明论文题目、发表刊物、发表时间、作者等详细信息)、专利(专利申请及获批、专利名称、专利号、申请人、获得日期等信息)、研究报告、实物、软件、图纸、获奖证书等。

项目申请书中的预期成果及成果提交形式:	项目结题时取得的成果:
(1)获得水热-热处理法制备形貌可控的 Sm_2O_3 微晶及取向性生长的 Sm_2O_3 微晶薄膜的最佳工艺条件。 (2)不同形貌的 Sm_2O_3 微晶及取向性生长的 Sm_2O_3 微晶薄膜的性能研究总结报告。 (3)探索性尝试开发一种溶胶-凝胶法制备 Sm_2O_3 纳米阵列的新工艺,尝试获得结晶度高、取向性好、光-电性能优异的 Sm_2O_3 纳米阵列。 (4)在国内外权威刊物上发表1篇学术论文,申请1项国家发明专利。	(1)申请发明专利2项。 [1] 殷立雄,韩鑫,裴宇梁,等.一种自组装类球状 Sm_2O_3/CuO 的纳米复合物的方法:201510026087.4[P].2015-05-06. [2] 殷立雄,张东东,黄剑锋,等.一种采用均相水热制备 $Sm(OH)_3/CuO$ 的制备方法:201510026088.9[P].2015-04-29. (2)发表学术论文1篇。 殷立雄,王丹,黄剑锋,等.一维 Sm_2O_3 纳米晶的可控合成及其光学性能研究[J].人工晶体学报,2014,43(12):3203-3207.

四、完成项目后的收获与体会(300字以内):

通过参加这次大学生创新性实验计划项目,我获益颇多。从确定项目立意点,到撰写项目申请书;从立项审查的波折,到确定研究方案与寻找创新点;从制定详细的实施计划,到项目的具体研究,一路走来,我开始了解之前离我们遥远的科研工作,从中学到了严谨的科研态度、坚韧不拔的钻研精神,敢于创新的实践勇气。历经了近两年时间的查阅资料,数据采集,模型构建和刻苦钻研,我学到了很多我所感兴趣的、对我学习生活很有用的东西。这是一次难得经历,一次让我得到锻炼、得到成长的经历,作为当代朝气蓬勃的大学生,我们不仅要努力学习,更要懂得去思考问题,解决问题。

五、项目组承诺:
　　我保证上述填报内容的真实性,经费使用规范合理,项目成果无弄虚作假情况。

　　主持人签名:　　　　项目组其他成员签名:

　　　　　　　　　　　　　　　　　　　　　　日期:

六、指导教师意见(手写):

　　签名:

　　　　　　　　　　　　　　　　　　　　　年　　月　　日

七、学院意见:

　　主管领导签字(盖章):

　　　　　　　　　　　　　　　　　　　　　年　　月　　日

八、学校验收意见:

　　专家评价:(　)优秀　　(　)良好　　(　)合格　　(　)不合格

　　　　　　　　　　　　　　　　　　盖章:

　　　　　　　　　　　　　　　　　　　　　年　　月　　日

第 6 章 储能材料

6.1 高储能密度的 $Ba_xSr_{1-x}TiO_3$ 基电容器陶瓷材料的研究

**大学生创新创业训练计划
项目申报表**

推 荐 学 校　　陕西科技大学

项 目 名 称　　高储能密度的 $Ba_xSr_{1-x}TiO_3$ 基电容器陶瓷材料的研究

项 目 类 型　　创新训练项目

项 目 负 责 人　　郭一松

申 报 日 期　　2014.05

陕西科技大学

二〇一四年五月

项目名称		高储能密度的 $Ba_xSr_{1-x}TiO_3$ 基电容器陶瓷材料的研究				
项目实施时间		起始时间:2014年05月　　　完成时间:2015年05月				
申请人或申请团队		姓名	年级	学号	所在院系/专业	联系电话	E-mail
	主持人	郭一松	2011级	201102030114	材料学院/材料物理	略	略
	成员	吴思辰	2011级	201102030128	材料学院/材料物理	略	略
		李潇	2011级	201102030204	材料学院/材料物理	略	略
		王琼琼	2011级	201102030208	材料学院/材料物理	略	略
		王亚茹	2010级	201002030203	材料学院/材料物理	略	略
指导教师	姓名	蒲永平		研究方向	铁电介电陶瓷材料的研究	
	年龄	略		行政职务/专业技术职务	研究生院副院长/教授	
	主要成果	蒲永平,教育部"新世纪优秀人才支持计划"入选者。现任陕西科技大学材料科学与工程学院教授,博士研究生导师,学校材料科学与工程学科带头人,研究生院副院长。任中国化工学会无机酸碱盐专业委员会学术带头人,陕西省电子学会电子材料与元器件分会委员、传感器分会委员,陕西省硅酸盐学会会员,广东省企业科技特派员。近5年来,承担主要科研项目12项,到位科研经费300余万元;承担的项目有国家自然科学基金项目、教育部新世纪优秀人才支持计划项目、教育部科学技术重点项目、陕西省科技厅工业攻关项目、陕西省重点科技创新团队项目、陕西省科技厅国际科技合作项目、陕西省教育厅科研专项基金等。近5年发表SCI、EI收录论文70余篇,获批发明专利15项,出版著作或教材2部。2013年和2012年获得陕西省科学技术奖二等奖1项、三等奖1项(均为第一完成人);2012年获得西安市科技进步奖一等奖1项,2011年获得西安市科学技术奖二等奖1项(均为第一完成人);2012年获得陕西省高校科技奖二等奖1项,2011年获得中国轻工联合会科技进步奖三等奖1项(第一完成人)。				

一、项目实施的目的、意义

随着经济发展对能源需求的不断增加及传统化石能源资源的持续消耗、环境污染加剧、能源成本急剧上升,人类迫切需要提高传统能源的利用效率和拓展新能源的使用范围。储能电容器具有储能密度高、充放电速度快、抗循环老化、适用于高温高压等极端环境和性能稳定的优点,符合新时期能源利用的要求,在电力、电子系统中扮演着越来越重要的角色。制备出高介电常数、高击穿场强、低介电损耗的储能介质材料成为储能介质材料发展的目标。

储能密度的大小决定了电容器陶瓷的性能好坏,不同的电介质陶瓷,储能的原理基本是相同的。$Ba_xSr_{1-x}TiO_3$(BST)综合了$BaTiO_3$的高介电常数及$SrTiO_3$的高介电强度及低介电损耗等优良性能,成为高储能密度陶瓷介质领域很有发展潜力的铁电陶瓷材料。然而由于晶界、空隙、杂质、表面缺陷和化学腐蚀等因素的作用,$Ba_xSr_{1-x}TiO_3$在较低电场下就被击穿了,让人们将关注的目光转移到如何提高材料的击穿场强,进而提高材料的储能密度上。目前,主要从以下三方面着手:

(1)对$Ba_xSr_{1-x}TiO_3$陶瓷进行掺杂改性,如氧化物掺杂,采用B位取代,降低陶瓷的损耗,提高击穿场强;

(2)在$Ba_xSr_{1-x}TiO_3$陶瓷中加入适量的玻璃,添加玻璃不仅可以降低陶瓷的烧结温度,而且在液相烧结过程中促进了陶瓷晶粒细化及致密度的提高,使陶瓷的介电性能发生变化,从而提高陶瓷的击穿场强;

(3)制备$Ba_xSr_{1-x}TiO_3$基玻璃陶瓷,玻璃陶瓷又称微晶玻璃,是由玻璃控制晶化得到的多晶固体,含有大量细小的晶体及少量的残余玻璃相,玻璃陶瓷特有的致密结构使其具有很高的击穿强度。

本项目以BST为基体,一方面对$Ba_xSr_{1-x}TiO_3$陶瓷进行掺杂改性,加入适量的玻璃添加剂及氧化物,提高陶瓷的介电性能;另一方面,制备$Ba_xSr_{1-x}TiO_3$基玻璃陶瓷,提高陶瓷的击穿性能。项目的目的是制备出一种具有较高介电常数、较低介质损耗和耐压性能好的储能介电陶瓷。

二、项目研究内容和拟解决的关键问题

(一)研究内容

(1)采用水热合成法制备$Ba_xSr_{1-x}TiO_3$粉体。以$Sr(NO_3)_2$和$Ti(OC_4H_9)_4$为主要原料,以NaOH为矿化剂,合成$SrTiO_3$粉体。以$BaCl_2 \cdot 2H_2O(s)$、$TiCl_4(l)$和NaOH(s)为原料合成出$BaTiO_3$粉体。

对两种粉体分别称量、计算出产率。取出少量做XRD分析。经过计算出产率,按照一定的比例重新分别合成$SrTiO_3$、$BaTiO_3$粉体,制备$Ba_xSr_{1-x}TiO_3$(BST)体系陶瓷。研究不同$n_{Sr}:n_{Ba}$与$Ba_xSr_{1-x}TiO_3$陶瓷微观结构、储能密度之间的关系,确定最佳$n_{Sr}:n_{Ba}$的$Ba_xSr_{1-x}TiO_3$陶瓷基体。

当$n_{Sr}:n_{Ba}$为6:4时,即$Ba_{0.4}Sr_{0.6}TiO_3$粉体,它的平均粒径为100 nm左右,粉体粒度均一,团聚少,纯度高。

用水热法分别制备了$SrTiO_3$、$BaTiO_3$粉体,得到了细而均匀的粉体,同时在后续的混合中,保证了粉体的优秀性质。

用二步水热法分别制备了 $SrTiO_3$、$BaTiO_3$ 粉体,避免了 Ba 的损失,避免了前驱物中 Sr 与 Ti 的反应。

(2)采用溶胶凝-胶法制备玻璃体。以正硅酸乙酯、醋酸钡、钛酸四丁酯为原料,通过溶胶凝-胶法制备 $BaO-TiO_2-SiO_2$ 系玻璃粉体。

(3)通过微波烧结的方法将 $Ba_xSr_{1-x}TiO_3$ 粉体和 $BaO-TiO_2-SiO_2$ 玻璃体混合得到 BST 基玻璃陶瓷,研究玻璃添加剂对陶瓷微观形貌及介电性能的影响。

(4)加入细晶剂,进一步优化节电性能,研究细晶剂的加入对陶瓷微观形貌及介电性能的影响。

(二)拟解决的关键问题

本项目以 $Ba_xSr_{1-x}TiO_3$ 为基体,通过添加玻璃相来改变 $Ba_xSr_{1-x}TiO_3$ 基玻璃陶瓷的介电性能。陶瓷的致密化问题成为影响介电性能的难题,加入玻璃相可以克服这一难题。然而,过多的玻璃相,也会恶化了陶瓷的部分介电性能,连续的界面玻璃相或者反应生成的低介电常数相都会降低陶瓷的介电常数,增加介电损耗。如何优化三者之间的关系是本项目面临的技术难点。

针对该项目的技术难点,我们拟采用以下措施加以解决:

(1)针对陶瓷的致密化的问题:在制备 $Ba_xSr_{1-x}TiO_3$ 粉体过程中采用水热合成法以及微波烧结的方式来解决致密化的问题。

(2)针对过多的玻璃相的问题:采用在钛酸锶钡陶瓷中添加不同组成及不同添加量的玻璃,确定三者关系最优,即储能密度最大时的玻璃组成及添加量。同时,制备不同组分的钛酸锶钡基玻璃陶瓷,以期获得介电常数较高、击穿性能好、储能密度大的介电材料。

三、项目研究与实施的基础条件

项目组成员已经掌握了铁电介电研究领域基本的理论知识,通过材料物理综合性、设计性实验的训练,已经具备了制备电子陶瓷基本技能,并进行过相关方面的性能测试。

项目组成员已经研究了不同 $n_{Sr}:n_{Ba}$ 对 BST 陶瓷的储能密度的影响,研究表明,随着陶瓷样品中 Sr^{2+} 物质的量含量的增加,陶瓷样品的电滞回线逐渐趋于线性,样品的最大极化强度逐渐减小,矫顽场强度减小,击穿场强度逐渐增大。这为本项目的实施奠定了良好的基础,即

$$U = \int E dD \tag{6-1}$$

式中,U 代表储能密度,E 代表击穿强度,D 代表极化强度。

根据储能密度的计算公式(6-1),对不同 $n_{Sr}:n_{Ba}$ 的 BST 陶瓷的电滞回线进行积分。表 6-1 列出了不同 $n_{Sr}:n_{Ba}$ 的 BST 陶瓷的介电常数、平均击穿强度以及储能密度。从表 6-1 中可以看出,随着 $n_{Sr}:n_{Ba}$ 的增大,样品的介电常数降低,击穿强度增大。介电常数与击穿强度共同作用使 BST 陶瓷的储能密度先减小后增大。陶瓷样品中缺陷含量的降低、晶粒尺寸的减小及致密度的提高,使 BST 陶瓷样品获得了较高的储能密度 0.362 9 J/cm^3。

依托我院在传统陶瓷领域的学科优势,为项目的开展提供了有利条件。尤其是近年来

蒲永平教授所带领的科研团队一直致力于储能介电陶瓷理论研究和应用探索,积累了丰富的理论与实践经验。实验室目前拥有日本理学 X 射线衍射仪、原子力显微镜、纳米粒度分析仪、红外光谱仪、差热分析仪、动态光散射仪、高温显微镜、光学显微镜、高温电炉、快速研磨机等设备,均运转良好,已具备开展本项目系列化的实验设备条件。以上各方面条件,为项目的顺利开展在软件和硬件上都提供了充分的准备。

表 6-1 不同 $n_{Sr}:n_{Ba}$ 的 SEM 陶瓷的介电常数,击穿强度以及储能密度

	BST50	BST55	BST60	BST65	BST70
介电常数	1 800	1 110	998	852	724
平均击穿强度/(kV/mm)	6.41	7.93	9.06	9.75	10.44
储能密度/(J/cm³)	0.327 3	0.308 9	0.362 9	0.356 2	0.349 2

本团队的导师蒲永平教授从事电子陶瓷领域研究多年,拥有扎实的理论基础,在此项目上已经有了一定程度的研究,为本团队的研究提供了丰富的经验。

四、项目实施方案

1. 研究方法:

第一步:以 $BaCl_2$、$SrCl_2$、$TiCl_4$ 为原料,采用水热法制备 $Ba_xSr_{1-x}TiO_3$ 粉体,采用 XRD 分析粉体物相组成,采用 TEM 观察粉体微观结构和化学组成。通过调整 $n_{Sr}:n_{Ba}$ 比确定最佳介电性能。

第二步:以 $Ba(NO_3)_2$、$Si(OCH_2CH_2)_4$、$C_{16}H_{36}O_4Ti$ 为原料,采用溶胶-凝胶法制备 $BaO-TiO_2-SiO_2$ 玻璃粉体。

第三步:将第二步制备的玻璃体与第一步的 $Ba_xSr_{1-x}TiO_3$ 粉体,通过微波烧结的方式结合在一起,并确定最佳掺杂组分及掺杂量。

第四步:加入细晶剂进一步优化材料性能,并进行 XRD 和 SEM 测试,分析介其电性能与组成。

2. 技术路线:

项目采用的技术路线如图 6-1 所示。

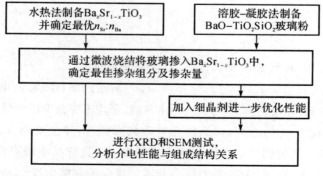

图 6-1 高储能密度 BST 电容器陶瓷材料研究技术路线

五、学校可以提供的条件

  材料学院本科实验室以及学院电子陶瓷项目组实验室向本创新训练项目开放,提供各种制备设备以及材料表征和测试仪器。本院目前还拥有日本理学 X 射线衍射仪、原子力显微镜、纳米粒度分析仪、红外光谱仪、差热分析仪、铁电分析仪、LCR 测试仪、动态光散射仪、光学显微镜、高温电炉若干台、快速研磨机等设备,均运转良好,已具备实验设备条件。

六、预期成果

  (1)至少发表核心期刊论文一篇或申请专利一项。
  (2)本项目预期目标为所制备的钛酸锶钡陶瓷具有以下性能:
  1)介电常数 ε 高;
  2)介电损耗 $\tan\delta < 10^{-2}$(20℃,1 kHz);
  3)储能密度 $J > 1.0$ J/cm³。

七、经费预算

表 1 经费预算表

科 目	总预算经费/元	计算依据与说明
1.科研业务费		
(1)测试/计算/分析费	2 200	SEM、XRD、DSC 及电性能的测试分析
(2)能源动力费	1 000	实验过程中的能源消耗费用
2.实验材料费原材料/试剂/药品购置费	4 800	各种化学试剂(稀土氧化物)的购买
3.资料费	2 000	检索费、专利申请费及复印打印费
合 计	10 000	

八、导师推荐意见

               签名:

                           年 月 日

九、院系推荐意见：

                      院系负责人签名：　　　　学院盖章

                                                          年　　月　　日

十、专家组评审意见：

                      专家签名：

                                                            年　　月　　日

十一、学校意见：

                      学校负责人签名：　　　　学校盖章

                                                          年　　月　　日

大学生创新创业训练项目
结题验收表

（☑国家级　□省级　□校级）

项　目　名　称：　高储能密度的 $Ba_xSr_{1-x}TiO_3$ 基电容器陶瓷材料的研究

项　目　编　号：　201410708001

主　　持　　人：　郭一松

项目组成员：　吴思辰、李　潇、王琼琼、王亚茹

指　导　教　师：　蒲永平

所　在　学　院：　材料科学与工程学院

立　项　年　度：　2014

填　表　日　期：　2015.05

陕西科技大学教务处　制

项目名称	高储能密度的 $Ba_xSr_{1-x}TiO_3$ 基电容器陶瓷材料的研究				
项目等级	(√)国家级( )省级( )校级			项目编号	201410708001
项目类别	(√)创新训练项目　　　( )创业训练项目				
主持人姓名	郭一松	班级	材物111	联系方式	略
项目组其他成员	序号	姓名	班级	承担工作任务	
	1	郭一松	材物111	研究方案的制定以及进行后期数据统计与处理	
	2	吴思辰	材物111	采用水热合成法合成出的 $BaTiO_3$ 粉体	
	3	李　潇	材物112	通过 XRD 测试手段,确定最佳 $n_{Sr}:n_{Ba}$ 的 $Ba_xSr_{1-x}TiO_3$ 陶瓷基体	
	4	王琼琼	材物112	溶胶-凝胶法制备 $BaO-TiO_2-SiO_2$ 系玻璃粉体	
	5	王亚茹	材物102	通过微波烧结的方法将 $Ba_xSr_{1-x}TiO_3$ 粉体和 $BaO-TiO_2-SiO_2$ 玻璃体混合得到 BST 基玻璃陶瓷	
指导教师	蒲永平	职称	教授	研究方向	铁电介电陶瓷材料的研究
项目经费	10 000 元	立项时间	2014.05	完成时间	2015.05

一、项目实施情况(立项依据、研究内容、研究结果等 1 000 字以内):

储能电容器具有储能密度高、充放电速度快、抗循环老化、适用于高温高压等极端环境和性能稳定的优点,符合新时期能源利用的要求,在电力、电子系统中扮演着越来越重要的角色。制备出高介电常数、高击穿场强、低介电损耗的储能介质材料成为储能介质材料发展的目标。

(一)研究内容

(1)采用水热合成法制备 $Ba_xSr_{1-x}TiO_3$ 粉体。以 $Sr(NO_3)_2$ 和 $Ti(OC_4H_9)_4$ 为主要原料,以 NaOH 为矿化剂,合成 $SrTiO_3$ 粉体。以 $BaCl_2 \cdot 2H_2O(s)$、$TiCl_4(l)$ 和 NaOH(s) 为原料,合成 $BaTiO_3$ 粉体。

对两种粉体分别称量、计算出产率,取出少量做 XRD 分析。经过计算出产率,按照一定的比例重新分别合成 $SrTiO_3$、$BaTiO_3$ 粉体,制备 $Ba_xSr_{1-x}TiO_3$(BST)体系陶瓷。研究不同 $n_{Sr}:n_{Ba}$ 与 $Ba_xSr_{1-x}TiO_3$ 陶瓷微观结构、储能密度之间的关系,确定最佳 $n_{Sr}:n_{Ba}$ 的 $Ba_xSr_{1-x}TiO_3$ 陶瓷基体。

当 $n_{Sr}:n_{Ba}$ 为 6:4 时,即 $Ba_{0.4}Sr_{0.6}TiO_3$ 粉体,它的平均粒径为 100 nm 左右,粉体粒度均一,团聚少,纯度高。

用水热法分别制备了 $SrTiO_3$、$BaTiO_3$ 粉体,得到了细而均匀的粉体,同时在后续的混合中,保证了粉体的质 C 量。

用二步水热法分别制备了 $SrTiO_3$、$BaTiO_3$ 粉体,避免了 Ba 的损失,避免了前驱物 Sr 与 Ti 的反应。

(2)采用溶胶-凝胶法制备玻璃体。以正硅酸乙酯、醋酸钡、钛酸四丁酯为原料,通过溶胶-凝胶法制备 $BaO-TiO_2-SiO_2$ 系玻璃粉体。

(3)通过微波烧结的方法将 $Ba_xSr_{1-x}TiO_3$ 粉体和 $BaO-TiO_2-SiO_2$ 玻璃体混合得到 BST 基玻璃陶瓷,研究玻璃添加剂对陶瓷微观形貌及介电性能的影响。

(4)加入细晶剂,进一步优化节电性能,研究细晶剂的加入对陶瓷微观形貌及介电性能的影响。

通过微波烧结的方法,将 $n_{Sr}:n_{Ba}$ 中性能最佳的 $(Ba,Sr)TiO_3$ 粉体中添加到溶胶-凝胶法制备合成的 $BaO-TiO_2-SiO_2$ 玻璃粉体中,得到项目预期的 BST 基玻璃陶瓷,研究玻璃添加剂对陶瓷微观形貌及介电性能的影响。

在本项目目标为所制备的钛酸锶钡陶瓷具有以下性能:
(1)晶粒尺寸小接近纳米级,陶瓷体致密;
(2)介电损耗 $\tan\delta < 10^{-2}$(20℃,1kHz);
(3)储能密度 $J > 1.0\ J/cm^3$。

二、项目创新点与特色(包括使用了什么样的创新方法、手段,项目的科学意义和应用价值等,500字以内):

本项目以 $Ba_xSr_{1-x}TiO_3$ 为基体,通过添加玻璃相来改变 $Ba_xSr_{1-x}TiO_3$ 基玻璃陶瓷的介电性能。陶瓷的致密化问题成为影响介电性能的难题,加入玻璃相可以克服这一难题。然而,过多的玻璃相也会恶化了陶瓷的部分介电性能,连续的界面玻璃相或者反应生成的低介电常数相都会降低陶瓷的介电常数,增加介电损耗。如何优化三者之间的关系是本项目面临的技术难点。

针对该项目的技术难点,我们采用了以下措施加以解决:

(1)针对陶瓷的致密化的问题:在制备 $Ba_xSr_{1-x}TiO_3$ 粉体过程中采用水热合成法以及采用微波烧结的方式来解决致密化的问题。

(2)针对过多的玻璃相的问题:采用在钛酸锶钡陶瓷中添加不同组成及不同添加量的玻璃,确定三者关系最优即储能密度最大时的玻璃组成及添加量。同时,制备不同组分的钛酸锶钡基玻璃陶瓷,以期获得介电常数较高、击穿性能好、储能密度大的介电材料。

储能密度的大小决定了电容器陶瓷的性能好坏,不同的电对于介质陶瓷,储能的原理基本是相同的。$Ba_xSr_{1-x}TiO_3$(BST)综合了 $BaTiO_3$ 的高介电常数及 $SrTiO_3$ 的高介电强度及低介电损耗等优良性能,成为高储能密度陶瓷介质领域很有发展潜力的铁电陶瓷材料。然而由于晶界、空隙、杂质、表面缺陷和化学腐蚀等因素的作用,$Ba_xSr_{1-x}TiO_3$ 在较低电场下就被击穿了,让人们将关注的目光转移到如何提高材料的击穿场强,进而提高材料的储能密度上。

三、项目成果:包括理论、应用、技术等方面取得的成果,成果的具体形式包括发表论文(应注明论文题目、发表刊物、发表时间、作者等详细信息)、专利(专利申请及获批、专利名称、专利号、申请人、获得日期等信息)、研究报告、实物、软件、图纸、获奖证书等。

四、项目申请书中的预期成果及成果提交形式： 　　专利、发表文章	项目结题时取得的成果： （1）发表的论文： 蒲永平,王亚茹,郭一松,等.Bi_2O_3和Al_2O_3共掺杂对$BaTiO_3$陶瓷介电弛豫性能的影响[J].陕西科技的大学学报,2015,33(2):51-55. （2）申请的专利： [1] 蒲永平,董子靖,郭一松,等.一种微波辅助法制备无黏结剂$BaTiO_3$陶瓷的方法:201410241935.9[P].2014-08-13. [2] 蒲永平,王亚茹,郭一松,等.一种$BaTiO_3$基无铅弛豫型陶瓷电介质材料及其制备方法:201410299999.4[P].2014-09-10.

四、完成项目后的收获与体会（300字以内）：

　　首先,我要感谢学校能在我们本科期间给我们这么好的锻炼机会。

　　在项目实施期间,我们阅读了大量的与项目有关的文献。在阅读的过程中,我们对于项目目前的研究现状有了充分的了解,通过阅读,记住了许多电子陶瓷的英文专业词汇,也提高了自己阅读英文文献的能力,这将有助于我们在以后的学术研究中能尽快地了解一个研究课题,并从大量的文献中找到适合研究的科研题目。另外,在这一年里我们做了大量的实验,将以前在书本上所学的理论知识用于实践,通过实验,我们的动手能力得到了提高,我们在科研上更加自信,这使我们以后能将自己创新的想法尽快地付诸实践,通过实验去证实自己的想法。

　　在做实验的过程中,我真实感觉到自己的动手能力在增强,通过查看文献总结文献、寻找创新点、动手试验、分析数据、总结结果这一系列步骤的循环,自己对于科研的兴趣不断增加,对于数据的分析和归纳能力在增强,也培养了一定的科研思维能力,总之,很感谢学校给我这个提高自己的机会。

五、项目组承诺：

　　我保证上述填报内容的真实性,经费使用规范合理,项目成果无弄虚作假情况。

　　主持人签名：　　　　　　　项目组其他成员签名：

　　　　　　　　　　　　　　　　　　　　　　　　　　日期：

六、指导教师意见(手写):

　　签名:

　　　　　　　　　　　　　　　　　　　　　　　　　　年　　月　　日

七、学院意见:

　　主管领导签字(盖章):

　　　　　　　　　　　　　　　　　　　　　　　　　　年　　月　　日

八、学校验收意见:

　　专家评价:(　)优秀　　(　)良好　　(　)合格　(　)不合格

　　　　　　　　　　　　　　　　　　　　　　　盖章:

　　　　　　　　　　　　　　　　　　　　　　　　　　年　　月　　日

6.2 高储能密度 $Na_{0.5}Bi_{0.5}TiO_3$ 基陶瓷介电性能研究

大学生创新创业训练计划
项目申报表

推 荐 学 校　　　陕西科技大学

项 目 名 称　　　高储能密度 $Na_{0.5}Bi_{0.5}TiO_3$ 基陶瓷介电性能研究

项 目 类 型　　　创新训练项目

项目负责人　　　陈　敏

申 报 日 期　　　2016.05

陕西省教育厅　制

二○一六年四月

项目名称		高储能密度 $Na_{0.5}Bi_{0.5}TiO_3$ 基陶瓷介电性能研究					
项目类型		(√)创新训练项目　　(　)创业训练项目　　(　)创业实践项目					
项目实施时间		起始时间：2016年05月　　　　完成时间：2016年05月					
申请人或申请团队		姓名	年级	学校	所在院系/专业	联系电话	E-mail
	主持人	陈　敏	13级	陕西科技大学	材料科学与工程学院	略	略
	成员	孙佳月	13级	陕西科技大学	材料科学与工程学院	略	略
		王锦航	13级	陕西科技大学	材料科学与工程学院	略	略
		张　磊	12级	陕西科技大学	材料科学与工程学院	略	略
指导教师	姓名	蒲永平			研究方向	高储能密度电介质材料的研究，铁电、介电材料的无铅化研究，巨介电常数材料的研究	
	年龄	略			行政职务/专业技术职务	二级教授	
	主要成果	蒲永平，教育部"新世纪优秀人才支持计划"入选者，现任陕西科技大学材料科学与工程学院教授，博士研究生导师，学校材料科学与工程学科带头人，研究生院副院长。任中国化工学会无机酸碱盐专业委员会学术带头人，陕西省电子学会电子材料与元器件分会委员、传感器分会委员，广东省企业科技特派员。在 *Journal of the American Ceramic Society*、*Journal of the European Ceramic Society*、*Journal of Alloys and Compounds* 等国内外重要刊物发表学术论文150余篇，其中SCI收录80篇。授权中国发明专利20余项。出版一部专著《功能材料的缺陷化学》，编写一部教材《化工工艺学》。研究成果先后获省部级及厅局级科技奖励5项，其中陕西省科学技术二等奖、三等奖各1项，西安市科学技术进步一等奖、二等奖各1项，陕西高等学校科学技术二等奖1项。					

一、项目实施的目的、意义：

由于全球气候变化、能源短缺和空气污染，需要开发各种新的清洁能源来代替传统的化石燃料。因此，需要大量的能量存储器件来有效地储存和释放能量。与电池相比，介质电容器可以有效地实现电能的快速储存和释放，属于电能的短期储存装置。介质电容器被广泛应用于脉冲功率系统、移动电子设备和混合动力电动汽车等，在电子电气工程领域占有举足轻重的地位。随着电子电气产品轻量化、微型化、集成化的发展，急切需要开发具有高储能密度的介质电容器。

目前商业化的介质电容器的储能密度为 $10^{-2} \sim 10^{-1}$ W·h/kg。如果介质电容器的储能密度能够提高到电池的水平，其应用范围将更加广泛。我国是世界上目前世界上第一的能源生产和消费大国，为促进我国能源节约、清洁和安全的发展，迫切需要研发具有自主知识产权、环境友好且性能优良的储能材料。这也是我国 2015 年国家重点基础研究发展计划和重大科学研究计划的重要方向。

用于储能的介电材料主要有四大类，即聚合物及聚合物基复合材料、玻璃陶瓷、反铁电体和弛豫铁电体。其中，聚合物基复合材料的优点是击穿场强高，缺点是不耐高温，容易老化；玻璃陶瓷的优点是耐电压高，缺点是介电损耗高；反铁电体的优点是储能密度大，缺点是充放电寿命短；与前三类相比，弛豫铁电体储能性能比较优异、耐高温、充放电寿命长、制备工艺与传统电子陶瓷的工艺兼容，可以广泛用在高压器件、高功率器件、高温器件。然而大多数弛豫铁电体都是含铅的，在生产和使用过程对人类和环境危害极大。随着人们环保意识的提高，电子电气设备的无铅化成为必然趋势。

可适用于储能的介电材料体系需要具备高的饱和极化强度、低剩余极化强度和高的击穿场强。钛酸锶钡具有高的介电常数和相对低的损耗，但纯的钛酸锶钡击穿场强只有约 9 kV/mm，储能密度仅有约 0.3 J/cm³，研究发现添加玻璃可以提高击穿强度，但是添加玻璃后的钛酸锶钡的储能密度仍然不能满足实际应用（0.89 J/cm³），Huang 等利用放电等离子烧结（SPS）获得了在击穿 210 kV/cm 时储能密度为 1.2 J/cm³ 的钛酸锶钡陶瓷。由于 SPS 比较昂贵，不适合大规模生产，因此需要开发其他的体系。

NBT 作为一种无铅铁电体，由于其优异的铁电性近些年受到人们广泛的关注。纯的 NBT 的矫顽场强和饱和极化强度虽然高，但剩余极化较大，不能满足储能应用，因此降低 NBT 基的剩余极化和细化电滞回线成为问题的关键。我们团队在 $(1-x)$NBT-xBCTZ 中 x 取最佳值的基础上，通过分别掺杂不同含量的 SnO_2 和 MgO 来细化电滞回线和提高击穿强度，制备出具有自主知识产权的、储能性能优异的 NBT 基陶瓷。

二、项目研究内容和拟解决的关键问题

（一）项目研究内容

（1）研究 BCTZ 的添加对 NBT 无铅陶瓷的介电、铁电和储能性能的影响。

（2）研究 BCTZ 的添加对 NBT 无铅陶瓷的晶体结构以及显微结构的影响。

（3）研究不同物质的量分数的 SnO_2 的添加对 $(1-x)$NBT-xBCTZ 基体的物相、微观形貌、介电、铁电和储能的影响。

（4）添加不同质量分数的 MgO，研究其对 $(1-x)$NBT-xBCTZ 基体的击穿强度、介电、储能、铁电、物相和微观形貌的影响。

(二)拟解决的关键问题

降低 NBT 陶瓷的剩余极化强度、细化 NBT 陶瓷的电滞回线、提高 NBT 陶瓷的击穿场强是我们项目面临的重点和难点。

针对该项目的技术难点,我们拟采用以下措施,如图 6-2 所示。

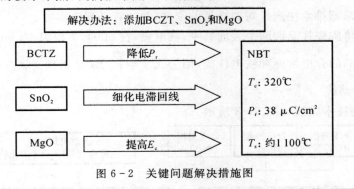

图 6-2 关键问题解决措施图

三、项目研究与实施的基础条件

项目组成员已经掌握了铁电介电研究领域基本的理论知识,通过材料物理综合性、设计性实验的训练,已经具备了制备电子陶瓷基本技能,并进行过相关方面的性能测试。

项目组成员已经研究了不同含量的 BCTZ 对 NBT 陶瓷的介电性能的影响,获得了适合储能应用的 $(1-x)$NBT-xBCTZ 组分,研究了 SnO_2 掺杂对电滞回线的影响,研究表明,随着温度上升,样品的饱和极化强度降低,SnO_2 的掺杂对陶瓷样品的电滞回线起到了细化作用,当掺杂达 10% 时,电滞回线得到细化。基于此,我们利用 SnO_2 细化电滞回线,再通过添加 MgO 提高击穿场强,最后达到优异的储能性能。

我院在传统陶瓷领域的学科优势,为项目的开展提供了有利条件。尤其是,近年来蒲永平教授所带领的科研团队一直致力于储能介电陶瓷理论研究和应用探索,积累了丰富的理论与实践经验。实验室目前拥有日本理学 X 射线衍射仪、原子力显微镜、纳米粒度分析仪、红外光谱仪、差热分析仪、动态光散射仪、高温显微镜、光学显微镜、高温电炉、快速研磨机等设备,均运转良好,已具备开展本项目系列化的实验设备条件。以上各方面条件,为项目的顺利开展在软件和硬件上都提供了充分的准备。

本团队的导师蒲永平教授从事电子陶瓷领域研究多年,拥有扎实的理论基础,在此项目上已经有了一定程度的研究,为本团队的研究提供了丰富的经验。

四、项目实施方案

1. 研究方法

(1)按照 $Na_{0.5}Bi_{0.5}TiO_3$ 和 $Ba_{0.85}Ca_{0.15}Ti_{0.9}Zr_{0.1}O_3$ 的化学式分别配料,球磨 4 h(球:水:料=1:1:4),将烘干后的粉体分别在 1 270 ℃ 和 840 ℃ 下保温 2h 得到 NBT 和 BCZT 原料。

(2)按照 $(1-x)$NBT-xBCTZ($x=0.4\sim0.6$)化学式配料,再次球磨,将料干燥后,通过加 5% PVA 造粒后,在 100 MPa 下干压成型,然后在 1 160~1 180 ℃ 下保温 2 h,制备成陶瓷,测试其 XRD、TEM、介电和铁电性能,获得适合储能的 x 值。

(3)按照步骤(2),制备 $0.55Na_{0.5}Bi_{0.5}TiO_3-0.45Ba_{0.85}Ca_{0.15}Ti_{(0.9-x)}Zr_{0.1}Sn_xO_3$ 陶瓷,测试其 XRD、TEM、介电和铁电性能,获得最佳的 x 值。

(4)在(3)的基础上制备 $0.55Na_{0.5}Bi_{0.5}TiO_3-0.45Ba_{0.85}Ca_{0.15}Ti_{0.85}Zr_{0.1}Sn_{0.05}O_3-wt\%$ MgO 陶瓷。

(6)用阿基米德排水法测量陶瓷样品的密度,并计算其理论密度。

(7)用砂纸将陶瓷样品的两个表面磨平,被电极,在 600℃下保温 10 min。

(8)测试样品的介电性能和铁电性能,用公式 $J=\int_0^{E_b}EdP$ 得到能密度等。

2. 研究技术路线

项目采用的技术路线如图 6-3 所示。

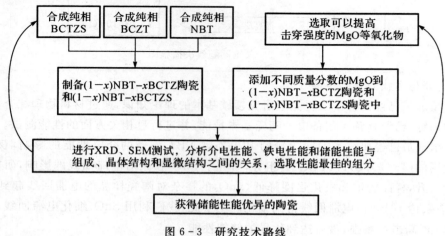

图 6-3 研究技术路线

五、学校可以提供的条件

材料学院本科实验室以及学院电子陶瓷项目组实验室向本创新训练项目开放,提供各种制备设备以及材料表征和测试仪器。本院目前还拥有日本理学 X 射线衍射仪、原子力显微镜、纳米粒度分析仪、红外光谱仪、差热分析仪、铁电分析仪、LCR 测试仪、动态光散射仪、光学显微镜、高温电炉若干台、快速研磨机等设备,均运转良好,已具备实验设备条件。

六、预期成果

(1)至少发表核心期刊论文 1 篇或申请专利 1 项;

(2)本项目预期目标为所制备的 NBT 基陶瓷具有以下性能:

1)介电常数 ε 高;

2)介电损耗 $\tan\delta<10^{-2}(20℃,1\ kHz)$;

3)储能密度 $J>1.5\ J/cm^3$。

七、经费预算

表 1　经费预算表

科　目	总预算经费/元	计算依据与说明
1.科研业务费		
（1）测试/计算/分析费	2 200	SEM、XRD、DSC 及电性能的测试分析
（2）能源动力费	1 000	实验过程中的能源消耗费用
2.实验材料费原材料/试剂/药品购置费	4 800	各种化学试剂（稀土氧化物）的购买
3.资料费	2 000	检索费、专利申请，复印、打印费
合　计	10 000	

八、导师推荐意见

签名：

年　　月　　日

九、院系推荐意见

院系负责人签名：　　　　　学院盖章

年　　月　　日

十、学校推荐意见

学校负责人签名：　　　　　学院盖章

年　　月　　日

十一、省教育厅评审意见

单位盖章

年　　月　　日

大学生创新创业训练项目结题验收表

（☑国家级　□省级　□校级）

项目名称：高储能密度 $Na_{0.5}Bi_{0.5}TiO_3$ 基陶瓷介电性能研究

项目编号：201610708012

主　持　人：陈　敏

项目组成员：孙佳月、王锦航、张　磊

指导教师：蒲永平

所在学院：材料科学与工程学院

立项年度：2016

填表日期：2017.10

陕西科技大学教务处　制

项目名称	高储能密度 $Na_{0.5}Bi_{0.5}TiO_3$ 基陶瓷介电性能研究				
项目等级	(√)国家级　(　)省级　(　)校级			项目编号	201610708012
项目类别	(√)创新训练项目　　(　)创业训练项目				
主持人姓名	陈敏	班级	材物132	联系方式	略
项目组其他成员	序号	姓名	班级	承担工作任务	
	1	陈　敏	材物132班	负责团队管理、合作、项目进展等	
	2	孙佳月	材物131班	进展实验、测试等	
	3	王锦航	材物132班	进展实验及搜集文献资料等	
	4	张　磊	研16级	进展实验、撰写论文以及专利等	
	5				
指导教师	蒲永平	职称	教授	研究方向	介电铁电
项目经费	10 000元	立项时间	2016.06	完成时间	2017.10

一、项目实施情况(立项依据、研究内容、研究结果等1 000字以内)：

1.立项依据

弛豫铁电体储能性能比较优异、耐高温、充放电寿命长、制备工艺与传统电子陶瓷的工艺兼容，可以广泛用在高压器件、高功率器件、高温器件。然而大多数弛豫铁电体都是含铅的，在生产和使用过程对人类和环境危害极大。随着人们环保意识的提高，电子电气设备的无铅化成为必然趋势。

可适用于储能的介电材料体系需要具备高的饱和极化强度、低剩余极化强度和高的击穿场强。钛酸锶钡具有高的介电常数和相对低的损耗，但纯的钛酸锶钡击穿场强只有约9 kV/mm，这样储能密度仅有约 0.3 J/cm³，研究发现添加玻璃可以提高击穿强度，但是添加玻璃后的钛酸锶钡的储能密度仍然不能满足实际应用(0.89 J/cm³)，Huang 等利用放电等离子体烧结(SPS)获得了在击穿 210 kV/cm 时储能密度为 1.2 J/cm³ 的钛酸锶钡陶瓷。由于 SPS 比较昂贵，不适合大规模生产，因此需要开发其他的体系。NBT 作为一种无铅铁电体，由于其优异的铁电性近些年受到人们广泛的关注。纯的 NBT 的矫顽场强和饱和极化强度虽然高，但剩余极化较大，不能满足储能应用，因此降低 NBT 基的剩余极化和细化电滞回线成为问题的关键。我们团队在 $(1-x)$NBT $-x$BCTZ 中 x 取最佳值的基础上，通过分别掺杂不同含量的 SnO_2 来细化电滞回线和 MgO 提高击穿强度，制备出具有自主知识产权的、储能性能优异的 NBT 基陶瓷。

2.研究内容

(1)研究 BCTZ 的添加对 NBT 无铅陶瓷的介电、铁电和储能性能的影响。

(2)研究 BCTZ 的添加对 NBT 无铅陶瓷的晶体结构以及显微结构的影响。

(3)研究不同物质的量分数的 SnO_2 的添加对$(1-x)$NBT $-x$BCTZ 基体的物相、微观形貌、介电、铁电和储能的影响。

（4）添加不同质量分数的 MgO，研究其对 $(1-x)$NBT$-x$BCTZ 基体的击穿强度、介电、储能、铁电、物相和微观形貌的影响。

3.研究结果

（1）随着 BCTZ 含量的增加，电滞回线的矫顽场强（E_c）、剩余极化强度（P_r）和最大极化强度（P_m）逐渐降低，当 $(1-x)$NBT$-x$BCTZ 陶瓷中 $x=0.4$ 时，电滞回线呈现出"束腰状"。

（2）随着 Sn^{4+} 掺杂量的增加，陶瓷样品的剩余极化强度和最大极化强度逐渐降低，击穿强度逐渐增加。

（3）随着 MgO 添加量的逐渐增加，陶瓷样品的剩余极化强度和最大极化强度都逐渐降低，击穿强度增加。在 0.55NBT$-$0.45BCTZS5$-x$ wt％MgO 陶瓷中，当 $x=5.0$ 时，陶瓷的击穿强度为 19 kV/mm，储能密度为 1.62 J/cm^3，储能效率为 79.51％。

二、项目创新点与特色（包括使用了什么样的创新方法、手段，项目的科学意义和应用价值等，500 字以内）：

1.创新点

（1）通过添加 SnO_2 降低了 NBT 基体的剩余极化强度，获得了"束腰状"的电滞回线，得到了一个适合储能的基体材料。

（2）通过添加 MgO 提高了陶瓷的击穿强度，获得了储能性能优异的介电陶瓷。

2.项目的科学意义和应用价值

本项目通过传统固相法制备出了具有高储能密度的介电陶瓷，实验结果表明，添加 MgO 可以有效地提高陶瓷的击穿强度，为介电陶瓷储能密度的提高进行了有效的探索，也为后面的研究提供了思路。

本项目制备的介电储能陶瓷具有良好的温度稳定性，表明该陶瓷可以作为含铅储能陶瓷的替代者，从而减小对环境的污染。

三、项目成果：包括理论、应用、技术等方面取得的成果，成果的具体形式包括发表论文（应注明论文题目、发表刊物、发表时间、作者等详细信息）、专利（专利申请及获批、专利名称、专利号、申请人、获得日期等信息）、研究报告、实物、软件、图纸、获奖证书等。

项目申请书中的预期成果及成果提交形式：	项目结题时取得的成果：
至少发表核心期刊论文 1 篇或申请专利 1 项。	本项目完成发表核心期刊论文（Materials Letters）一篇的预期成果： PU Yongping, ZHANG Lei, YAO Mouteng, et al. Improved energy storage properties of microwave sintered 0.475BNT$-$0.525BCTZ$-x$wt％MgO ceramics[J]. Materials Letters, 2017, 189：232$-$235.

四、完成项目后的收获与体会(300字以内)：

　　通过参加这个项目,我们的团队协作能力、发现问题和解决问题的能力得到了提升。在这个过程中,我们组员之间的感情更加好了,组员之间的配合更加默契,这个项目的训练对我们的各方面的能力都有很大的提高。比如说,我们有人以前做事拖拖拉拉,通过参加这个项目,改掉了这个拖拉的毛病;有的人动手能力弱,通过这个项目,动手能力也得到了很大的提升。最后,最大的感触就是实验需要创新,创新是科研的推动力。

五、项目组承诺：

　　我保证上述填报内容的真实性,经费使用规范合理,项目成果无弄虚作假情况。

　　主持人签名：　　　　　　项目组其他成员签名：

　　　　　　　　　　　　　　　　　　　　　日期：

六、指导教师意见(手写)：

　　签名：

　　　　　　　　　　　　　　　　　　　　　年　　月　　日

七、学院意见：

　　主管领导签字(盖章)：

　　　　　　　　　　　　　　　　　　　　　年　　月　　日

八、学校验收意见：

　　　　　　专家评价:( )优秀　　( )良好　　( )合格　　( )不合格

　　　　　　　　　　　　　　　　　　　　盖章：

　　　　　　　　　　　　　　　　　　　　　年　　月　　日

第7章 光学材料

7.1 异质光子晶体的快速自组装制备及其性能研究

**大学生创新创业训练计划
项目申报表**

推 荐 学 校	陕西科技大学
项 目 名 称	异质光子晶体的快速自组装制备及其性能研究
项 目 类 型	创新训练项目
项 目 负 责 人	曹疆艳
申 报 日 期	2016.04

陕西省教育厅 制

二〇一六年四月

项目名称		异质光子晶体的快速自组装制备及其性能研究					
项目类型		(√)创新训练项目　(　)创业训练项目　(　)创业实践项目					
项目实施时间		起始时间:2016年05月　　　完成时间:2017年05月					
申请人或申请团队		姓名	年级	学校	所在院系/专业	联系电话	E-mail
	主持人	曹疆艳	大三	陕西科技大学	材料科学与工程学院	略	略
	成员	赵宁	大三	陕西科技大学	材料科学与工程学院	略	略
		张琴帆	大二	陕西科技大学	材料科学与工程学院	略	略
		郭利辉	大二	陕西科技大学	材料科学与工程学院	略	略
		王勇锐	大二	陕西科技大学	材料科学与工程学院	略	略
指导教师	姓名	伍媛婷		研究方向		超材料、光子晶体、纳米材料	
	年龄	略		行政职务/专业技术职务		副教授	
	主要成果	[1] 王秀峰,伍媛婷.微电子材料与器件制备技术[M].北京:化学工业出版社,2008. [2] WU Yuanting, WANG Xiufeng. Rapid preparation of hexagonal and square array colloidalcrystal via electrophresis-assisted self-assembly method[J]. Materials Letters,2015,142:109-111. [3] WU Yuanting, WANG Xiufeng. Preparation and Characterization of single-phase α-Fe_2O_3 nano-powders by Pechini sol-gel method[J]. Materials Letters,2011,65(13):2062-2065. [4] WU Yuanting, WANG Xiufeng, YU Chenglong, et al. Preparation and Characterization of Barium Titanate($BaTiO_3$) Nano-Powders by Pechini Sol-Gel Method[J]. Advanced Manufacturing Processes,2012,27:1329-1333. [5] 伍媛婷,王秀峰,李二元,等.双尺寸胶体晶体的制备及其结构表述[J].人工晶体学报,2013,42(1):42-46. [6] 伍媛婷,王秀峰,刘静,等.SiO_2-$BaTiO_3$异质双尺寸超材料结构的制备[J].人工晶体学报,2013,42(10):2200-2203. [7] 伍媛婷,王秀峰.一种亚微米二氧化硅球体颗粒的制备方法:ZL201010232223.2[P].2012-06-27.(已转让) [8] 伍媛婷,王秀峰.一种球形二氧化硅纳米粉体的制备方法:ZL201010232224.7[P].2012-05-09.(已转让) [9] 伍媛婷,王秀峰.一种双尺寸SiO_2光子晶体的制备方法:ZL201110242653.7[P].2013-12-18.					

| [10] | 伍媛婷,王秀峰. 一种非密堆 SiO_2 光子晶体的制备方法:ZL201110242654.1[P]. 2013-10-09. |
| [11] | 伍媛婷,王秀峰. 非密堆蛋白石光子晶体的制备方法:ZL201110242652.2[P]. 2012-06-27. |

一、项目实施的目的、意义

光子晶体是一类重要的超材料,是由具有不同反射率的材料在空间交替构成的一种周期结构。由于光(电磁波)在与其波长相匹配的周期结构中运动时,受到周期的散射和衍射,便产生了光的频率禁阻,即通过和电磁波波长相当的尺度上的人工周期性结构对一定频段的电磁波形成"带隙",这在信息技术领域有着重要的作用。光子晶体的制备方法主要包括两大类:微细加工法和自组装法,而自组装法以其周期短、工艺设备简单、成本低等优点受到广大研究者的青睐。

近年来,有关光子晶体的研究大多围绕光子晶体结构的制备、模拟及其光学性能等方面,而光子晶体的结构单元和间隙尺寸、排列方式、缺陷形式以及材料性质是影响其光学性能的主要因素。采用自组装法制备光子晶体时,一方面,要求胶体球是粒径分布窄的单分散颗粒,通常采用二氧化硅和聚合物球体颗粒这两类材料,而这两类材料自组装形成的类蛋白石结构不能达到完全带隙所要求的介电常数比,抑制了其推广应用;另一方面,所制备的结构单一,通常只能获得面心立方结构,为突破这一局限,近年来此领域的研究人员致力于双尺寸光子晶体的研究,它可作为一种介电常数有序分布的周期性结构,对单尺寸光子晶体结构进行有效的补充。若能在双尺寸光子晶体结构中引入高介电常数材料,也可有效提高其光学性能,拓宽其应用领域。

当前,对双尺寸光子晶体的自组装研究,主要包括两类结构:①均匀周期性排列结构,即双尺寸光子晶体结构是由两种不同尺寸的胶体颗粒有序组装而成的具有一定周期性排列的光子晶体结构;②引入缺陷排列结构,即双尺寸光子晶体结构是以一种尺寸颗粒密堆结构为主体,在其中引入另一种颗粒尺寸胶体球以形成缺陷点、缺陷层等特定的缺陷结构。

经过多年努力,多种前一类双尺寸光子晶体被合成。V. D. Nina 等采用光刻技术制备出模板,再通过电泳沉积装置制备了非密堆双尺寸胶体晶体,分别制备了 LS、LS_2、LS_4 和 LS_5 型结构。Murray 等将构成二元胶体晶体的胶体粒子的大小从微米尺度延伸到纳米尺度,研究了由多种半导体、金属及磁性纳米粒子两两结合组装而成的二元纳米粒子超晶格的形成与结构。Z. Y. Cai 等研究了 LS_2 型双尺寸结构的制备,但是所制备的双尺寸光子晶体中平行基底的表面结构亦很难突破原有的六方出反型结构。对于后一种双尺寸光子晶体结构,采用自组装法所制备的多为引入缺陷层结构,即采用不同尺寸颗粒以层层结合的方式形成双尺寸光子晶体结构,或者在一种尺寸光子晶体结构的基础之上,沿胶体球排列的间隙处生长一层小尺寸胶体球。但是,这些研究仍然局限于面心立方结构的排列结构。

本项目组通过大量文献的阅读及实验研究发现,采用两种粒径的胶体球均匀自组装所得的双尺寸光子晶体,虽然可获得 LS_2、LS_4、LS_6 和 LS_x 等多种结构,但仍局限于有限的材料的选择,这使光子晶体的光学性能受到限制。针对以上研究所遇到的问题,本项目组提出引入介电常数较高的 Fe_2O_3、TiO_2 材料,有效提高介电常数比,从而改善光子晶体的光学性能。提出引入 Pechini 溶胶-凝胶法,结合自组装技术制备异质双尺寸光子晶体,通过凝胶在煅烧过程中的控制生长,有望获得新型异质双尺寸光子晶体结构,此结构同时结合了异质光子晶体结构的高介电常数比和双尺寸光子晶体结构的二元周期性有序结构的特点,可改善光子晶体的光子带隙,拓宽光子晶体的应用。另外,本项目组在前期的研究中,成功采用氯化盐类对二氧化硅胶体球进行表面荷电,开发出一种新的自组装工艺,即电泳辅助提拉法制备二氧化硅光子晶体,这种工艺可获得区别于六方密堆结构的亚稳态结构。

本项目组在前期的研究过程中,发现凝胶的均匀填充是复合的关键,也是获得大面积周期性有序结构的关键技术,而在已制备的单尺寸模板中进行填充往往会受到限制,难以获得大面积的有序结构。本项目在前期研究的基础之上,提出将胶体球均匀分散于凝胶体系中,结合 Pechini 溶胶-凝胶法和自组装技术,通过分散剂种类和浓度、pH 值、颗粒浓度等工艺参数的探索研究,获得稳定的分散体系,从而使模板的组装和凝胶的填充同时进行,不仅可大大缩短制备周期,还可以有效地解决填充均匀性的问题,扩大周期性有序结构的面积。此项研究有利于异质双尺寸光子晶体结构和性能的探索研究,将会得到非常有意义的研究结果。

总而言之,目前在双尺寸光子晶体的制备工艺上已有一定成果,为本项目中新型异质双尺寸光子晶体结构的制备及其生长规律的探索奠定了基础。本项目组在前期研究工作基础之上,结合新工艺和新思路,有望获得新型异质双尺寸光子晶体,并研究各工艺因素对异质双尺寸光子晶体结构的排列方式、缺陷形式和结构均匀性的影响规律,分析其性能和生长机理,建立制备工艺-结构-性能关系,此项研究有利于新型异质双尺寸光子晶体结构的开发,为新型光子晶体的开发和应用提供新的工艺和思路,拓宽其应用领域。本项目的主要研究目的包括以下几点:

(1)配制稳定的悬浮体系,采用一步法自组装制备出周期性有序排列的异质光子晶体,获得提高薄膜层致密性、少缺陷和少裂纹的制备工艺,明确获得有序异质光子晶体的制备方法及工艺条件。

(2)建立异质光子晶体的制备工艺-结构-性能的关系,明确已合成的异质双尺寸光子晶体的实际结构和排列方式。

(3)深入研究各自组装工艺对异质光子晶体形成过程和其影响,阐明异质材料的引入对异质光子晶体生长、结构及性能的影响规律,揭示异质光子晶体的结构与性能的关系。

二、项目研究内容和拟解决的关键问题

1.研究内容

(1)稳定的复合悬浮体系的配制及填充用纳米粉体的制备研究。拟通过调整制备 Fe_2O_3、TiO_2 的溶胶-凝胶系统(本项目中简称溶胶-凝胶体系)中分散剂的种类和浓度、pH 值、反应物的浓度以及二氧化硅胶体球的表面荷电和颗粒浓度,使二氧化硅胶体球分散于溶胶-凝胶溶液中,揭示各工艺参数对复合悬浮液的分散稳定性的影响,以获得分散稳定的复合悬浮液。研究复合悬浮液中采用的溶胶-凝胶体系所制备 Fe_2O_3、TiO_2 铁粉体的形貌、粒径及晶相组成,阐述其结晶过程。

(2)异质双尺寸光子晶体的制备工艺及结构研究。拟采用电泳辅助提拉法、旋涂法等自组装技术,利用稳定分散的复合悬浮液,一步自组装获得异质双尺寸光子晶体。研究电泳辅助提拉法中胶体球浓度、电压大小、提拉速度、基片间距等因素对双尺寸光子晶体结构的影响规律,探索胶体球浓度、旋涂速度、热处理温度等对旋涂法自组装制备异质双尺寸光子晶体的影响规律,通过不同的方法,以期获得周期性有序排列的异质双尺寸光子晶体结构,探索异质双尺寸光子晶体的排列方式及缺陷形式。

(3)异质双尺寸光子晶体的性能及生长机理研究。优化异质双尺寸光子晶体的制备工艺，研究所得异质双尺寸光子晶体的光学性能。针对新型异质双尺寸光子晶体，由所得结构设计理论模型，计算理论模型中空隙率及光子带隙波长，对比理论计算值和实际测试值，探索异质双尺寸光子晶体的实际结构和排列方式。结合分析所得异质双尺寸光子晶体的实际结构以及填充用纳米粉体的结晶过程，探索其生长机理，分析总结各因素对结构和性能的影响规律。

2. 拟解决的关键问题

（1）将二氧化硅胶体球均匀地分散于溶胶-凝胶体系中形成稳定的悬浮液，是形成大面积周期性有序排列异质双尺寸光子晶体的关键问题之一。

本项目的创新之处在于结合了 Pechini 溶胶-凝胶法和自组装技术，采用一步法合成周期性有序排列的异质双尺寸光子晶体，而自组装过程需要稳定的二氧化硅悬浮液。在本项目中，需要利用 Pechini 溶胶-凝胶法中络合剂和分散剂使金属离子均匀存在于络合物中的过程，同时利用络合物在煅烧过程中的体积收缩，而使用多种有机物会使体系变得复杂化，造成二氧化硅胶体球较难均匀稳定地分散于溶胶-凝胶体系中。本项目拟将二氧化硅胶体球先超声形成均匀稳定的悬浮液，再将其在超声环境下滴入溶胶体系中，混合超声制备均匀稳定的混合悬浮液，同时通过调节分散剂的种类和浓度、pH 值、溶剂的种类以及二氧化硅胶体球的表面改性，使二氧化硅更好地分散稳定地存在于溶胶-凝胶体系中。

（2）本项目拟解决的另一个关键问题在于如何使填充材料在 SiO_2 胶体晶体模板的孔隙中进行均匀生长。

一步法自组装形成复合膜之后，凝胶已经均匀填充于 SiO_2 胶体晶体模板的孔隙中，而凝胶在经热处理后能否均匀生长是获得大面积周期性有序异质双尺寸光子晶体的另一个关键问题。本项目中需要利用络合物在煅烧过程中的体积收缩过程，使络合物在热处理过程后发生体积收缩而形成双尺寸结构。但是在 Pechini 溶胶-凝胶过程中，络合物在热处理过程中将发生体积的膨胀和收缩两个过程，前期研究发现虽然体积的变化是本研究的应用之一，但这也易造成异质光子晶体膜层的翘曲、卷曲及剥落现象，本项目拟采用水平双基片压力热处理技术，使凝胶在干燥和煅烧过程中，受双基片和压力的限制，在微腔中进行限制生长，避免纳米粉体之间的相互吸引和团聚生长现象，结合优化的热处理温度制度可解决这一问题。

三、项目研究与实施的基础条件

本项目有关材料的制备将安排在指导教师实验室及学院相关实验室完成，实验室目前拥有电热恒温水浴锅、多头磁力加热搅拌器、自制电泳提拉沉积设备、恒温磁力搅拌器、精密增力电动搅拌器、气氛高温炉（1 300 ℃）、马弗炉、台式离心机、微机控温高温炉（1 700 ℃、1 350 ℃）、电热恒温干燥箱、真空干燥箱、离心机、旋涂仪、热台、数控超声波清洗器、电子分析天平等设备。所在学校及学院还拥有 X 射线衍射仪、热分析仪、红外光谱仪、紫外可见近红外光谱仪、显微共焦激光拉曼光谱仪、场发射扫描电子显微镜、Zeta 电位粒度仪、原子力显微镜、黏度计、阻抗分析仪、荧光光谱仪等一系列分析测试设备。依托陕西科技大学教育部轻化工助剂重点实验室以及陕西省新型功能陶瓷材料与器件工程研究中心，可以满足本实验的研究。另外，学校现有资料基本满足本项目的研究需要，可提供多个国内外电子图书及期刊全文数据库。

本项目指导老师多年从事超材料方面的研究,近年来在光子晶体制备与研究方面做了大量工作,为此项目提供良好的研究基础和指导作用,本项目组成员在指导老师的的引导下对异质光子晶体的研究方法有了一定认识,并做了前期的调研工作,开始了一小部分实验工作,为此项目的成功完成奠定了基础。项目组成员在专业方面都有比较系统地学习,比较深入地了解,具有较强的团队合作意识与上进心,主攻方向明确,研究方案合理可行,技术路线可操作性强,易于实现。项目组拥有所需常规的制备设备和分析仪器,有助于项目的顺利进行。因此,如果获得资助,本项目可望顺利实施,达到制定的各项目标,并获得相应的研究成果。

四、项目实施方案

本项目的技术路线如图 7-1 所示,以异质光子晶体结构的制备及结构和性能研究为主线,具体的实施方案包括以下几个方面。

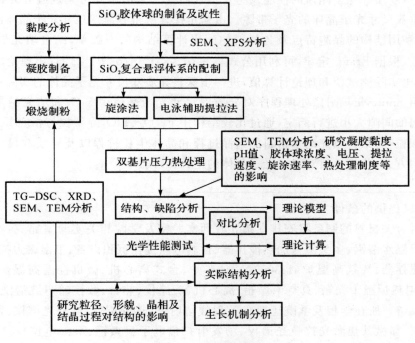

图 7-1 技术路线图

(1)稳定的复合悬浮体系的配制及填充用纳米粉体的制备研究。以钛酸丁酯、硫酸钛等为原料,以柠檬酸、聚乙二醇、乙二醇等为络合剂和分散剂,采用 Pechini 溶胶-凝胶法配制 Fe_2O_3、TiO_2 等溶胶,将已超声分散的二氧化硅悬浮液加入溶胶中,超声形成复合悬浮体系,探索分散剂的种类和用量、pH 值、原料种类和浓度、溶剂的种类、二氧化硅浓度等对复合悬浮体系的分散稳定性的影响规律,获得分散稳定复合悬浮体系的条件。利用复合悬浮体系中所使用的溶胶-凝胶体系,经凝胶化、干燥和煅烧后制备出 Fe_2O_3、TiO_2 纳米粉体,分别采用 X 射线衍射仪(XRD)、热分析仪、傅里叶红外光谱仪(FT-IR)、场发射扫描电子显微镜(FE-SEM)和阻抗分析仪分析粉体的晶型、结晶过程、收缩率、络合方式、形貌、粒径、分散程度及介电常数等,探索纳米粉体的结晶过程。

(2)异质双尺寸光子晶体的制备工艺及结构研究。利用所配制的复合悬浮体系,分别采用电泳辅助提拉法和旋涂法制备异质双尺寸光子晶体。一方面,采用 ITO 玻璃为电极,将两片相平行的 ITO 玻璃垂直于复合悬浮液中,电极两端施加一定电压,在一定电极间距和提拉速度下提拉电极制备复合膜,再经热处理即获得异质双尺寸光子晶体。另一方面,采用旋涂设备将复合悬浮液以一定速度旋涂于基底上,在一定温度下用热台烘干,再经热处理获得异质双尺寸光子晶体。采用 FE-SEM、透射电子显微镜(TEM)分析异质双尺寸光子晶体的结构、排列方式和缺陷形式,研究电压、提拉速度、旋涂速度、干燥温度、热处理方式及温度制度对异质双尺寸光子晶体的结构和排列方式的影响,研究获得周期性有序异质双尺寸光子晶体结构的工艺条件。

(3)异质双尺寸光子晶体的性能及生长机理研究。采用紫外可见近红外光谱仪分析所制备的异质双尺寸光子晶体的光子带隙。由初步探索所得异质双尺寸光子晶体的结构设计理论模型,利用结构的晶胞特点及各材料的配比计算结构的空隙率,结合填充材料及 SiO_2 的介电常数,根据 Bragg 定律,可利用公式 $\lambda_c = 2d_{(hkl)}(\varepsilon_e - \cos^2\theta)^{1/2}$ 计算出理论的光子带隙波长值,对比实际测试值和理论计算值,进一步探索异质双尺寸光子晶体的实际周期性排列方式。采用 Smileview 图像处理程序对异质双尺寸光子晶体中 SiO_2 和填充纳米颗粒的粒径和相互间的间隙大小进行测定,通过比较结构中 Fe_2O_3、TiO_2 等颗粒与相应 Fe_2O_3 单粉颗粒的形貌和粒径,结合填充纳米材料的结晶过程和晶体生长过程以及异质双尺寸光子晶体的实际排列方式,分析异质双尺寸光子晶体的生长机理。

五、学校可以提供的条件

本项目有关材料的制备将安排在指导教师实验室及学院相关实验室完成,实验室目前拥有电热恒温水浴锅、多头磁力加热搅拌器、自制电泳提拉沉积设备、恒温磁力搅拌器、精密增力电动搅拌器、气氛高温炉(1 300℃)、马弗炉、台式离心机、微机控温高温炉(1 700℃、1 350℃)、电热恒温干燥箱、真空干燥箱、离心机、旋涂仪、热台、数控超声波清洗器、电子分析天平等设备。所在学校及学院还拥有 X 射线衍射仪、热分析仪、红外光谱仪、紫外可见近红外光谱仪、显微共焦激光拉曼光谱仪、场发射扫描电子显微镜、Zeta 电位粒度仪、原子力显微镜、黏度计、阻抗分析仪、荧光光谱仪等一系列分析测试设备。依托陕西科技大学教育部轻化工助剂重点实验室以及陕西省新型功能陶瓷材料与器件工程研究中心,可以满足本实验的研究。另外,学校现有资料基本满足本项目的研究需要,可提供多个国内外电子图书及期刊全文数据库。对凝胶所制备的 Fe_2O_3、TiO_2 粉体、异质光子晶体结构的成分、形貌、晶相、排列方式及缺陷形式、光学性能等方面的检测提供了条件。

六、预期成果

(1)提供周期性有序的异质光子晶体结构合成工艺与制备技术;

(2)获得新型异质光子晶体结构;

(3)拟发表 1 篇论文或申请 1 项发明专利,撰写研究报告。

七、经费预算

支出科目	金额/元	计算根据及理由
合　计	10 000	
1. 科研业务费	5 600	
（1）测试/计算/分析费	3 600	XRD、SEM、TEM、AFM、光谱等测试分析
（2）出版物/文献/信息传播费	2 000	论文、研究报告等版面费、通讯费
2. 实验材料费	4 400	
（1）原材料及药品购置费	3 800	实验用原料、试剂、药品等
（2）其　他	600	消耗材料

八、导师推荐意见

　　该项目组成员系材料物理大二及大三的学生，对材料物理方向的专业知识有了较为系统的学习，具有较强的动手能力和创新能力，对"异质光子晶体的快速自组装制备及其性能研究"方面的研究有一定的掌握，通过参与相关纵向项目，奠定了实施本项目的前期研究基础。本项目的选题属于科研前沿，具有创新性，有利于大学生的动手动脑能力的培养，项目方案设计合理，实验方案可行，同意推荐申请。

　　　　　　　　　　　　　　　签名：

　　　　　　　　　　　　　　　　　　　　　　　　　　　　　年　月　日

九、院系推荐意见

　　本项目主要针对异质光子晶体的快速自组装制备及其性能进行系统的研究与探索，以获得周期性有序的异质光子晶体结构，并探索所得异质光子晶体的结构及性能，分析结构与性能之间的关系，该项目的研究有利于完全带隙光子晶体的研究与应用。该项目方案设计合理，已有实验条件及测试条件满足实验的需求，前期具有一定的实验基础，组成人员包含目前大二及大三的两级学生，人员组成合理，有利于项目的顺利进行及后续实验的延续，这均为项目的顺利实施奠定了良好的基础。同意推荐。

　　　　　院系负责人签名：　　　　　　　　学院盖章

　　　　　　　　　　　　　　　　　　　　　　　　　　　　　年　月　日

十、学校推荐意见

学校负责人签名：　　　　　　　学院盖章

　　　　　　　　　　　　　　　　　　　　　　　　　年　　月　　日

十一、省教育厅评审意见

　单位盖章

　　　　　　　　　　　　　　　　　　　　　　　　　年　　月　　日

注：表格栏高不够可增加。

大学生创新创业训练项目
结题验收表

（☑国家级　□省级　□校级）

项目名称：异质光子晶体的快速自组装制备及其性能研究

项目编号：201610708022

主　持　人：曹疆艳

项目组成员：张琴帆、赵宁、郭利辉、王勇锐

指导教师：伍嫒婷

所在学院：材料科学与工程学院

立项年度：2016

填表日期：2017.10

陕西科技大学教务处　制

项目名称	异质光子晶体的快速自组装制备及其性能研究				
项目等级	(√)国家级　(　)省级　(　)校级			项目编号	201610708022
项目类别	(√)创新训练项目　　　(　)创业训练项目				
主持人姓名	曹疆艳	班级	材物131	联系方式	略
项目组其他成员	序号	姓名	班级	承担工作任务	
	1	张琴帆	材物141	异质双尺寸光子晶体的制备	
	2	赵宁	材物131	异质双尺寸光子晶体的表征和分析	
	3	郭利辉	材物141	异质双尺寸光子晶体生长机理分析	
	4	王勇锐	材物142	粉体表征及分析	
	5				
指导教师	伍媛婷	职称	副教授	研究方向	超材料、纳米材料
项目经费	10 000元	立项时间	2016.05	完成时间	2017.05

一、项目实施情况（立项依据、研究内容、研究结果等1 000字以内）：

　　光子晶体是一类重要的超材料，是由具有不同反射率的材料在空间交替构成的一种周期结构。光子晶体的制备方法主要包括两大类：微细加工法和自组装法，而自组装法以其周期短、工艺设备简单、成本低等优点受到广大研究者的青睐。传统自组装技术所得光子晶体所用材料及所得结构有限，其应用受到限制。本项目组结合新工艺和新思路，快速合成获得新型异质双尺寸光子晶体，此项研究有利于新型异质双尺寸光子晶体结构的开发，为新型光子晶体的开发和应用提供新的工艺和思路，拓宽其应用领域。

　　本项目提出将胶体球均匀分散于凝胶体系中，结合Pechini溶胶-凝胶法和自组装技术，通过分散剂种类和浓度、pH值、颗粒浓度等工艺参数的探索研究，获得稳定的分散体系，从而使模板的组装和凝胶的填充同时进行，不仅可大大缩短制备周期，还可以有效地解决填充均匀性的问题，扩大周期性有序结构的面积，此项研究有利于异质双尺寸光子晶体结构和性能的探索研究。

　　本项目的主要研究内容和研究结果如下：

　　(1)稳定的复合悬浮体系的配制及填充用纳米粉体的制备研究。通过研究制备TiO_2的溶胶-凝胶系统中分散剂的种类和浓度、pH值、反应物的浓度，使二氧化硅胶体球分散于溶胶-凝胶溶液中，揭示了各工艺参数对复合悬浮液的分散稳定性的影响，获得适合于快速制备光子晶体的分散稳定的复合悬浮液。研究了复合悬浮液中采用的溶胶-凝胶体系所制备TiO_2粉体的形貌、粒径及晶相组成。

　　(2)异质双尺寸光子晶体的制备工艺及结构研究。采用电泳辅助提拉法，结合稳定分散的复合悬浮液，一步自组装获得了异质双尺寸光子晶体。研究了电泳辅助提拉法中电压大小、提拉速度等因素对异质光子晶体结构的影响，成功合成周期性有序排列的异质双尺寸光子晶体结构，探索了异质双尺寸光子晶体的排列方式及缺陷形式。

(3)异质双尺寸光子晶体的性能及生长机理研究。分析了所得异质光子晶体的光学性能,针对新型异质双尺寸光子晶体,由所得结构设计了理论模型,并计算了理论模型中空隙率及光子带隙波长,对比理论计算值和实际测试值,探索了异质双尺寸光子晶体的实际结构和排列方式。结合分析所得异质光子晶体的实际结构以及填充用纳米粉体的结晶过程,探索了异质光子晶体的生长机理,并分析了各因素对结构和性能的影响规律。

二、项目创新点与特色(包括使用了什么样的创新方法、手段,项目的科学意义和应用价值等,500字以内):

本项目以异质光子晶体的制备为出发点,结合 Pechini 溶胶-凝胶法及自组装技术快速生长异质光子晶体,利用凝胶体积收缩和晶体限制生长形成有序异质双尺寸结构。通过研究稳定分散的复合悬浮体系的配制及自组装工艺中各工艺参数对异质光子晶体的排列方式及缺陷的影响,获得了制备周期性有序异质光子晶体的工艺条件,探索了所得异质光子晶体的光学性能。本项目研究成果对于异质光子晶体的快速制备新工艺及光学性能的改善探索具有重要意义。主要包括以下创新点和特色:

(1)结合 Pechini 溶胶-凝胶法和电泳辅助提拉技术,采用一步法快速自组装获得异质光子晶体。

(2)获得各工艺参数对所得异质光子晶体的有序排列方式和缺陷的影响规律,探索了异质光子晶体的光学性能及生长机理。利用快速合成技术可突破原有的静态制备过程,获得异于面心立方结构的有序结构。这不仅为异质光子晶体的制备提供新的工艺和思路,还为异质光子晶体性能的研究提供依据。

本项目的研究成果提供了一种一步快速合成异质光子晶体的新工艺,为新型周期性有序排列异质光子晶体的制备与研究提供新思路,有利于异质光子晶体的结构与性能研究,改善其光学性能。

三、项目成果:包括理论、应用、技术等方面取得的成果,成果的具体形式包括发表论文(应注明论文题目、发表刊物、发表时间、作者等详细信息)、专利(专利申请及获批、专利名称、专利号、申请人、获得日期等信息)、研究报告、实物、软件、图纸、获奖证书等。

项目申请书中的预期成果及成果提交形式:	项目结题时取得的成果:
(1)提供周期性有序的异质光子晶体结构合成工艺与制备技术; (2)获得新型异质光子晶体结构; (3)拟发表1篇论文或申请1项发明专利,撰写研究报告。	(1)通过工艺研究及优化,获得了周期性有序的异质光子晶体结构合成工艺与制备技术; (2)获得了新型异质光子晶体结构,阐明了其生长机理; (3)已发表1篇论文: 伍嫒婷,张琴帆,等.KCl 改性二氧化硅光子晶体自组装及其性能[J].陕西科技大学学报,2017,35(3):63-66. (4)撰写了相关研究报告。

四、完成项目后的收获与体会（300字以内）：

　　此次大学生创新创业项目的研究历经一年，在一年的研究过程中，本项目组的成员分工合理、精诚合作，为本项目的顺利完成奠定了良好的基础，进行了项目的申请、实验方案的设计、实验的实施、问题的解决、材料性能的表征及分析等各个阶段。在指导老师的悉心指导下，我们不仅学会了项目的选择、文献的查阅、材料的表征、数据的处理和分析等，也学会了与他人的团队合作，提高了自身的创新思维和动手能力。在异质光子晶体的快速制备及性能探索过程中，也遇到了不少困难，在遇到困难时，大家齐心协力，克服了困难，成功解决了问题，这提高了我们解决问题的能力。通过此次项目的历练，我们经历了课堂上未曾经历的过程，培养了实践能力，本项目的实施意义不仅仅在于让我们学会了异质光子晶体的制备和研究，更重要的是让我们学会了如何解决问题，提高了自身的实践能力。

五、项目组承诺：

　　我保证上述填报内容的真实性，经费使用规范合理，项目成果无弄虚作假情况。

　　主持人签名：　　　　　　　项目组其他成员签名：

　　　　　　　　　　　　　　　　　　　　　　　　日期：

六、指导教师意见（手写）：

　　签名：

　　　　　　　　　　　　　　　　　　　　　年　　　月　　　日

七、学院意见：

　　主管领导签字（盖章）：

　　　　　　　　　　　　　　　　　　　　　年　　　月　　　日

八、学校验收意见：

　　专家评价：（　）优秀　（　）良好　（　）合格　（　）不合格

　　　　　　　　　　　　　　　　　　盖章：

　　　　　　　　　　　　　　　　　　　　　年　　　月　　　日

7.2 Sm_2O_3 光电薄膜的反向胶溶法制备及其结构、性能研究

大学生创新创业训练计划
项目申报表

推 荐 学 校　　陕西科技大学

项 目 名 称　　Sm_2O_3 光电薄膜的反向胶溶法制备及其结构、性能研究

项 目 类 型　　创新训练项目

项 目 负 责 人　　吴雅博

申 报 日 期　　2015.05

陕西省教育厅制

二〇一五年五月

项目名称			Sm$_2$O$_3$光电薄膜的反向胶溶法制备及其结构、性能研究				
项目类型			(√)创新训练项目( )创业训练项目( )创业实践项目				
项目实施时间			起始时间:2015年05月 完成时间:2015年06月				
申请人或申请团队		姓名	年级	学校	所在院系/专业	联系电话	E-mail
	主持人	吴雅博	13级	陕西科技大学	材料学院材料教改班	略	略
	成员	梁 忠	13级	陕西科技大学	材料学院材料教改班	略	略
		贺思彤	12级	陕西科技大学	材料学院材化121班	略	略
		杨 倩	12级	陕西科技大学	材料学院材化122班	略	略
指导教师	姓名		殷立雄		研究方向	纳米材料、薄膜及涂层	
	年龄		略		行政职务/专业技术职务	副院长/副教授	
	主要成果		殷立雄,副教授,博士,硕士生导师,材料科学与工程学院副院长,陕西科技大学"学术骨干培育计划"入选者。主要从事功能纳米粉体、薄膜及涂层材料的液相制备及性能研究工作。目前主持陕西省工业攻关项目和省自然科学基金项目各1项,以及教育厅、咸阳市和横向项目等4项,先后发表论文10余篇,被SCI、EI收录8篇,申请发明专利20余项,授权8项,获得陕西省科学技术二等奖1项、厅局级奖3项。				

一、项目实施的目的、意义

稀土材料因具有比较特殊的能量转换、传输、存储功能,而被广泛应用于光、电、磁等领域,目前一批新兴功能材料如稀土永磁材料、稀土发光材料、稀土激光材料、稀土储氢材料等已受到广泛研究关注[1-3]。而纳米结构的稀土化合物材料因具有小尺寸效应、表面效应和量子尺寸效应等使其在光、电、磁及催化等方面表现出了常规材料所不具备的一些特性;具有良好化学和热稳定性的氧化钐、氧化铒、氧化钇、氧化饰和氧化铈等稀土金属氧化物薄膜被广泛地应用于微电路电池、高效发光器件、磁性材料、光电设备和光电仪器等[4]。另外,我国在稀土资源蕴藏和产量上的优势也是我们研究开发稀土材料并将其应用于各种功能材料中的一个强大支撑[5]。

光学薄膜是现代化光学器件的重要组成部分,它通过在各种光学材料表面镀上一层或多层膜,利用光的干涉效应改变透射光或反射光的偏振、相位及能量,被广泛地应用于通信、建筑、防伪、医疗、空间技术等领域[3]。

Sm_2O_3 具有良好的化学稳定性质。它是一种弱酸性氧化物,对碱溶液以及水都具有足够的稳定性,对 HF 和 H_3PO_4 也是稳定的。在空气中能吸收 CO_2,生成碱式碳酸钐,后者经 800℃ 煅烧又可以得到氧化钐[6-10]。由于 Sm_2O_3 优越的光学、电学和磁学性能,其可被用在许多方面。随着高技术的发展,Sm_2O_3 薄膜的用途将越来越广泛。Sm_2O_3 薄膜除可用来制备光学开关、数据存储和光电转换元件等,还可用于电子和磁性器件,可用于特种玻璃的滤光器中,例如红外线滤光器;也可用作催化剂,比如,甲烷通过氧化钐流动时,可转变成乙烷和乙烯,它的催化作用具有很强的选择性[11]。

Sm_2O_3 是新一代的稀土功能材料。目前关于 Sm_2O_3 薄膜的研究报道较少,Sm_2O_3 薄膜的制备主要采用真空蒸镀和气氛蒸镀等方法,但由于这两种方法对设备的要求很高,设备仪器比较昂贵,且由于蒸镀使原料在整个容器中存在,对 Sm_2O_3 原料的利用率较小。

目前,关于制备氧化物薄膜的方法较多有溶胶-凝胶法[12]、水热法[13]、磁控溅射法[14]和化学气相法[15]等,而溶胶-凝胶法因其产品纯度较高、烧成温度较低、反应过程易于控制等优点而被广泛应用于氧化物等薄膜的制备研究。然而,人们都专注于用金属醇盐作为原料制备溶胶却忽视硝酸盐、氯化盐等无机盐的运用,这可能是由于无机盐水解过快生成沉淀而不容易控制[12]。采用无机盐作为前驱体,较金属醇盐有着操作简单和成本低廉等优点,且反应过程避免了有机物的添加,避免了污染[12]。鉴于此,本研究工作采用氯化钐或硝酸钐为起始原料,采用不同碱源调节溶液 pH 值,并将沉淀离心洗涤去除杂质粒子后,选用不同胶溶剂(HCl、HNO_3、CH_3COOH)对沉淀进行胶溶生成稳定溶胶,进而探索性地在玻璃片或单晶硅基板面等基板上镀膜制备 Sm_2O_3 光学薄膜;利用 AAO 模板辅助制备 Sm_2O_3 纳米阵列,并研究了工艺因素对光-电性能影响;为得到性能更加优异光电性能的 Sm_2O_3 纳米阵列,对其进行掺杂改性研究。

主要参考文献:

[1] DAKHEL A A. Dielectric and Optical Properties of Samarium Oxide Thin Films[J]. J Alloys Compd,2004,365:233 - 239.

[2] DJERDJ I, GARNWEITNER G, SU D S, et al. Morphology - controlled nonaqueous synthesis of anisotropic lanthanum hydroxide nanoparticles[J]. J Solid State Chem,2007,180:2154 - 2165.

[3] ZHANG Y, LU C, SUN L Y, et al. Influence of Sm_2O_3 on the Crystallization and Luminescence Properties of Boroaluminosilicate Glasses[J]. Materials Research Bulletin,2009,44:179 - 183.

[4] ZHANG L, ZHU H. Dielectric, Magnetic and Microwave Absorbing Properties of Multi - walled Carbon Nanotubes Filled with Sm_2O_3 Nanoparticles[J]. Materials Letters,2009,63:272 - 274.

[5] PARAC - VOGT T N, DELEERSNYDER K, BINNEMANS K. Lanthanide(Ⅲ) complexes of aromatic sulfoni acids as catalysts for the nitration of toluene[J]. Journal of Alloy & compounds,2004,374(1 - 2):46 - 49.

[6] SHOSUKE M. Intense white luminescence of Sm_2O_3 irradiated with ultraviolet laser light under vacuum[J]. Journal of Physica B,2003(340 - 342):944 - 948.

[7] DAKHEL A A. Dielectric and optical properties of samarium oxide thin films[J]. Journal of Alloys and Compounds,2004(365):233-239.

[8] MOTT N F, DAUIS E A. Electronic processes in non-crystalline materials[M]. Oxford,1979.

[9] ROZHKOV V R, TRUSOVA Y Y, BEREZHNOY I G. Silicon MIS structures using samarium oxide films[J]. Thin solid Films,1998(325):151-155.

[10] MANDAL B, THAKUR S N. Laser photoacoustic spectra of Sm^{3+} ion in Sm_2O_3 and $SmCl_3 \cdot 6H_2O$ in the spectral profile 484-542nm[J].Spectrochimica Acta:Part A,2004(60):933-939.

[11] HERNANDES A C. Optical properties of Sm^{3+} doped lead fluoroborate glasses[J]. Journal of Physics and Chemistry of Solids,2000(60):1535-1542.

[12] HARRAZ F A, ABDEL-SALAM O E, MOSTAFA A A, et al. Rapid synthesis of titania-silica nanoparticles photocatalyst by a modified sol-gel method for cyanide degradation and heavy metals removal[J]. Journal of Alloys and Compounds,2013,551:1-7.

[13] GUND G S, DUBAL D P, SHINDE S S, et al. One step hydrothermal synthesis of micro-belts like β-Ni(OH)$_2$ thin films for supercapacitors[J]. Ceramics International, 2013, 39(6):7255-7261.

[14] SATO H, MINAMI T, TAKATA S, et al. Transparent conducting p-type NiO thin films prepared by magnetron sputtering[J]. Thin solid films, 1993, 236(1):27-31.

[15] LIU H, FENG L, ZHAI J, et al. Reversible wettability of a chemical vapor deposition prepared ZnO film between superhydrophobicity and superhydrophilicity[J]. Langmuir, 2004, 20(14):5659-5661.

二、项目研究内容和拟解决的关键问题

（一）研究内容

（1）反向胶溶法制备 Sm_2O_3 光学薄膜。拟分别以 FTO 导电玻璃和硅基板等为基材，采用反向胶溶法制备 Sm_2O_3 光学薄膜，研究钐盐的水合化学并以此为基础，研究钐源和碱源、溶胶配比、胶溶温度、胶溶剂及 $n_{Sm^{3+}}:n_{H^+}$ 等对 Sm_2O_3 薄膜的结晶性、结构及性能的影响，优化 Sm_2O_3 光学薄膜的制备工艺，并对其生长机理和光电性能进行研究。

（2）AAO 模板辅助反向胶溶法制备 Sm_2O_3 纳米阵列。拟以 FTO 导电玻璃基板和硅基板为基材，采用 AAO 模板辅助反向胶溶法制备 Sm_2O_3 纳米阵列，研究影响溶胶形成的因素（如 pH 值、浓度及添加剂等），研究适合于制备 Sm_2O_3 纳米阵列的最佳工艺；研究热处理工艺条件对 Sm_2O_3 纳米阵列的组成、结构和性能的影响；研究溶胶脱水形成凝胶及凝胶煅烧的温度、时间等工艺条件对制备 Sm_2O_3 纳米阵列的结构、吸附性能以及光-电性能的影响。

（3）反向胶溶法制备掺杂镧（La）改性 Sm_2O_3 纳米阵列的研究。拟以 FTO 导电玻璃基板和硅基板作为基材，采用 AAO 模板辅助反向胶溶法制备 $Sm_{2-x}La_xO_3$ 纳米阵列。研究 La 掺入量、pH 值、热处理温度等对 $Sm_{2-x}La_xO_3$ 纳米阵列的组成、结构和光-电性能的影响，研究 La 掺杂改性提高 Sm_2O_3 纳米阵列光电性能的机理。

(二)拟解决的关键问题

(1)通过大量的实验研究和理论分析,根据实验工艺流程,筛选合适钐源、碱源、pH 值、胶溶温度、胶溶剂、$n_{Sm^{3+}}:n_{H^+}$ 及煅烧温度制度等,以得到制备最佳光滑度及最佳光电性能薄膜的最佳工艺条件。

(2)在充分浸润 Sm_2O_3 溶胶并干燥 AAO 模板后,在保证产品结构不受破坏情况下完整去除 AAO 模板是其关键。

(3)在制备 $Sm_{2-x}La_xO_3$ 纳米阵列过程中,将 La 以拟定配比成功掺入 Sm_2O_3 晶格制备 $Sm_{2-x}La_xO_3$,并研究总结 La 掺入量对其光电性能影响关系。

三、项目研究与实施的基础条件

(一)研究基础

项目组指导老师殷立雄副教授及成员所在的项目组多年从事纳米粉体及薄膜材料的研究指导工作,积累了丰富经验,在纳米粉体及薄膜材料的制备工艺及性能研究等方面均取得了大量的数据和研究成果,发表了几十余篇相关论文,已授权国家发明专利 10 余项,相关研究成果得到国内外同行专家的广泛关注与充分肯定。

项目组前期对 $Sm(OH)_3$ 和 Sm_2O_3 做了大量的研究探索工作,利用水热、微波水热等方法研究比较了模板剂、碱源等对产物形貌、光学性能的影响,并在 *Journal of Alloys and Compounds*、*RSC Advances*、*Materials Science in Semiconductor Processing*、*Advanced Materials Research* 等期刊杂志上发表数篇文章,且获得了相关专利授权,为完成预期的研究成果提供了坚实的基础。

图 7-2 即为前期研究的一个示例,通过控制相关工艺参数制得了 Sm_2O_3 微晶及薄膜的相关图片,尽管目前的初步研究尚未能深入揭示 Sm_2O_3 微晶及薄膜的生长机理,但现在的研究结果表明,本项目的学术思想和研究方案合理可行。

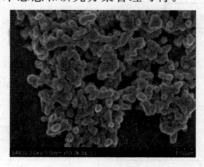

图 7-2 二乙烯三胺为碱源时所得 Sm_2O_3 微晶的 SEM 图片

(二)实施的基础条件

陕西科技大学材料科学与工程学院拥有"功能薄膜与涂层材料"国家优势学科重点实验室和科技部"无机材料国际合作基地"等研发平台,在纳米材料、有机-无机复合材料、功能薄膜及涂层材料、无机非金属材料物理化学基础等研究方向特色鲜明,优势突出。与本项目相关的研究条件和完成本项目所需的实验设备已基本具备,其中包括:

1.实验设备

雷磁pH计、恒温加热磁力搅拌器、电子天平、分析天平、数控超声波清洗器、水热反应仪、水热反应釜、真空干燥箱、电热恒温鼓风干燥箱等。

2.分析测试设备

X射线衍射仪、红外光谱仪、热重分析仪、扫描电镜、透射电镜、X射线光电子能谱分析、原子力显微镜、比表面仪、UV-Vis、电化学工作站等一系列分析测试设备。

该项目的研究和试验条件均可得到保证。

四、项目实施方案

1.原料的选择与使用

(1)拟采用六水合硝酸钐($Sm(NO_3)_3 \cdot 6H_2O$)为钐源,以氨水、尿素、六亚甲基四胺和二乙烯三胺作不同碱源调节溶液pH值制备白色沉淀,以冰醋酸、HNO_3、H_2O作为胶溶剂制备稳定性较好的溶胶,利用提拉镀膜制备Sm_2O_3薄膜。

(2)利用AAO辅助溶胶凝胶制备Sm_2O_3纳米阵列,并对其进行La的掺杂改性研究,制备$Sm_{2-x}La_xO_3$纳米阵列。

2.薄膜表征测试

对所制备薄膜进行一系列表征测试如TG-DTA、FTIR、XRD、AFM、TEM和XPS等,研究分析薄膜形貌结构、组分分析、取向性生长和不同工艺参数之间的关系。

3.工艺流程(见图7-3)

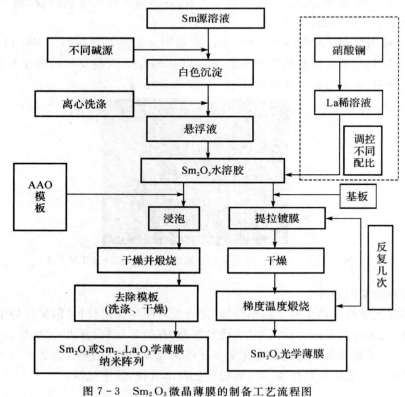

图7-3 Sm_2O_3微晶薄膜的制备工艺流程图

五、学校可以提供的条件

陕西科技大学材料科学与工程学院拥有"功能薄膜与涂层材料"国家优势学科重点实验室和科技部"无机材料国际合作基地"等研发平台,在纳米材料、复合材料、功能薄膜及涂层材料、无机非金属材料物理化学基础等研究方向特色鲜明,优势突出,可以为本项目相关的研究条件和提供所需的实验设备、分析仪器和研究场所,同时学校聘请各相关学科专家对申报项目进行立项评审和技术指导。

六、预期成果

(1)获得制备具有优良光电性能的Sm_2O_3薄膜的最佳工艺条件。

(2)成功制备Sm_2O_3纳米阵列,并得到不同工艺条件对其光-电性能影响的研究总结报告。

(3)在Sm_2O_3纳米阵列基础上通过掺杂改性大幅提高其光-电性能。

(4)在国内外权威刊物上发表1篇学术论文,至此申请1项国家发明专利。

七、经费预算

科　　目	申请费用/元	备注(计算依据与说明)
实验材料费	2 500	试剂、实验用药品及其他需要的材料
测试分析费	2 600	Sm_2O_3微晶薄膜材料的微观形貌及晶相分析等表征测试费用
会议费/差旅费	2 500	参加国内学术会议和学术交流及科研出差费用
资料调研费	400	资料购买和复印
出版费	2 000	发表论文、专利申请费
合　　计	10 000	

八、导师推荐意见

签名:

年　月　日

九、院系推荐意见

                     院系负责人签名：   学院盖章

                                            年 月 日

十、学校推荐意见：

                     学校负责人签名：   学校盖章

                                            年 月 日

十一、省教育厅评审意见：

                              单位盖章

                                            年 月 日

注：表格栏高不够可增加。

大学生创新创业训练项目
结题验收表

（☑国家级　　□省级　　□校级）

项　目　名　称：　Sm$_2$O$_3$光学薄膜的反向胶溶法制备及其结构、性能研究

项　目　编　号：　201510708154

主　　持　　人：　吴雅博

项目组成员：　梁　忠、贺思彤、杨　倩

指　导　教　师：　殷立雄

所　在　学　院：　材料科学与工程学院

立　项　年　度：　2015

填　表　日　期：　2015.06

陕西科技大学教务处　制

项目名称	Sm_2O_3 光学薄膜的反向胶溶法制备及其结构、性能研究				
项目等级	(√)国家级　(　)省级　(　)校级			项目编号	201510708154
项目类别	(√)创新训练项目　　(　)创业训练项目				
主持人姓名	吴雅博	班级	材料教改13	联系方式	略
项目组其他成员	序号	姓名	班级	承担工作任务	
	1	梁　忠	材料教改13	负责 Sm_2O_3 薄膜的合成,包括各种实验仪器使用的学习	
	2	贺思彤	材化121	负责样品的表征工作(物相和形貌表征)	
	3	杨　倩	材化121	负责样品的化学性能测试,并进行测试结果的初步分析	
指导教师	殷立雄	职称	副教授	研究方向	薄膜及涂层材料性能研究
项目经费	10 000元	立项时间	2015.05	完成时间	2016.05

一、项目实施情况(立项依据、研究内容、研究结果等 1 000 字以内):

1.立项依据

Sm_2O_3 是新一代的稀土功能材料。Sm_2O_3 薄膜的制备主要采用真空蒸镀和气氛蒸镀等方法,但由于这两种方法对设备的要求很高,设备仪器比较昂贵,且由于蒸镀使原料在整个容器中存在,导致对 Sm_2O_3 原料的利用率较小。

目前,关于制备氧化物薄膜的方法较多,有溶胶-凝胶法、水热法、磁控溅射法和化学气相法等,然而溶胶-凝胶法因其产品纯度较高、烧成温度较低、反应过程易于控制等优点而被广泛应用于氧化物等薄膜的制备研究。然而,人们都专注于用金属醇盐作为原料制备溶胶却忽视硝酸盐、氯化盐等无机盐的运用,这可能是由于无机盐水解过快生成沉淀而不容易控制。采用无机盐作为前驱体,较金属醇盐有着操作简单和成本低廉等优点,且反应过程避免了有机物的添加,避免了污染。鉴于此,本研究工作采用氯化钐为起始原料,探索性地在玻璃片和单晶硅基板表面采用胶溶法制备 Sm_2O_3 光学薄膜,并研究了工艺因素对薄膜结晶取向、显微结构和光学性能的影响。

2.研究内容

(1)纳米晶的性能与其组成、尺寸、微观形貌及结构等因素有很大的关系。本项目通过水热-热处理结合的方式制备一维 Sm_2O_3 纳米晶,研究不同模板剂及等工艺因素对产物物相、形貌及光学学性能的影响规律,并进行了简要分析。

(2)利用反向胶溶法,以冰醋酸为胶溶剂得到了稳定的钐的溶胶,并利用旋涂-热处理制备了 Sm_2O_3 薄膜,研究了热处理温度、时间及镀膜层数对产物物相、结晶性以及光学行能的影响规律。

3.研究结果

在水热-热处理条件下分别以 HMTA、PVP 和 CTAB 为模板剂,研究了其对产物结构和光学性能的影响,并成功制得了均匀且分散性较好的棒状 Sm_2O_3 纳米晶。对产物进行了 UV-vis 漫反射吸收光谱分析,分析结果表明,棒状结构的 Sm_2O_3 纳米晶的禁带宽度为 4.781~4.842 eV,且随着纳米棒的长度的增长,产物的禁带宽度增大。

利用反向胶溶法制备了 Sm_2O_3 薄膜,研究了热处理温度、时间以及镀膜层数对薄膜结晶性、薄膜表面结构和吸光度的影响。结果表明,随着热处理温度、时间和层数的增加,薄膜的结晶性都明显增加,且趋向生长也更加明显。更多地,随着结晶性的增加,薄膜的吸光度增加,透过率减小。

二、项目创新点与特色(包括使用了什么样的创新方法、手段,项目的科学意义和应用价值等,500字以内):

1.创新方法和手段

(1)以 HMTA、PVP 和 CTAB 为模板剂,在合适的 Sm^{3+} 和碱的配比条件下,经水热-热处理过程制备出长度、直径不同的立方相 Sm_2O_3 微晶。

(2)以冰醋酸为胶溶剂,利用旋涂-热处理通过控制热处理温度、时间及镀膜层数制备了 Sm_2O_3 薄膜。

2.项目的应用价值

氧化钐(Sm_2O_3)是一种典型的稀土金属氧化物材料,其外观呈现略带黄色的粉末状,不溶于水,以体心立方相和单斜相最为常见。作为宽禁带稀土金属氧化物半导体材料,Sm_2O_3 具有高的电阻率、高的介电常数、强的紫外光吸收能力以及良好的化学和热稳定性,是开发高频率、大功率、耐高温及抗辐射半导体器件的理想材料。另外,Sm_2O_3 可以吸收高能量的光子,在制造半导体激光器以及紫外探测器等器件方面具有潜在的应用价值,在微电子和光电子领域具有广阔的应用前景。已有的文献报道中常见的 Sm_2O_3 的结构大多为棒状和颗粒状,对于结构复杂的 Sm_2O_3 的合成方法及性能探究和开发仍有待进一步研究。

三、项目成果:包括理论、应用、技术等方面取得的成果,成果的具体形式包括发表论文(应注明论文题目、发表刊物、发表时间、作者等详细信息)、专利(专利申请及获批、专利名称、专利号、申请人、获得日期等信息)、研究报告、实物、软件、图纸、获奖证书等。

项目申请书中的预期成果及成果提交形式:	项目结题时取得的成果:
(1)获得制备具有优良光电性能的 Sm_2O_3 薄膜的最佳工艺条件。 (2)成功制备 Sm_2O_3 纳米阵列,并得到不同工艺条件对其光-电性能影响的研究总结报告。 (3)在 Sm_2O_3 纳米阵列基础上通过掺杂改性大幅提高其光-电性能。 (4)申请2项国家发明专利。	申请发明专利两项: [1] 殷立雄,吴雅博,黄剑峰,等.一种基于胶溶法配置溶胶的溶胶-凝胶法制备 Sm_2O_3 薄膜的方法:ZL2015104475019[P].2017-10-13. [2] 殷立雄,张东东,黄剑峰,等.一种化学溶液沉积法制备 Sm_2O_3 薄膜的方法:ZL2015104471588[P].2017-11-21.

四、完成项目后的收获与体会（300字以内）：

　　在过去整整一年中，我们坚持完成了整个大学生创新训练项目的流程，对科研经历的酸甜苦辣也体会到一些。有过连续的失败，而且作为本科生，更有过因为所掌握的知识有限而感到困惑和苦恼的时期。在最不知所措的时候，我和队友轮番驻扎实验室，查阅大量关于溶胶-凝胶的中英文文献和资料，后来终于解决了当时所遇到的镀膜不均匀的问题。

　　通过参与本项目，将自己课堂上所学的理论知识与实验的结果相结合，在实验过程中，我们不仅自己查阅文献、收集资料、设计实验方案，而且自己动手操作，进行实验测试、分析实验结果、优化实验方案，我们的实验动手能力、创新思维能力、团队合作能力都有了很大程度地提高。这些能力对我们今后的学习和工作有很大的作用和意义。通过这次学习，我受益匪浅，感谢学校和老师给我这次机会！

五、项目组承诺：

　　我保证上述填报内容的真实性，经费使用规范合理，项目成果无弄虚作假情况。

　　主持人签名：　　　　　　项目组其他成员签名：

　　　　　　　　　　　　　　　　　　　　　　　　日期：

六、指导教师意见（手写）：

　　签名：

　　　　　　　　　　　　　　　　　　　　　年　　月　　日

七、学院意见：

　　主管领导签字(盖章)：

　　　　　　　　　　　　　　　　　　　　　　　　　　年　　月　　日

八、学校验收意见：

　　专家评价：(　)优秀　　(　)良好　　(　)合格　(　)不合格

　　　　　　　　　　　　　　　　　盖章：

　　　　　　　　　　　　　　　　　　　　　　　　　　年　　月　　日

第 8 章 复合材料

8.1 汽车尾气净化用 SiC/C 多孔复合陶瓷多尺度设计及性能研究

大学生创新创业训练计划项目申报表

推 荐 学 校	陕西科技大学
项 目 名 称	汽车尾气净化用 SiC/C 多孔复合陶瓷多尺度设计及性能研究
项 目 类 型	创新训练项目
所属一级学科名称	材料科学与工程
所属二级学科名称	材料物理与化学
项 目 负 责 人	张沛东
申 报 日 期	2013.05

陕西省教育厅 制
二〇一三年五月

项目名称			汽车尾气净化用 SiC/C 多孔复合陶瓷多尺度设计及性能研究				
项目类型			(√)创新训练项目（ ）创业训练项目 （ ）创业实践项目				
项目实施时间			起始时间：2013 年 10 月		完成时间：2014 年 10 月		
申请人或申请团队		姓名	年级	学号	所在院系/专业	联系电话	E-mail
	主持人	张沛东	10 级	陕西科技大学	材料学院 材料化学	略	略
	成员	雍 翔	10 级	陕西科技大学	材料学院 材料化学	略	略
		王小龙	10 级	陕西科技大学	材料学院 材料化学	略	略
		陈水成	10 级	陕西科技大学	材料学院 材料化学	略	略
		李 祥	10 级	陕西科技大学	材料学院 材料化学	略	略
指导教师	姓名		李翠艳		研究方向	纳米材料、复合材料	
	年龄		略		行政职务/专业技术职务	讲师	
	主要成果		李翠艳，主要从事纳米材料和无机非金属复合材料的科研和教学，作为主要完成人参与了国家自然基金，陕西省自然科学基金等多项科研工作。发表论文十余篇，其中 SCI 收录 6 篇，申请国家发明专利十余项，授权 4 项，其中专利"一种制备四方相氧化锆纳米棒的方法"已许可江苏九九久科技股份有限公司在生产中得到应用。主要成果如下： [1] LI Cuiyan, HUANG Jianfeng, et al. Effect of Nb coating on oxidation behavior of C/C composites[J]. Corrosion Science, 2012, 63: 182-186. [2] LI Cuiyan, LI Kezhi, et al. Effect of reaction temperature on crystallization of nanocrystalline zirconia synthesized by microwave-hydrothermal process[J]. Journal of Alloys and Compounds, 2013, 561: 23-27. [3] LI Cuiyan, LI Kezhi, et al. Mechanical and thermophysical properties of carbon/carbon composites with hafnium carbide[J]. Ceramics International, 2013, 39: 6769-6776. [4] LI Cuiyan, HUANG Jianfeng, CAO Liyun, et al. Synthesis of SiC nanowires from gaseous SiO and pyrolyzed bamboo slices[J]. Journal of Physics: Conference Series, 2009, 152, 012072. [5] 李翠艳,黄剑锋,曹丽云,等.一种 β-SiC 纳米线的合成方法：ZL200810150116.8[P].2010-3-10. [6] 李翠艳,黄剑锋,曹丽云,等.一种制备四方相氧化锆纳米棒的方法：ZL201110072496.X[P].2012-10-10. [7] 李翠艳,欧阳海波,黄剑锋,等.一种制备碳微球的方法：ZL201210235639.9[P].2012-11-07. [8] 欧阳海波,李翠艳,黄剑锋,等.一种高比表面积 SiC/C 多孔复合陶瓷及其制备方法：ZL201210448657.5[P].2013-02-20.					

一、项目实施的目的、意义

PM2.5作为一个新的环境监测指标,日益受到人们的关注。PM2.5是指大气中直径小于或等于2.5 μm 的颗粒物,也称为可入肺颗粒物。PM2.5粒径小,富含大量的有毒、有害物质且在大气中的停留时间长、输送距离远,对人体健康和大气环境质量的影响比较大,PM2.5浓度每增加100$\mu g/m^3$,总死亡率上升4.08%。在对PM2.5的研究中发现,汽车尾气是城市PM2.5最大的排放源。随着经济社会快速发展,汽车保有量逐年增加,人们在享受汽车带来的方便快捷的同时,造成的环境污染也越来越严重。城市作为一个人口稠密、工商业发达的地区,PM2.5的污染也愈加严重。传统的蜂窝型多孔陶瓷在负载催化剂后表现出了一定的尾气净化效果,可以将发动机排出的废气中的污染物CO、HC和NO_x等有害气体进行氧化和还原。由于PM2.5粒径小,传统的蜂窝型多孔陶瓷显得无能为力,汽车尾气污染日趋严重。开发新型的汽车尾气净化多孔陶瓷,缓解日益严重的PM2.5污染,成了未来社会发展面临的严峻挑战。

SiC所具有的良好性能使其成为汽车尾气净化用多孔陶瓷的理想选择,SiC多孔陶瓷在汽车尾气净化领域的研究和应用日益增多。目前SiC多孔陶瓷的制备多采用烧结法,孔隙直径大约在20~50 μm之间,比表面积仅在10~20 m^2/g,净化PM2.5颗粒的效率十分有限。提高多孔陶瓷的比表面积,细化孔隙结构,对于捕捉和吸附PM2.5颗粒是非常必要的。高比表面积SiC成了近年研究的热点,目前已经开发了模板法[1]、溶胶凝胶法[2]、聚碳硅烷裂解法[3]等,制备出了多孔颗粒[4]、纳米管[5]、微球[6]等多种结构的SiC。然而,要在汽车尾气净化上应用,所制备的高比表面积SiC还需烧结成型,这会破坏高比表面积SiC的微观结构,使得多孔陶瓷制品的比表面积难以提高。相比传统烧结SiC多孔陶瓷,纤维状SiC多孔陶瓷表现出更为优异的过滤和吸附效果。Ohzawa[7-8]通过研究纤维状SiC多孔陶瓷的高温尾气净化表明,纤维状SiC多孔陶瓷具有高气孔率(>90%)、高的比表面积、三维贯通气孔等优点,压降小,过滤效率高,非常适合用于高温尾气净化。然而,单纯的SiC纤维结构多孔陶瓷,其孔隙直径依然维持在20 μm左右,对于PM2.5颗粒的捕捉效率依然有限。近年来,各种不同形貌的纳米SiC的发展奠定了SiC多孔陶瓷多尺度结构设计的基础。将纳米结构的SiC引入多孔陶瓷中,赋予SiC多孔陶瓷新的特性[9-10]。Choi[11]利用化学气相沉积技术,在碳纤维表面沉积了SiC晶须,晶须直径在2 μm左右,引入SiC晶须有效地减小了多孔陶瓷的孔隙尺寸。随着SiC晶须的增加,多孔陶瓷的吸附性能、抗氧化性能以及过滤效率均大幅度的提高。因此,纤维多孔陶瓷中引入纳米结构SiC是实现其高比表面积、高孔隙率、高强度的有效途径。

基于此,本项目提出了一种SiC/C多孔复合陶瓷的设计思路和制备方法,通过将微米级的碳纤维、亚微米SiC微球、SiC纳米线三个不同尺度材料组装形成一个由碳纤维和SiC两种材料的复合的三维网状多孔陶瓷(见图8-1),拟赋予SiC/C多孔陶瓷独特的性能。

(1)多孔陶瓷内部的微/纳米多尺度的结构设计,使其在具有高孔隙率的同时,还具有高的比表面积。

(2)SiC/C的复合结构,不仅继承了碳纤维高强度的特性,而且也赋予了SiC耐热、耐蚀、导电导热等优异的特性。

(3) 多孔陶瓷的强度和孔隙大小可以通过调节碳纤维预制体的密度和碳热反应时间来控制,具有强的可设计性。

(4) 在多孔陶瓷制备过程中,直接将金属催化剂引入到多孔陶瓷内,实现 SiC/C 多孔复合陶瓷制备不但促进了 SiC 纳米线的生长,而且催化剂的分布更分散,可以进一步提高催化剂的催化效率,赋予了 SiC 多孔陶瓷催化特性。

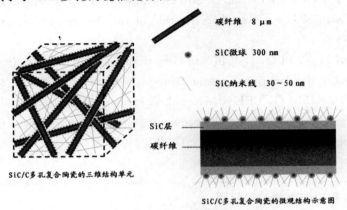

图 8-1 SiC/C 多孔复合陶瓷结构示意图

主要参考文献:

[1] LIU G, DAI P, WANG Y, et al. Fabrication of wood – like porous silicon carbide ceramics without templates[J]. Journal of the European Ceramic Society, 2011, 31: 847 – 854.

[2] JIN G, GUO X. Synthesis and characterization of mesoporous silicon carbide[J]. Microporous and Mesoporous Materials, 2003, 60: 207 – 212.

[3] KISELOV V S, LYTVYN P M, YUKHYMCHUK V O, et al. Synthesis and properties of porous SiC ceramics[J]. Journal Physics, 2010, 107: 093510.

[4] HASEGAWA G, KANAMORI K, NAKANISHI K, et al. Fabrication of macroporous silicon carbide ceramics by intramolecular carbothermal reduction of phenyl – bridged polysilsesquioxane[J]. Journal of Materials Chemistry A, 2009, 19, 7716 – 7720.

[5] SUN X, LI C, WANG W, et al. Formation of Silicon Carbide Nanotubes and Nanowires via Reaction of Silicon (from Disproportionation of Silicon Monoxide) with Carbon Nanotubes[J]. Journal of The American Chemical Society, 2002, 124: 14464 – 14471.

[6] WANG K, WANG H, CHENG Y. Synthesis of nanostructured silicon carbide spheres from mesoporous C – SiO_2 nanocomposites[J]. Chemical Communications, 2010, 46: 303 – 305.

[7] OHZAWA Y, NOMURA K, SUGIYAMA K. Relation between porosity and pore size or pressure drop of fibrous SiC filter prepared from carbonized cellulose – powder performs[J]. Materials Science and Engineering A, 1998, 255: 33 – 38.

[8] OHZAWA Y, SAKURAI T, SUGIYAMA K. Preparation of a fibrous SiC shape using pressure-pulsed chemical vapour infiltration and its properties as a high-temperature filter[J]. Journal of Materials Processing Technology, 1999, 96: 151-156.

[9] YOON B, PARK C, KIM H. In Situ Synthesis of Porous Silicon Carbide Ceramics Decorated with SiC Nanowires[J]. Journal of the American Ceramic Society, 2007, 90(12): 3759-3766.

[10] ZHU S, XI H A, LI Q, et al. In Situ Growth of SiC Nanowires in Porous SiC Ceramics[J]. Journal of the American Ceramic Society, 2005, 88(90): 2619-2621.

[11] CHOI Y Y, KIM J G, LEE K M, et al. A study of surface-coated SiC whiskers on carbon fiber substrates and their properties for diesel particulate filter applications[J]. Ceramics International, 2011, 37: 1307-1312.

二、项目研究内容和拟解决的关键问题

（一）研究内容

（1）碳纤维骨架的优化设计：碳纤维作为 SiC/C 多孔复合陶瓷骨架，是多孔陶瓷强度的基础。通过研究碳纤维预制体密度、沉积碳微球密度对碳纤维骨架抗压强度，建立碳纤维骨架的力学模型，实现碳纤维骨架的优化设计。

（2）碳微球沉积优化研究：碳微球不仅连接碳纤维骨架，也是 SiC 微球的模板、SiC 纳米线的碳源。研究碳微球的尺寸、数量对碳骨架强度、比表面积的影响规律。

（3）催化剂负载的研究：引入金属催化剂，以 $NiCl_2$ 作为原料，利用微波水热法在碳模板表面沉积纳米 NiO 颗粒，研究微波水热反应温度、反应时间、pH 值对 NiO 纳米颗粒形貌、分布密度的影响。

（4）SiC/C 多孔复合陶瓷的碳热还原合成：以 $Si+SiO_2$ 作为硅源、碳模板作为碳源，研究碳热还原反应中反应温度、反应时间、反应分压对 SiC 层厚度的影响规律，研究反应参数对 SiC 纳米线形貌和尺寸的影响规律，研究氧化物纳米颗粒形貌和数量对 SiC 纳米线的影响。

（二）拟解决的关键问题

SiC/C 多孔复合陶瓷的制备技术。如何将微米级碳纤维、亚微米级的碳微球、纳米级的 SiC 纳米线组装起来，形成一个 SiC/C 多孔复合陶瓷是该项目的关键。本项目拟通过水热碳化合成的碳微球作为介质实现微米级碳纤维与纳米级 SiC 纳米线的有机结合。利用碳微球将碳纤维连接成三维多孔的骨架结构，并为后续的碳热还原反应合成 SiC 纳米线提供碳源。

三、项目研究与实施的基础条件

申请者及所在团队具有多年的碳纤维增强陶瓷基复合材料制备、SiC 纳米线制备及纳米氧化物合成的研究经验,具有坚实的理论基础和丰富的实践经验。项目有机地融合了申请者及所在团队的研究成果,是现有研究成果的深化和扩展。申请者前期已开展了大量的相关研究,如图 8-2 所示,在制备的碳纤维骨架密度仅为 0.2 g/cm³ 时,其抗压强度可以达到 20 MPa。因此,以碳纤维作为多孔陶瓷高强度骨架是可行的。目前申请者已完成的微波水热合成碳微球的研究,已掌握碳微球的水热合成技术并已申请国家发明专利:一种碳微球的制备方法(201210235639.09)。对于碳纤维与 SiC 纳米线复合预制体的制备及 SiC 的碳热还原合成,申请者及所在团队成员具有多年的实践经验和较深的理论认识,并申请国家发明专利:碳化硅纳米线的制备方法(200810017225.2),一种高比表面积 SiC/C 多孔复合陶瓷及其制备方法(201210448657.5)。所得材料 SEM 如图 8-2 所示,这些研究基础和初步结果为本研究的顺利实施奠定了良好的基础。

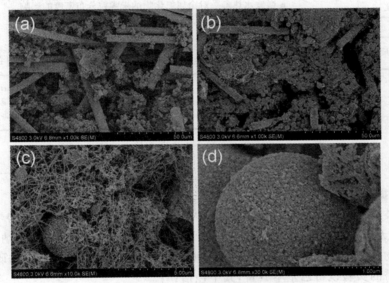

图 8-2 前期示例
(a)合成的碳纤维-碳微球-SiO_2复合结构; (b)碳热还原后的 SiC/C 多孔陶瓷;
(c)碳热还原在多孔陶瓷内原位生长的 SiC 纳米线; (d)碳微球表面形成的多孔 SiC 结构

四、项目实施方案

(1)利用微波水热法,以葡萄糖作为碳源,在碳纤维表面沉积碳微球,形成一个具有高比表面积的碳骨架。碳微球具有高的比表面积,可以有效地提高碳骨架的比表面积。采用 SEM 对所制备的碳骨架中的碳微球形貌及分布进行表征。

(2)以金属无机盐作为金属催化剂原料,通过微波水热反应在碳模板中引入金属氧化物纳米颗粒。微波水热作为一种有效的纳米粉体制备技术已广泛应用,申请者前期已通过微波水热技术在碳纤维表面沉积了弥散分布的纳米氧化物颗粒。在后续的碳热还原反应中,金属氧化物被还原作为 SiC 纳米线生长的催化剂。采用 SEM 对所制备改性碳骨架中 NiO 形貌及分布进行表征。

(3)利用碳热还原反应,采用 SiO 蒸气与碳模板反应合成 SiC/C 多孔复合陶瓷。在实际应用中时,SiC 层可以作为保护层,阻止碳纤维的氧化。反应形成的粗糙表面,进一步提高了多孔陶瓷的比表面积。采用 SEM 对所制备 SiC/C 多孔陶瓷材料进行表征,采用 BET 测试法分析碳纤维骨架、SiC/C 多孔陶瓷比表面积、孔径分布,研究技术路线见图 8-3。

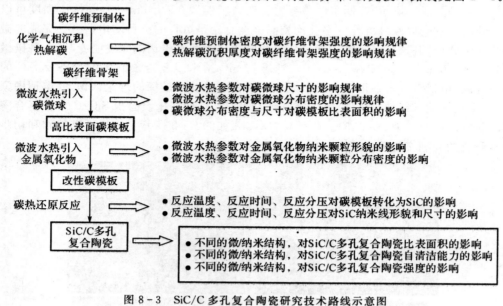

图 8-3 SiC/C 多孔复合陶瓷研究技术路线示意图

五、学校可以提供的条件

陕西科技大学材料科学与工程学院拥有"功能薄膜与涂层材料"国家优势学科重点实验室和科技部"无机材料国际合作基地"等研发平台,在功能薄膜及涂层材料、纳米材料、无机非金属材料物理化学基础等研究方向特色鲜明,优势突出。与本项目相关的研究条件和完成本项目所需的实验设备已基本具备,其中包括:

1. 实验设备

微波水热合成仪、水热反应釜、马弗炉、真空干燥箱、金相切割机、金相预磨机、快速行星式球磨机、电子分析天平、电导率仪、功率可调变频超声波发生器、恒压恒流可调式电源等。

2. 分析测试设备

X 射线衍射仪、原子力显微镜、红外光谱仪、紫外光谱仪、德国耐池综合热分析仪(1 500℃)、马尔文 Zeta 电位-激光粒度仪、比表面仪等一系列分析测试设备。

该项目的研究和试验条件均可得到保证。

六、预期成果

(1)获得优化的 SiC/C 多孔复合陶瓷的工艺。

(2)汽车尾气净化用 SiC/C 多孔复合陶瓷的多尺度设计及性能研究总结报告。

(3)在国内外权威刊物上发表 1~2 篇学术论文,申请 1 项国家发明专利。

七、经费预算

科　目	申请费用/万元	备注(计算依据与说明)
实验材料费	4 000	碳纤维、试剂以及实验用药品
测试分析费	8 000	SiC/C 多孔复合陶瓷结构分析及性能测试费用
能源动力费	3 000	实验开展所消耗的水、电、气等
会议费/差旅费	3 000	参加国内学术会议和学术交流及科研出差费用
文献信息费	2 000	发表论文、申请专利所需费用
合　计	20 000	

八、导师推荐意见

　　汽车尾气净化用 SiC/C 多孔复合陶瓷的多尺度设计及性能研究项目是在现有研究工作和大量调研的基础上，提出的一个创新性较强的研究课题，具有较强的理论意义和实际应用价值。

　　项目负责人张沛东同学以及项目组成员，学习认真踏实，多次获得奖学金，并且积极参加学校相关的科技活动和社会实践。三年级开始已经投入到本项目的前期相关研究，具有一定的理论基础和实验基础。申请者所提出的研究内容合理，研究方案可行，预期可以完成该项目目标。特推荐申报。

签名：

年　　月　　日

九、院系推荐意见

院系负责人签名：　　　学院盖章

年　　月　　日

十、学校推荐意见：

　　学校负责人签名：　　　　学校盖章

　　　　　　　　　　　　　　　　　　　　　　　　　　年　　月　　日

十一、省教育厅评审意见：

　　单位盖章

　　　　　　　　　　　　　　　　　　　　　　　　　　年　　月　　日

大学生创新创业训练项目
结题验收表

（☑国家级　□省级　□校级）

项　目　名　称：　汽车尾气净化用 SiC/C 多孔复合陶瓷多尺度设计及性能研究

项　目　编　号：　201310708009

主　持　人：　张沛东

项目组成员：　雍　翔、王小龙、陈水成、李　祥

指　导　教　师：　李翠艳

所　在　学　院：　材料科学与工程学院

立　项　年　度：　2013

填　表　日　期：　2014.10

陕西科技大学教务处　制

项目名称	汽车尾气净化用 SiC/C 多孔复合陶瓷多尺度设计及性能研究					
项目等级	(√)国家级　( )省级　( )校级			项目编号	201310708009	
项目类别	(√)创新训练项目　( )创业训练项目					
主持人姓名	张沛东	班级	材化101	联系方式	略	
项目组其他成员	序号	姓名	班级	承担工作任务		
	1	雍 翔	材化101	微波水热反应合成碳微球和 SiO_2 微球		
	2	王小龙	材化101	SiC/C 多孔复合陶瓷的碳热还原制备		
	3	陈水成	材化101	SiC 纳米线的制备研究		
	4	李 祥	材化101	SiC/C 多孔复合陶瓷的微观结构研究		
指导教师	李翠艳	职称	讲师	研究方向	纳米复合材料	
项目经费	20 000 元	立项时间	2013.05	完成时间	2014.05	

一、项目实施情况(立项依据、研究内容、研究结果等 1 000 字以内):

PM2.5 是指大气中直径小于或等于 $2.5\mu m$ 的颗粒物,也称为可入肺颗粒物,对人体健康和大气环境质量的影响比较大。在对 PM2.5 的研究中发现,汽车尾气是城市 PM2.5 最大的排放源。由于 PM2.5 粒径小,传统的蜂窝型多孔陶瓷显得无能为力,汽车尾气污染日趋严重。开发新型的汽车尾气净化多孔陶瓷,缓解日益严重的 PM2.5 污染,成了未来社会发展面临的严峻挑战。SiC 所具有的良好性能使其成为汽车尾气净化用多孔陶瓷的理想选择,SiC 多孔陶瓷在汽车尾气净化领域的研究和应用日益增多。目前 SiC 多孔陶瓷的制备多采用烧结法,孔隙直径大约在 $20\sim 50~\mu m$ 之间,比表面积仅在 $10\sim 20~m^2/g$,净化 PM2.5 颗粒的效率十分有限。提高多孔陶瓷的比表面积,细化孔隙结构,对于捕捉和吸附 PM2.5 颗粒是非常必要的。相比传统烧结 SiC 多孔陶瓷,纳米结构 SiC 多孔陶瓷表现出更为优异的过滤和吸附效果。研究表明:将纳米结构的 SiC 引入多孔陶瓷中,将使 SiC 多孔陶瓷的吸附性能、抗氧化性能以及过滤效率均大幅度的提高。因此,纤维多孔陶瓷中引入纳米结构 SiC 是实现其高比表面积、高孔隙率、高的强度的有效途径。

本项目采用微波水热结合碳热还原反应将微米级的碳纤维、亚微米 SiC 微球、SiC 纳米线三个不同尺度的材料组装形成一个由碳纤维和 SiC 两种材料的 SiC/C 多孔复合陶瓷,研究了微波水热反应条件对合成 SiC 微球的影响规律,研究了水热及碳化条件对 SiC 纳米线结构及形貌的影响,研究了 SiC/C 多孔复合陶瓷微观结构及孔隙率。

研究结果表明:采用硅溶胶浸渗的方法将 SiO_2 微球引入碳纤维预制体内,经过碳热还原反应后,SiO_2 与碳发生反应生成颗粒状的 SiC,SiC 颗粒分布较为均匀;采用微波水热引入的 SiO_2 微球经碳热还原反应后,碳纤维预制体内可以发现大量的 SiC 纳米线存在;随着硅溶胶浓度的升高,碳纤维预制体中 SiC 纳米线的数量增多,颗粒状 SiC 的量减少;当烧结温度为 1 450 ℃时碳纤维表面附着有大量 SiC 颗粒,在碳纤维的网络结构中少量的 SiC 纳米线;当烧结温度为 1 500 ℃时碳纤维表面附着有大量 SiC 纳米线,并且 SiC 纳米线填充了复合材料的网络多孔结构。含有 SiC 颗粒和 SiC 纳米线的复合多孔结构的形成有助于提高复合材料的比表面积,同时,多孔结构中填充的 SiC 纳米线更有利于提高复合材料对微米级颗粒的过滤能力。

二、项目创新点与特色（包括使用了什么样的创新方法、手段，项目的科学意义和应用价值等，500字以内）：

相比传统烧结 SiC 多孔陶瓷，纳米结构 SiC 多孔陶瓷表现出更为优异的过滤和吸附效果。研究表明：将纳米结构的 SiC 引入多孔陶瓷中，将使 SiC 多孔陶瓷的吸附性能、抗氧化性能以及过滤效率均大幅度的提高。本项目采用微波水热结合碳热还原反应将微米级的碳纤维、亚微米 SiC 微球、SiC 纳米线三个不同尺度的材料组装形成一个由碳纤维和 SiC 两种材料的 SiC/C 多孔复合陶瓷，赋予 SiC/C 多孔陶瓷独特的性能。多孔陶瓷内部的微/纳米多尺度的结构设计，使其在具有高孔隙率的同时，还具有高的比表面积；且其强度和孔隙大小可以通过调节碳纤维预制体的密度和碳热反应时间来控制，具有强的可设计性。该 SiC/C 多孔复合陶瓷的研究对开展汽车尾气净化多孔陶瓷的研究和应用意义重大，不仅可以缓解目前日趋严重的环境问题，对提高我国汽车产业的自主创新也具有积极的作用。

三、项目成果：包括理论、应用、技术等方面取得的成果，成果的具体形式包括发表论文（应注明论文题目、发表刊物、发表时间、作者等详细信息）、专利（专利申请及获批、专利名称、专利号、申请人、获得日期等信息）、研究报告、实物、软件、图纸、获奖证书等。

项目申请书中的预期成果及成果提交形式：	项目结题时取得的成果：
（1）获得优化的 SiC/C 多孔复合陶瓷的工艺。 （2）汽车尾气净化用 SiC/C 多孔复合陶瓷的多尺度设计及性能研究总结报告。 （3）在国内外权威刊物上发表 1~2 篇学术论文，申请 1 项国家发明专利。	（1）制备 SiC/C 多孔复合陶瓷的优化工艺。 采用微波水热（$T=210℃, t=90\ min$；填充比 $=40\%$）引入的 SiO_2 微球经碳热还原反应后，在碳纤维预制体内可以发现大量 SiC 纳米线存在；当硅溶胶浓度为 30% 时，在碳纤维预制体中 SiC 纳米线的含量较多且分布均匀；当烧结温度为 1 500℃ 时碳纤维表面附着有大量 SiC 纳米线，并且 SiC 纳米线填充了复合材料的网络多孔结构。 （2）汽车尾气净化用 SiC/C 多孔复合陶瓷的多尺度设计及性能研究总结报告。 （3）发表的学术论文及申请的国家发明专利： [1] 李翠艳，欧阳海波，雍翔，费杰，黄剑锋，孔新刚. 纳米四方相氧化锆的微波水热合成及结晶机理研究[J]. 陕西科技大学学报.（已收录） [2] 李翠艳，欧阳海波，黄剑锋，等. 一种微波水热辅助制备纳米 ZrB_2 粉体的方法：ZL201410273923.4[P]. 2014-09-17.

四、完成项目后的收获与体会（300字以内）：

首先，非常感谢学校能给我们提供大学生创新训练项目这个宝贵机会，这对我们来说是一个很好的加强所学知识和提高综合能力的平台。

我们确立的项目是"汽车尾气净化用 SiC/C 多孔复合陶瓷多尺度设计及性能研究"。通过参加这次大学生创新性实验计划项目,我获益颇多。从确定项目立意点,到撰写项目申请书;从制定详细的实施计划,到项目的具体研究,我从中学到了严谨的科研态度、坚韧不拔的钻研精神,敢于创新的实践勇气。在创新实验项目实施的过程中不仅增强了动手能力,提高了团队协作能力,加强了创新意识,并且提高了创新能力。在项目的实施中得到的体会是:自己动手才能体会创造的不易,自己动手才知道其中的乐趣与辛酸,自己动手才能了解到其中的知识与原理。将自己课堂上所学的各种理论知识运用到项目中,达到理论与实际相结合的效果,充分发挥了自己所学的理论文化知识,达到所学有所用,这更加激发了我们学习更多知识的欲望。

五、项目组承诺:
　　我保证上述填报内容的真实性,经费使用规范合理,项目成果无弄虚作假情况。

　　主持人签名:　　　　　　　项目组其他成员签名:

　　　　　　　　　　　　　　　　　　　　　　　日期:

六、指导教师意见(手写):

　　签名:

　　　　　　　　　　　　　　　　　　　　　年　　月　　日

七、学院意见：

　　主管领导签字(盖章)：

　　　　　　　　　　　　　　　　　　　　　　　年　　月　　日

八、学校验收意见：

　　　　　专家评价：(　)优秀　　(　)良好　　(　)合格　　(　)不合格

　　　　　　　　　　　　　　　　　盖章：

　　　　　　　　　　　　　　　　　　　　　　　年　　月　　日

8.2 高频磁电复合材料的研究

大学生创新创业训练计划
项目申报表

推 荐 学 院	材料科学与工程学院
项 目 名 称	高频磁电复合材料的研究
项 目 类 型	创新训练项目
所属一级学科名称	材料科学与工程
所属二级学科名称	材料物理与化学
项 目 负 责 人	陈含雨
申 报 日 期	2014.05

陕西省教育厅 制

二〇一四年五月

项目名称				高频磁电复合材料的研究		
项目类型				(√)创新训练项目　(　)创新创业项目		
项目实施时间				起始时间：2014年05月　　　　完成时间：2015年05月		
申请人或申请团队	主持人	姓名	年级	学号	所在院系/专业	联系电话	E-mail
		陈含雨	12级		无机非金属材料工程	略	略
	成员	李 昭	12级		无机非金属材料工程	略	略
		薛兴坤	12级		无机非金属材料工程	略	略
		刘龙建	12级		无机非金属材料工程	略	略
		张 怡	12级		材料物理	略	略
指导教师	姓名		杨海波		研究方向	铁电介电材料、磁性材料以及磁电复合材料	
	年龄		略		行政职务/专业技术职务	系主任/教授	
	主要成果		杨海波,新加坡国立大学博士后,硕士生导师,陕西省青年科技新星,陕西科技大学学术骨干。研究方向为铁电介电材料、磁性材料以及磁电复合材料。近年来在 Journal of Applied Physics、Journal of the American Ceramic Society、Journal of Alloys and Compounds、Materials Letters、Materials Chemistry and Physics 等国内外学术期刊上发表学术论文80余篇,其中SCI收录70余篇。已授权国家发明专利20余项。作为主持人完成国家自然科学基金、陕西省自然科学基金、陕西省教育厅专项基金和故宫博物院横向科研项目等项目4项,目前主持教育部留学归国人员科研启动基金、陕西省科技新星基金、陕西省教育厅专项基金、温州市科技计划项目、陕西科技大学学术骨干培育基金和陕西科技大学博士启动基金等项目6项。获轻工联合总会科技进步二等奖、陕西省科技进步二等奖、陕西省科技进步三等奖和咸阳市科技进步一等奖各1项。2010年被评为陕西科技大学优秀教师。					

一、项目实施的目的、意义

信息产业的迅猛发展要求通信、雷达、导航、电子对抗等电子装备具有多功能、小型化、高机动性能等特性,这就要求相关的电子材料具有多功能性,如磁电性能[1-2]、磁光性能[3]、柔性压电[4-5]等,其中磁电特性尤为备受关注。同时具有较高介电常数和较高磁导率的单相材料非常稀少[6],因而人们将目光投向了磁电复合材料[7-14]。众所周知,在介质材料中传输的电磁波的波长与介质的介电常数和磁导率的乘积之平方根成反比,因此,采用具有高介电常数和高磁导率的磁电复合材料可以在不改变器件和天线设计的情况下,极大地减小器件和天线的尺寸。低损耗磁电复合材料可以应用于制作LC振荡器、滤波器、变频器等器件,具有磁电耦合效应的磁电复合材料还可应用于换能器、执行器和传感器等方面。

目前,磁电复合材料主要采用铁电材料和铁磁材料进行复合,使得复合材料同时具有较高的介电常数和磁导率以及较高的磁电耦合系数。清华大学南策文教授的项目组在磁电复合材料方面作了大量的研究工作,取得了令人鼓舞的结果,获得了较高的磁电耦合系数。他们[15]曾采用Co_2Z型铁氧体和铁电聚合物PVDF为主要组元,外加微量的Ni粉形成双逾渗效应的三相复合材料,所得复合材料的介电常数和磁导率较高。浙江大学的杜丕一教授的项目组[16]采用$BaTiO_3$和NiZn铁氧体进行共烧制得了逾渗效应的磁电复合材料,所得复合材料具有非常高的介电常数和较高的磁导率。

总结国内外的文献,我们发现目前所报道的磁电复合材料绝大部分是将铁电材料和铁磁材料进行复合(也称多铁性材料),获得的磁电复合材料虽然具有较高的介电常数和磁导率,但高频损耗较大,截止频率较低。目前尚无一种兼具高介电常数和磁导率以及小损耗和高截止频率的高频磁电复合材料,以满足信息和通信技术高频化和小型化发展的需求。

为满足高频器件小型化、集成化和多功能化的需求,针对目前已有的磁电复合材料无法兼具高介电常数和高磁导率以及小损耗和高截止频率等特性,拟采用高介电常数微波介质陶瓷材料与高磁导率和高截止频率的磁性材料进行复合,系统研究这类新型磁电复合介质材料的制备和改性,研究减小复合材料与其中功能相纯相材料之间性能差距的方法,采用理论模拟和实验结合来研究探讨磁电复合材料对其中功能相的性能的继承和重现机理,以获得兼具高介电常数、高磁导率、低损耗和高截止频率的具有自主知识产权的新型磁电复合材料。

本项目的前期相关研究[17-18]表明,通过引入低损耗微波介质陶瓷和低损耗铁氧体进行复合,可以有效调节介质材料的介电常数,磁电复合材料中功能相的性能在复合材料中可望能够最大限度地继承,同时还可引入聚合物基体中获得微波共形器件所希望的柔性。

本项目拟在复合材料工艺中引入由中科院院士姚熹教授近年提出的混杂工艺(Hybrid Processing)[19]。该法采用颗粒度差别较大的两种颗粒加入到溶胶中混合,干燥、烧结形成致密的烧结体,该烧结体具有类似于混凝土的微观结构。根据最紧密堆积原理,大颗粒堆积成骨架,小颗粒的填充其中的缝隙,可以得到更高的堆积密度。而且,大颗粒也可以被小颗粒彼此隔绝开。利用这一工艺可望有效降低磁功能相的高频涡流损耗和介电损耗,大大降低复合材料总损耗和提高截止频率。这在多功能复合材料制备工艺方面是一种尝试和创新。

这一高介电常数、高磁导率、低损耗的高频复合介质材料研究不仅具有创新性和学术价值，同时将为现代信息技术发展提供一类关键的新型介质材料。本项目的顺利实施将大大促进高频元件的多功能性和改善高频电路的集成性，并有望催生出一些基于高频磁电复合介质材料的具有全新原理的高频无源元器件，为未来发展新型的高频集成电路和高频集成模块奠定坚实的理论和实践基础。

总之，进行新型高频磁电复合介质材料的研究，寻求高介电常数、高磁导率、低介质损耗的高频磁电复合介质材料具有广阔的应用牵引和潜在的社会效益，同时对于科学问题的探索和应用技术的研究这两个层面来说都具有重要意义，系统研究和探讨低损耗高频磁电复合介质材料形成机理、多相共存效应、功能继承和控制原理，是一项具有创新性、挑战性和广阔应用前景的工作。

主要参考文献：

[1] CORRALFLORES V, BUENOBAQUES D, ZIOLO R F. Synthesis and characterization of novel $CoFe_2O_4$ - $BaTiO_3$ multiferroic core - shell - type nanostructures[J]. ACTA Materialia, 2010,58(3):764 - 769.

[2] EERENSTEIN W, MATHUR N D, SCOTT J F. Multiferroic and magnetoelectric materials[J]. Nature, 2006,442(1104):759 - 765.

[3] ROYCHOWDHURY A, PATI S P, MISHRA A K, et al. Magnetically addressable fluorescent Fe_3O_4/ZnO nanocomposites: Structural, optical and magnetization studies[J]. Journal of physical chemistry Solids, 2013,74(6):811 - 818.

[4] BAG A, HOTA M K, MALLIK S, et al. Graphene oxide - based flexible metal - insulator - metal capacitors[J]. Journal of Semiconductor Technology and Science, 2013,38(5):055022.

[5] ZHANG Q M, LI H F, MARTIN Poh, et al. An all - organic composite actuator material with a high dielectric constant[J]. Nature, 2002,419(6904):284 - 287.

[6] KIM J S, CHEON C I, LEE C H, et al. Weak ferromagnetism in the ferroelectric $BiFeO_3$ - $ReFeO_3$ - $BaTiO_3$ solid solutions (Re=Dy, La)[J]. Journal of Applied, 2004,96:468 - 475.

[7] GUPTA, ARTI, Chatterjee R. Dielectric and magnetoelectric properties of $BaTiO_3$-$Co_{0.6}Zn_{0.4}Fe_{1.7}Mn_{0.3}O_4$ composite[J]. Journal of the European Ceramic Society,2013, 33(5):1017 - 1022.

[8] CHENG C P, TANG M H, LV X S, et al. Magnetoelectric coupling in $La_{0.6}Ca_{0.4}MnO_3$ - $Bi_{0.6}Nd_{0.4}TiO_3$ composite thin films derived by a chemical solution deposition method[J]. Applied Physics Letters,2012,101(21):13.

[9] BAI Y, ZHOU J, GUI Z L, et al. A ferromagnetic ferroelectric cofired ceramic for hyperfrequency[J]. Journal of Applied physics.2007,101(8):083907 - 083907 - 6.

[10] MITOSERIU L, BUSCAGLIA V, VIVIANI M, et al. $BaTiO_3$-$(Ni_{0.5}Zn_{0.5})Fe_2O_4$ ceramic composites with ferroelectric and magnetic properties[J]. Journal of the European cermic society,2007,27(13 - 15):4379 - 4382.

[11] LI Y J, CHEN X M, HOU R Z, et al. Maxwell - Wagner characterization of dielectric relaxation in $Ni_{0.8}Zn_{0.2}Fe_2O_4/Sr_{0.5}Ba_{0.5}Nb_2O_6$ composite[J]. Solid State Communications,2006,137(3):120 - 125.

[12] PENG T M, HSU R T, JEAN J H. Low-fire processing and properties of ferrite + dielectric ceramic composite[J]. Journal of the American Ceramic Society,2006,89(91):2822-2827.

[13] ZHOU J P, HE H C, SHI Z, et al. Dielectric, magnetic, and magnetoelectric properties of laminated PbZr$_{0.52}$Ti$_{0.48}$O$_3$/CoFe$_2$O$_4$ composite ceramics[J]. Journal of Applied physics,2006,100:094106-1-6.

[14] ZHAO S F, WU Y J, WAN J G, et al. Strong magnetoelectric coupling in Tb-Fe/Pb(Zr$_{0.52}$Ti$_{0.48}$)O$_3$ thin-film heterostructure prepared by low energy cluster beam deposition[J]. Applied Physics Letters,2008,92:012920-1-3.

[15] LI B W, SHEN Y, YUE Z X, et al. High-frequency magnetic and dielectric properties of a three-phase composite of nickel, Co$_2$Z ferrite, and polymer[J]. Journal of Applied physics,2006,99:12390-9-1-6.

[16] HUANG J Q, DU P Y, HONG L X, et al. A percolative ferromagnetic-ferroelectric composite with significant dielectric and magnetic properties[J]. Advanced Materials,2007,19(3):437-440.

[17] YANG H B, XIANG F, WANG H, et al. Multifunctional SrTiO$_3$/NiZn ferrite/POE composites with eletromagnetic and flexible properties for RF applications[J]. Journal of Electroceramics,2009,22:221-226.

[18] YANG H B, XIANG F, WANG X, et al. Microstructure and electromagnetic properties of SrTiO$_3$/Ni$_{0.8}$Zn$_{0.2}$Fe$_2$O$_4$ composites by hybrid process[J]. Journal of the American Ceramic Society,2009,92:2005-2010.

[19] ZHANG H F, YAO X, ZHANG L Y. Microstructure and dielectric properties of barium strontium titanate thick films and ceramics with a concrete-like structure[J].Journal of the American Ceramic Society,2006,90(8):2333-2340.

二、项目研究内容和拟解决的关键问题

（一）项目的研究内容

（1）高频磁电复合介质材料设计、制备和理论分析。拟采用高介电常数、低介电损耗的微波介质陶瓷（如自主开发的 BZN 和纳米 SrTiO$_3$）和高频磁性材料（如 Co$_2$Z 型铁氧体、Co$_2$U 型铁氧体、YIG 铁氧体等）进行多相复合，运用逾渗理论、有效介质理论等理论研究比较各种理论模型与复合材料实验结果；采用不同的复合形式（0-3,2-2,1-3 等）制备复合材料，研究不同的复合形式对复合材料性能的影响，优化和调控复合材料的磁介电特性。

（2）高频磁电复合介质材料的损耗的降低和截止频率的提高。磁电复合介质材料的损耗主要来源于其中的磁性材料，包括磁损耗和介电损耗两部分。对于磁性材料来说，当频率低于其截止频率时，磁损耗一般都比较小，因而磁损耗拟采用选择截止频率在高频范围内的磁性材料来加以控制。由于磁性材料的电阻率一般较低，导致其介电损耗较高，拟采用表面包覆技术和混杂工艺等对磁性材料进行表面改性，使磁性材料颗粒处在高阻的介电材料的包围中，以降低其介电损耗，同时也能降低磁性材料颗粒的涡流损耗，提高复合材料的截止频率。研究不同的表面改性方法（表面包覆技术和混杂工艺等）以及不同的材料和工艺参数对复合材料的性能的影响。

(3)系统研究复合材料中界面相对复合材料性能的影响。对于多相复合材料来说,复合以后相与相之间存在着化学成分介于两相之间的物质,称为界面相。界面相的存在直接影响到复合材料的介电常数和磁导率。因此,有必要对复合材料中界面相的种类以及含量进行研究。拟采用 FR-IR、AFM 和 DTMA 等分析手段对界面相的种类和含量进行表征,结合 Vo-Shi 公式等理论模拟结果,系统研究界面相对复合材料性能的影响。

(二)拟解决的关键问题

(1)磁性功能相和介电功能相材料的选择:目前,多数磁电复合材料是将铁电材料和铁磁材料进行复合,追求其磁电耦合效应。这类材料的损耗较大,使用频率较低,无法满足高频电子器件的要求。如何在磁电复合介质材料的损耗满足高频无源器件要求的情况下,尽可能地提高复合材料的介电常数和磁导率是一个非常有挑战性的课题。基于这一目标,我们拟采用高介电常数的微波介质陶瓷与截止频率较高的铁氧体材料进行复合,利用新一代的表面改性技术(如表面包覆和混杂工艺等)和复合技术降低复合材料的损耗。

(2)磁电复合材料中功能相性能的继承:对于磁电复合介质材料来说,一个普遍存在的问题是复合材料的介电常数或磁导率与加入其中的介电功能相的介电常数和磁性功能相的磁导率相差较大。当介电功能相的介电常数和磁性功能相的磁导率越大时,这种现象越明显。为此,如何尽量保持和继承磁电复合介质材料中功能相的性能将是本项目重点研究和拟解决的关键问题之一。

三、项目研究与实施的基础条件

在本项目的前期工作中,项目组成员进行了柔性高频复合材料和高频小损耗磁电复合材料的探索性研究,取得了一定的初步研究成果,为本项目的顺利开展奠定了坚实基础。项目组成员近期发表的与本项目相关的论文如下:

[1] YANG Haibo, KE Qingqing, SI Huayan, et al. $0.7BiFeO_3-0.3BaTiO_3-Y_3Fe_5O_{12}$ composites with simultaneously improved electrical and magnetic properties[J]. Journal of Applied Physics, 2012, 111:024104(1-4).

[2] YANG Haibo, LIU Miao, LIN Ying, et al. $xBaTiO_3-(1-x)BiFeO_3$ strained epitaxial thin film with enhanced magnetization[J]. Materials Letters, 2013, 92(2):427-429.

[3] YANG Haibo, WANG Hong, HE Li, et al. Polarization relaxation mechanism of $Ba_{0.6}Sr_{0.4}TiO_3/Ni_{0.8}Zn_{0.2}Fe_2O_4$ composite with giant dielectric constant and high permeability[J]. Journal of Applied Physics, 2010, 108:074105(1-6).

[4] YANG Haibo, WANG Hong, HE Li, et al. Hexagonal $BaTiO_3/Ni_{0.8}Zn_{0.2}Fe_2O_4$ composite with giant dielectric constant and high permeability[J]. Materials Chemistry and Physics, 2012, 134(2-3):777-782.

[5] YANG Haibo, YANG Yanyan, LU Ling, et al. Low-temperature sintering and properties of $Bi_4Ti_3O_{12}/Ni_{0.37}Cu_{0.2}Zn_{0.43}Fe_{1.92}O_{3.88}$ composite[J]. Journal of Alloys and Compounds, 2013, 555(4):402-404.

[6] YANG Haibo, LIN Ying, ZHU Jianfeng, et al. A new $Li_{0.5}Sm_{0.5}WO_4$ low temperature firing microwave dielectric ceramic[J]. Journal of Alloys and Compounds, 2010, 502(2):L20-L23.

[7] YANG Haibo, YANG Yanyan, LIN Ying, et al. Preparation and electrical properties of $(1-x)$Ba$(Fe_{0.5}Nb_{0.5})O_3-x$BaTiO$_3$ ceramics[J]. Ceramics International,2012,38(2):1745-1749.

[8] YANG Haibo, YANG Yanyan, LIN Ying, et al. Preparation and electromagnetic properties of in-situ Ba$_{0.8}$Sr$_{0.2}$TiO$_3$/YFeO$_3$ composites[J]. Ceramic International,2013,39(6):7235-7239.

[9] YANG Haibo, YANG Yanyan, LIN Ying, et al. Low-temperature sintering and electromagnetic properties of NiCuZn/CaTiO$_3$ composites[J]. Journal of Electronic Materials,2011,26(4):632-635.

[10] YANG Haibo, WANG Hong, SHUI Li, et al. Hybrid processing and properties of Ni$_{0.8}$Zn$_{0.2}$Fe$_2$O$_4$/Ba$_{0.6}$Sr$_{0.4}$TiO$_3$ magneto-dielectric composites[J]. Journal of Materials Research,2010,25(9):1803-1811.

[11] YANG Haibo, LIN Ying, ZHU Jianfeng, et al. A low loss low-temperature sintered ferrite-dielectric composite thick film for high-frequency application[J]. Current Applied Physics,2010,10(4):1148-1151.

[12] YANG Haibo, WANG Hong, HE Li, et al. Low-temperature sintering and electromagnetic properties of Ba$(Zn_{1/3}Nb_{2/3})O_3$-NiCuZn ferrite composites[J]. Journal of Physics and Chemistry of Solids,2012,73(3):454-459.

[13] YANG Haibo, LIN Ying, ZHU Jianfeng, et al. Ba$(Zn_{1/3}Nb_{2/3})O_3$/Ni$_{0.8}$Zn$_{0.2}$Fe$_2$O$_4$ magneto-Dielectric composite with large dielectric constant and high permeability[J]. Journal of Materials Science:Materials in Electronics,2011,22(9):1239-1243.

[14] YANG Haibo, LIN Ying, ZHU Jianfeng, et al. Ba$_{0.6}$Sr$_{0.4}$TiO$_3$/CoFe$_2$O$_4$ composite with giant dielectric constant and high saturation magnetization[J]. Materials and Manufacturing Processes,2012,27(9):910-913.

[15] YANG Haibo, LIN Ying, ZHU Jianfeng, et al. Ca$(Zn_{1/3}Nb_{2/3})O_3$ ceramic prepared by molten salt method, Materials and Manufacturing Processes[J]. Materials and Manufacturing Processes,2010,25(7):665-668.

[16] LIN Ying, YANG Haibo, ZHU Zhenfeng. Impedance spectroscopy analysic of 0.7BiFeO$_3$-0.3BaTiO$_3$/BiY$_2$Fe$_5$O$_{12}$ composites with simultaneously improved polarization and magnetization[J]. Materials Chemistry and Physics,2012,136(2-3):286-291.

[17] LIN Ying, YANG Haibo, ZHU Zhenfeng, et al. La$_{0.1}$Bi$_{0.9}$FeO$_3$-BiY$_2$Fe$_5$O$_{12}$ composites with simultaneously improved magnetization and polarization[J]. Ceramic International,2013,39(4):4679-4682.

[18] KE Qingqing, LOU Xiaojie, YANG Haibo, et al. Negative capacitance induced by redistribution of oxygen vacancies in the fatigued BiFeO$_3$-based thin film[J]. Applied Physics Letters,2012,101(2):2463-125.

四、项目实施方案

1.复合材料功能相选择

拟选用高介电常数、低介电损耗的微波介质陶瓷(如自主开发的 BZN 和纳米 SrTiO$_3$ 陶瓷)和高频磁性材料(如 Co$_2$Z 型铁氧体、Co$_2$U 型铁氧体、YIG 铁氧体等)进行多相复合,运用逾渗理论、有效介质理论等理论研究比较各种理论模型与复合材料实验结果。

2. 功能相粉体的制备

使用高能球磨制备磁性功能相和介电功能相粉体,改变高能球磨工艺参数以得到不同粒径分布、不同表面形貌和不同表面状态的功能相粉体,研究粒径分布、表面形貌和状态对复合材料磁介电性能的影响。

3. 磁电复合介质材料的制备技术与形成机理研究

(1) 聚合物基磁电复合介质材料。

首先采用不同的偶联剂对功能相粉体表面进行改性,然后将预处理后的纳米磁性粉体、纳米微波介质粉体和聚合物采用 0-3、2-2、1-3 等材料复合形式进行复合,对比计算值和实验值的偏差,比较不同结构对其性能的影响。

(2) 陶瓷基磁电复合介质材料。

采用混杂工艺将高能球磨制得的磁性材料微粉和微波介质陶瓷纳米粉体按一定的比例加入到微波介质陶瓷的溶胶中以形成"混凝土"结构的磁电复合介质材料。其目的是提高绝缘电阻率,降低损耗。采用溶胶-凝胶、共沉淀等化学方法对磁性功能相粉体进行表面包覆,形成核-壳型结构的复合磁性粉体,然后按普通球磨工艺与介电功能相粉体进行混合制备磁电复合介质材料。将上述两种工艺所得的磁电复合介质材料与普通球磨混合工艺所得的磁电复合介质材料的性能进行对比,探讨功能相的种类、含量以及工艺参数对复合介质材料磁介电性能的影响。拟采用流延工艺制备 2-2 型磁电复合介质材料。

(3) 高频磁电复合介质材料性能测试和复合效应机理分析。

采用以网络分析仪 8720ES(50 MHz～20 GHz)、阻抗分析仪 4291B(1 M～1.8 GHz)和 HP 4294 (100 Hz～110 MHz)为平台建立的复合材料性能测试系统获得准确的复合材料特性;结合 XRD、XPS、SEM、TEM、AFM、Raman 等有关微结构的表征手段和计算方法,研究高介电常数、高磁导率和低损耗复合材料的结构、缺陷、界面相对宏观高频磁电特性的影响;理论建模和分析不同复合结构的复合效应、功能相性能重现和继承机理,并与实验结果进行对比,揭示界面相、杂质、缺陷、界面相对宏观高频磁电特性的影响;理论建模和分析不同复合结构的复合效应、功能相性能重现和继承机理,并与实验结果进行对比,揭示界面相、杂质、缺陷等对复合磁介电性能的影响,揭示其性能与组成、制备工艺和结构之间的关系,为这类新材料的改性和优化奠定理论基础。基于上述技术路线和研究手段,研究和揭示不同复合结构的复合磁电材料的形成原理、复合效应、功能相性能的继承和控制原理。

五、学校可以提供的条件

陕西科技大学材料科学与工程学院拥有合成设备包括高温气氛炉(1 600℃)、德国纳波热硅钼炉(1 600℃,1 800℃)、热压炉(1 600℃)、各种球磨设备、微波水热合成仪、各种水热反应釜等化学合成设备等;成型设备有压片机(自动和手动)、小型实验用流延机、丝网印刷机、冷等静压成型(LDJ 100-320-500)以及沈阳科仪生产的磁控溅射仪等,可以满足制备工作的需要;陕西科技大学材料科学与工程学院分析检测中心拥有 X 射线衍射仪、扫描电子显微镜、原子力显微镜等材料结构分析测试设备以及 Agilent E4980A、4294A 精密阻抗分析仪、TF Analyzer 2000 铁电分析仪。以上设备为本项目的顺利实施提供了有力的保障。

六、预期成果

(1)获得具有自主知识产权的高介电常数、高磁导率、低损耗的高频磁电复合材料。

(2)预计将在本学科国际知名学术期刊上至少发表学术论文 1 篇,并提交详细的研究总结报告。

七、经费预算

(1)能源材料费:5 000 元,实验所需的各种化学试剂以及水电消耗费用。

(2)测试分析费:4 000 元,实验所需的各种 XRD、SEM 等性能测试费用。

(3)资料打印费:1 000 元,文献等资料的打印费。

合计:10 000 元

八、导师推荐意见

该项目立据充分,研究方法切实可行,经费预算科学、合理。选题符合国家的产业政策及陕西省科技研究重点领域,具有较高的研究价值。材料学院具有较好的实验条件和科研工作基础。项目组成员在功能材料方面有着扎实的理论基础,具有较强的科研能力和科学而严谨的研究作风,适宜承担该项目的研究。同意申报。

签名:

年　月　日

九、院系推荐意见:

院系负责人签名:　　　　　学院盖章

年　月　日

十、专家组评审意见:

专家签名:

年　月　日

十一、学校意见：

　　　　　　　　　　学校负责人签名：　　　学校盖章　　　　年　　月　　日

大学生创新创业训练项目
结题验收表

（☑国家级　□省级　□校级）

项　目　名　称： 高频磁电复合材料的研究

项　目　编　号： 20140708008

主　持　人： 陈含雨

项目组成员： 李　昭、薛兴坤、刘龙建、张　怡

指　导　教　师： 杨海波

所　在　学　院： 材料科学与工程学院

立　项　年　度： 2014

填　表　日　期： 2015.05

陕西科技大学教务处　制

项目名称	高频磁电复合材料的研究				
项目等级	(√)国家级 ( )省级 ( )校级			项目编号	20140708008
项目类别	(√)创新训练项目 ( )创业训练项目				
主持人姓名	陈含雨	班级	教改121	联系方式	略
项目组其他成员	序号	姓名	班级	承担工作任务	
	1	李 昭	教改121	高频磁电复合材料制备过程的研究	
	2	薛兴坤	卓越124	高频磁电复合材料结构及性能的研究	
	3	刘龙建	材料124	高频磁电复合材料结构及性能的研究	
	4	张 怡	材物121	高频磁电复合材料的结果与规律性研究	
指导教师	杨海波	职称	系主任/教授	研究方向	铁电介电材料、磁性材料以及磁电复合材料
项目经费	10 000元		立项时间	2014.05	完成时间	2015.05

一、项目实施情况(立项依据、研究内容、研究结果等1 000字以内):

随着无线通信和计算机技术的飞速发展,各种电子设备变得更加高度集成化、多功能化、小型化和快速响应化。基于此,同时具有铁电性和铁磁性的多铁性材料备受关注。多铁性材料不但具备单一的铁电性、铁磁性,而且通过铁性性质之间的耦合可以产生新的功能,拓宽了其应用范围,可以被广泛应用在微波领域、高压输电线路的电流测量、宽波段磁探测、磁场感应器等领域。然而,自然界中单相磁电材料的种类非常少,居里温度和奈尔温度都高于室温的只有 $BiFeO_3$,因此,多相磁电复合材料引起了人们的广泛关注。$Y_3Fe_5O_{12}$(YIG)是一种典型的软磁材料,具有较高的电阻率、较低的损耗;$YFeO_3$(YIP)在室温下具有弱的铁磁性,较高的电阻率、较高的反铁磁转变温度,因此,都可以被用做铁磁材料。基于我们提出了以铁电性的钛酸锶钡($Ba_{0.8}Sr_{0.2}TiO_3$)和铁磁性的钇铁石榴石($Y_3Fe_5O_{12}$)为原料,采用原位合成固相法,制备出了 $Ba_{0.8}Sr_{0.2}TiO_3$ 基三相磁电复合材料。

具体研究内容及结果如下:

(1)物相和形貌分析。通过 XRD 和背散射图发现,复合材料中存在白色片状的 BST 相,黑色球状的 YIG 相和长条状的 YIP 相,三相分布均匀。

(2)介电性能分析。介电性能表明,随着 BST 含量的增加,介电常数(ε')增加。其中,25%BST/75%(yttrium ferrite)复合材料的介电常数(ε')高达12 000,表现出巨介电性能,这是由于在复合材料中存在界面极化。

(3)磁性能分析。磁性能表明,复合材料具有典型的软磁体的磁滞回线,随着 BST 含量的增加,饱和磁化强度(M_s)逐渐降低,剩余磁化强度(M_r)和矫顽场(H_m)逐渐增大。这是由于铁氧体 YIG 含量的降低,反铁磁铁氧体 YIP 含量的升高引起的。其中,25%BST/75%(yttrium ferrite)复合材料的剩余磁化强度(M_r)、矫顽场(H_m)分别为2.1 emu/g、300 Oe。

二、项目创新点与特色(包括使用了什么样的创新方法、手段,项目的科学意义和应用价值等,500字以内):

以铁电性的钛酸锶钡($Ba_{0.8}Sr_{0.2}TiO_3$)和铁磁性的钇铁石榴石($Y_3Fe_5O_{12}$)为原料,采用原位合成固相法,制备出了$Ba_{0.8}Sr_{0.2}TiO_3$基三相磁电复合材料。通过研究利用 XRD 和 SEM 对磁电复合材料的物相和微观形貌进行分析,并用电测试仪和铁磁测试仪对其介电、铁电和磁性能进行了研究,目的是制备出具有优异性能的磁电复合材料,并对其制备工艺和形成机理进行研究。结果表明:复合材料具有巨介电性能,高的剩余极化强度和矫顽场。为以后的磁电复合材料的研究提供了借鉴和研究的方向,为磁电复合领域的材料的产业化提供了一定的理论依据。

三、项目成果:包括理论、应用、技术等方面取得的成果,成果的具体形式包括发表论文(应注明论文题目、发表刊物、发表时间、作者等详细信息)、专利(专利申请及获批、专利名称、专利号、申请人、获得日期等信息)、研究报告、实物、软件、图纸、获奖证书等。

项目申请书中的预期成果及成果提交形式:

(1)获得固相法制备$Ba_{0.8}Sr_{0.2}TiO_3$基三相磁电复合材料的优化工艺。

(2)获得制备$Ba_{0.8}Sr_{0.2}TiO_3$基三相磁电复合材料性能的研究总结报告。

(3)发表研究性制备$Ba_{0.8}Sr_{0.2}TiO_3$基三相磁电复合材料论文一篇。

项目结题时取得的成果:

(1)固相法制备$Ba_{0.8}Sr_{0.2}TiO_3$基三相磁电复合材料的优化工艺。介电性能表明,随着 BST 含量的增加,介电常数增加。其中,25％BST/75％(yttrium ferrite)复合材料的介电常数(ε')高达12 000。磁性能表明,复合材料具有典型的软磁体的磁滞回线,随着 BST 含量的增加,饱和磁化强度(M_s)逐渐降低,剩余磁化强度(M_r)和矫顽场(H_m)逐渐增大。其中,25％BST/75％(yttrium ferrite)复合材料的剩余磁化强度(M_r)、矫顽场(H_m)分别为 2.1 emu/g、300 Oe。

(2)固相法制备$Ba_{0.8}Sr_{0.2}TiO_3$基三相磁电复合材料及其性能的研究总结报告。

(3)杨海波,陈含雨,李昭,等.$Ba_{0.8}Sr_{0.2}TiO_3$基三相磁电复合材料的介电和磁性能的研究[J].陕西科技大学学报,2015(4):28-31.

四、完成项目后的收获与体会(300字以内):

生命之所以精彩就在于生活中总是充满着挑战和机遇,大学为我们提供了很多成长的平台,在本次大学生创新训练项目中,我们收获到很多,对科研也有一个全新的认识。首先,因为本项目我们更详细地了解到一些关于磁电材料的知识,并且能够更加近距离地接触磁电材料,亲自上手操作完成实验,因此,我们心中充满欢喜和成就感。除此之外,这个项目带给我们的还有友谊和经验。相逢即是缘,我们组员之间由本次项目而在彼此的生命中留下印记,相互之间取长补短,协同进步。虽然实验中我们遇见很多困难,让我们感觉科研之路每走一步都很艰辛,但是我们都在自己的努力下和老师的帮助下都顺利攻克,我们不由地对广大科研工作者感到深深的敬佩。

五、项目组承诺：

我保证上述填报内容的真实性，经费使用规范合理，项目成果无弄虚作假情况。

主持人签名：　　　　　　项目组其他成员签名：

日期：

六、指导教师意见（手写）：

签名：

年　　月　　日

七、学院意见：

主管领导签字（盖章）：

年　　月　　日

八、学校验收意见：

专家评价：（　）优秀　　（　）良好　　（　）合格　　（　）不合格

盖章：

年　　月　　日

8.3 高性能 KNN 基磁电复合材料的研究

大学生创新创业训练计划
项目申报表

推 荐 学 校　　陕西科技大学
项 目 名 称　　高性能 KNN 基磁电复合材料的研究
项 目 类 型　　创新训练项目
项目负责人　　马　馨
申 报 日 期　　2016.04

陕西省教育厅 制

二〇一六年四月

项目名称		高性能 KNN 基磁电复合材料的研究					
项目类型		(√)创新训练项目 ( )创业训练项目 ( )创业实践项目					
项目实施时间		起始时间:2016 年 05 月　　　　完成时间:2017 年 05 月					
申请人或申请团队		姓名	年级	学校	所在院系/专业	联系电话	E-mail
	主持人	马　馨	2013	陕西科技大学	无机非金属材料工程	略	略
	成员	陈腾飞	2013	陕西科技大学	无机非金属材料工程	略	略
		黄龙军	2013	陕西科技大学	无机非金属材料工程	略	略
		孙　创	2013	陕西科技大学	无机非金属材料工程	略	略
		赵龙博	2013	陕西科技大学	无机非金属材料工程	略	略
指导教师	姓名	杨海波			研究方向	功能复合材料	
	年龄	略			行政职务/专业技术职务	系主任/教授	
	主要成果	杨海波,男,博士,教授,硕士研究生导师,新加坡国立大学博士后,陕西省青年科技新星,陕西科技大学学术骨干,国内外多种材料类权威期刊审稿人。在国内外学术期刊上发表 SCI 收录文章 100 余篇,SCI 他引 300 余次。合作撰写英文专著一章。主编教材和合作编写教材各 1 部。已授权国家发明专利 10 余项,其中专利技术转让 1 项。作为项目负责人主持并完成国家自然科学基金青年基金等项目 7 项。作为项目负责人主持国家自然科学基金面上项目等项目 5 项。荣获省部级科技奖励 5 项。教学方面,现为省级精品资源共享课程"陶瓷工艺学"课程负责人。作为项目负责人主持陕西科技大学重点教改项目 1 项。荣获陕西省教学成果特等奖 1 项。所指导的硕士研究生中 4 人获得国家奖学金。鉴于 2009 年和 2015 年的突出业绩,于 2010 年和 2016 分别被评为年陕西科技大学先进个人,并于 2014 年荣获陕西科技大学"优秀共产党员"的称号。					

一、项目实施的目的、意义

多铁性材料是指具有铁电性、铁磁性和铁弹性中的两种以上特性的材料。由于其在传感器、数据存储器等器件中的巨大应用前景，Science 杂志将其列为最值得关注的七大科学热点之一[1-2]。一般情况下，多铁性材料中均存在不同程度的磁电耦合效应，故也称为磁电材料。由于磁电材料的独特性质，其在微波领域、高压输电线路的电流测量、磁场感应器等领域有着广泛而重要的用途，尤其在信息存储、自旋电子器件、磁传感器、电容-电感一体化器件等方面有着广阔的应用前景[3-4]。磁电材料可以分为单相磁电材料以及由典型铁电相和铁磁相复合得到的磁电复合材料[4]。

自从法国物理学家居里首先在单相材料中发现了磁电效应以来，人们已经发现了许多单相磁电材料，如 Cr_2O_3、$BiFeO_3$、$BiMnO_3$、$Ni_3B_7O_{13}$、$YMnO_3$ 等。在以上众多的单相磁电材料中，唯独菱方结构的 $BiFeO_3$ 磁电材料的居里温度（T_C 约为 837℃）与奈尔温度（T_N 约为 367℃）都远高于室温。因其扭曲的钙钛矿结构，且其 A 位和 B 位上的离子可以被化合价和半径不同的各类离子在相当宽的溶解度范围内单独或复合取代，或通过与其他钙钛矿结构的材料进行固溶使其性能得以提高，从而成为磁电材料的研究热点。基于 $BiFeO_3$ 及其固溶体材料中有关电、磁、光相互之间耦合的科学问题对凝聚态物理和材料科学等众多领域的推动作用，其结构、性能和应用研究引起了学术界和工业界的广泛关注，成为物理、化学、材料科学交叉领域中的新兴热点和前沿内容。21 世纪以来，该材料的研究工作已经取得了巨大的进展[5-20]。然而，由于其反铁磁的本质，$BiFeO_3$ 及其固溶体材料的宏观磁性非常弱。虽然离子掺杂和外延薄膜材料中的基片晶格失配产生的应力可以在一定程度上使 $BiFeO_3$ 的螺旋式反铁磁结构产生畸变，从而使得改性后的 $BiFeO_3$ 具有一定的弱磁性，但是这些方法不能改变 $BiFeO_3$ 的反铁磁本质，无法明显提高其宏观磁性[21]，进而提高其磁电耦合性能。

磁电复合材料是通过一定的方法将两种单相材料（铁电相和铁磁相）复合而成，同时兼具磁有序和电有序的多铁性物质。根据基体材料的不同，磁电复合材料可以分为陶瓷基磁电复合材料、聚合物基磁电复合材料和金属基磁电复合材料。其中，通过胶体将铁电相与铁磁相黏合在一起的金属基磁电复合材料，通常具有较高的磁电耦合性能。相比而言，陶瓷基磁电复合材料的磁电耦合性能虽然有所下降，但由于其可以与多层陶瓷电容器技术（MLCC）相结合，从而实现小型化磁电器件的设计制造，因此，陶瓷基磁电复合材料在器件小型化方面具有不可替代的优势。目前，陶瓷基磁电复合材料主要是采用高压电系数的锆钛酸铅（PZT）与铁氧体进行复合制备而成。近年来，随着环境保护和人类社会可持续发展的需求，研发新型环境友好型无铅磁电复合材料已成为世界发达国家致力研发的热点之一。众所周知，无铅压电材料有 $BaTiO_3$ 基无铅压电材料、$Na_{0.5}Bi_{0.5}TiO_3$ 基无铅压电材料、KNN 基无铅压电材料、钨青铜结构无铅压电材料、铋层状结构无铅压电材料[22]。目前，无铅磁电复合材料主要是以典型无铅压电材料 $BaTiO_3$ 为基体制备得到的 $BaTiO_3$ 基磁电复合材料[23-26]。$BaTiO_3$ 的烧结温度在 1 350℃ 以上，远高于常见的尖晶石型铁氧体材料（钴铁氧体和镍锌铁氧体等）的烧结温度。铁电相和铁磁相烧结温度的差异导致 $BaTiO_3$ 基磁电复合材料无法获得理想的致密度。不仅如此，烧结温度高还容易导致两相间离子扩散的发生。本项目的研究表明，在烧结过程中 $BaTiO_3$ 基磁电复合材料中不可避免存在 Fe^{3+} 的扩散。

铁氧体中的 Fe^{3+} 扩散到铁电相中,导致铁电相的居里温度降低[27]。类似现象在 $Sr_{0.5}Ba_{0.5}Nb_2O_6/CoFe_2O_4$ 复合材料中也存在[28]。更为严重的是,在 $BaTiO_3/Ni_{0.5}Zn_{0.5}Fe_2O_4$ 复合材料中,扩散到 $BaTiO_3$ 中的 Fe^{3+} 会使四方铁电相 $BaTiO_3$ 转变成不具有压电性能的六方顺电相 $BaTiO_3$[29],因此,现有的 $BaTiO_3$ 基磁电复合材料的居里温度均小于居里温度较低的 $BaTiO_3$ 的居里温度(120℃),无法满足无铅磁电复合材料在高温恶劣环境下的应用要求。而且 $BaTiO_3$ 的压电系数远小于 PZT 的压电系数,导致 $BaTiO_3$ 基无铅压电材料的磁电耦合系数无法与 PZT 基磁电复合材料相比拟。

总结现有文献我们可以发现,现有无铅磁电复合材料的居里温度较低,磁电耦合系数较低。掺杂改性的 $BiFeO_3$ 材料虽然具有较好的铁电性,然而其磁性较弱导致磁电耦合性能同样较低。因此,目前尚不具有优异磁电耦合性能和高居里温度的无铅磁电材料。KNN 基无铅压电材料具有可与 PZT 媲美的压电系数[30-33]。虽然其存在烧结温度范围很窄及难以烧结等问题,但是该类问题可以通过离子掺杂改性的方式进行改善[34]。鉴于此,本项目拟采用具有良好压电性能的 KNN 基无铅压电材料为基体,在其中引入高电阻率的铁氧体(如钴铁氧体、镍锌铁氧体、石榴石型铁氧体、Z 型钡铁氧体、Y 型钡铁氧体、U 型钡铁氧体等)形成 KNN 基磁电复合材料,以期获得兼具高居里温度、高电阻率以及优异磁电耦合性能的无铅磁电复合材料。系统研究该类磁电复合材料的制备工艺参数,探索提高磁电复合材料的居里温度、电阻率以及磁电耦合性能的方法。采用理论模拟和实验结合的方法研究磁电复合材料中功能相材料种类和体积分数、复合形式、微观结构、界面耦合状态、应力夹持状态等对其性能的影响,并对其功能相之间的耦合机理进行探讨。本项目的顺利实施还将大大推动元器件的多功能化,从而有效提高电路的集成度,并有望催生出一些基于无铅磁电复合材料的具有全新原理的无源元器件,为未来发展新型集成电路和集成模块奠定坚实的理论和实践基础。

参考文献:

[1] EERENSTEIN W, MATHUR N D, SCOTT J F. Multiferroic and magnetoelectric materials[J]. Nature,2006, 442:759-765.

[2] LISTED N. Breakthrough of the year: Areas to watch[J]. Science, 2007, 318:1848-1849.

[3] MA F D, JIN Y M, WANG Y U, et al. Phase field modeling and simulation of particulate magnetoelectric composites: Effects of connectivity, conductivity, poling and bias field[J]. Acta Materialia, 2014, 70:45-55.

[4] MA J, HU J M, LI Z, et al. Recent progress in multiferroic magnetoelectric composites: from bulk to thin films[J]. Advanced Materials, 2011, 23:1062-1087.

[5] WANG J, NEATON J B, ZHENG H, et al. Epitaxial $BiFeO_3$ multiferroic thin film heterostructures[J]. Science, 2003, 299:1719.

[6] ZECHES R J, ROSSELL M D, ZHANG J X, et al. A strain-driven morphotropic phase boundary in $BiFeO_3$[J]. Science,2009, 326:977.

[7] ZHANG J X, XIANG B, HE Q, et al. Large field-induced strains in a lead-free piezoelectric material[J]. Nature Nanotechnolgy, 2011, 6:98-102.

[8] ZOU X, YOU L, CHEN W G, et al. Mechanism of polarization fatigue in $BiFeO_3$[J]. ACS Nano, 2012, 6:8997-9004.

[9] CHEN Z H, ZOU X, REN W. Study of strain effect on in-plane polarization in epitaxial $BiFeO_3$ thin films using planar electrodes[J]. Physical Review B, 2012, 86(23):235125(1-7).

[10] KE Q Q, LOU X J, WANG Y, et al. Oxygen-vacancy-related relaxation and scaling behaviors of $Bi_{0.9}La_{0.1}Fe_{0.98}Mg_{0.02}O_3$ ferroelectric thin films[J]. Physical Review B, 2010, 82(2):024102(1-7).

[11] KE Q Q, LOU X J, YANG H B, et al. Negative capacitance induced by redistribution of oxygen vacancies in the fatigued $BiFeO_3$-based thin film[J]. Applied Physics Letters, 2012, 101(2):022904(1-4).

[12] RAMANA E V, MAHAJAN A, GRACA M P F, et al. Ferroelectric and magnetic properties of magnetoelectric $(Na_{0.5}Bi_{0.5})TiO_3$-$BiFeO_3$ synthesized by acetic acid assisted sol-gel method[J]. Journal of the European Ceramic Society, 2014, 34(16):4201-4211.

[13] KIM Y M, MOROZOVSKA A, ELISEEV E, et al. Direct observation of ferroelectric field effect and vacancy-controlled screening at the $BiFeO_3/La_xSr_{1-x}MnO_3$ interface[J]. Nature Materials, 2014, 13(11):1019-1025.

[14] WANG K F, LIU J M, REN Z F. Multiferroicity: the coupling between magnetic and polarization orders[J]. Advances in Physics, 2009, 58(4):321-448.

[15] HERON J T, BOSSE J L, HE Q, et al. Deterministic switching of ferromagnetism at room temperature using an electric field[J]. Nature, 2014, 516(7531):370-373.

[16] GOSWAMI S, BHATTACHARYA D, KEENEY L, et al. Large magnetoelectric coupling in nanoscale $BiFeO_3$ from direct electrical measurements[J]. Physical Review B, 2014, 90(10):104402(1-7).

[17] WANG Q Q, WANG Z, LIU X Q, et al. Improved structure stability and multiferroic characteristics in $CaTiO_3$-Modified $BiFeO_3$ ceramics[J]. Journal of the American Ceramic Society, 2012, 95(2):670-675.

[18] CHEN L, REN W, YE Z G, et al. Electric and magnetic properties of bilayered lead-free piezoelectric and multiferroic $Bi_{0.9}Dy_{0.1}FeO_3/K_{0.5}Na_{0.5}NbO_3$ thin films[J]. Journal of the American Ceramic Society, 2012, 95(10), 3166-3171.

[19] LEE J H, CHU K, ÜNAL A A, et al. Phase separation and electrical switching between two isosymmetricmultiferroic phases in tensile strained $BiFeO_3$ thin films[J]. Physical Review B, 2014, 89(14), 140101(1-6).

[20] LIU X L, XU Z, WEI X Y, et al. Ferroelectric, ferromagnetic, and magnetoelectric characteristics of $0.9(0.7BiFeO_3$-$0.3BaTiO_3)$-$0.1CoFe_2O_4$ ceramic composite[J]. Journal of the American Ceramic Society, 2010, 93(10): 2975-2977.

[21] KHOMCHENKO V A, TROYANCHUK I O, KOVETSKAYA M I, et al. Mn substitution – driven structural and magnetic phase evolution in $Bi_{1-x}Sm_xFeO_3$ multiferroics[J]. Applied Physics Letters, 2012, 111(1): 014110(1 – 6).

[22] TAKENAKA T, NAGATA H. Current status and prospects of lead – free piezoelectric ceramics[J]. Journal of the European Ceramic Society, 2005, 25:2693 – 2700.

[23] SUNDARARAJ A, THERESE H A, RAMASWAMY S, et al. Room temperature magnetoelectric coupling in $Zn_{1-x}Co_xO/BaTiO_3$ bilayer system[J]. Applied Physics Letters, 2014, 105(13):2902 – 2905.

[24] SHAH J, KOTNALA R K. Magnetoelectric coupling of multiferroic chromium doped barium titanate thin film probed by magneto – impedance spectroscopy[J]. Applied Physics Letters, 2014, 104(14):2901(1 – 5).

[25] JIA C L, WEI T L, JIANG C J, et al. Mechanism of interfacial magnetoelectric coupling in composite multiferroics[J]. Physical Review B, 2014, 90:054423(1 – 6).

[26] YANG H B, ZHANG G, LIN Y. Enhanced magnetoelectric properties of the laminated $BaTiO_3/CoFe_2O_4$ composites[J]. Journal of Alloys and Compounds, 2015, 644:390 – 397.

[27] YANG H B, WANG H, SHUI L, et al. Hybrid processing and properties of $Ni_{0.8}Zn_{0.2}Fe_2O_4/Ba_{0.6}Sr_{0.4}TiO_3$ magneto – dielectric composites[J]. Journal of Materials Research, 2010, 25:1803 – 1811.

[28] LIN Y Q, CHEN X M. Dielectric relaxations in $Sr_{0.5}Ba_{0.5}Nb_2O_6/CoFe_2O_4$ high – ε magnetoelectric composite ceramics[J]. Materials Chemistry and Physics, 2009, 117:125 – 130.

[29] YANG H B, WANG H, HE L, et al. Hexagonal $BaTiO_3/Ni_{0.8}Zn_{0.2}Fe_2O_4$ composites with giant dielectric constant and high permeability[J]. Materials Chemistry and Physics, 2012, 134:777 – 782.

[30] YANG H B, LIN Y, ZHU J F, et al. An efficient approach for direct synthesis of $K_{0.5}Na_{0.5}NbO_3$ powders[J]. Powder Technology, 2009, 196:233 – 236.

[31] TAN C K I, YAO K. Effects of ultrasonic irradiation on the structural and electrical properties of lead – free $0.94(K_{0.5}Na_{0.5})NbO_3 – 0.06LiNbO_3$ ceramics[J]. Journal of the American Ceramic Society, 2010, 93:2975 – 2977.

[32] WANG X P, WU J G, CHEN X J. Rhombohedral – tetragonal phase boundary and electrical properties of new $K_{0.48}Na_{0.52}Nb_{0.98}Sb_{0.02}O_3 – Bi_{0.5}Na_{0.5}ZrO_3$ lead – free piezoceramics[J]. Journal of Physics D – Applied Physics, 2013, 46(49):495305(1 – 6).

[33] LONG C B, LI T Y, FAN H Q, et al. Li – substituted $K_{0.5}Na_{0.5}NbO_3$ – based piezoelectric ceramics: Crystal structures and the effect of atmosphere on electrical properties[J]. Journal of Alloys and Compounds, 2016, 658:839 – 847.

[34] XIAO X B, PENG B L, LU X F, et al. Structure evolution and enhanced piezoelectric properties of $(K_{0.5}Na_{0.5})NbO_3 – 0.06LiTaO_3 – SrZrO_3$ lead – free ceramics[J]. Journal of Alloys and Compounds, 2015, 653:523 – 527.

二、项目研究内容和拟解决的关键问题

(一)研究内容

1. KNN 基磁电复合材料的设计、制备和基础理论分析

磁电复合材料的性能取决于其中功能相的性能和体积分数以及复合材料的复合形式(见图 8-4)等。本项目拟采用具有高电阻率的铁氧体材料(如钴铁氧体、镍锌铁氧体、石榴石型铁氧体、Z 型钡铁氧体、Y 型钡铁氧体、U 型钡铁氧体等)与具有良好压电性能的 KNN 基无铅压电材料进行复合,运用有效介质理论、有限元分析法、格林函数法、状态变量法等理论模型与复合材料实验结果进行比较,研究功能相材料种类和体积分数、复合形式、微观结构、界面耦合状态、应力夹持状态等对磁电复合材料磁电性能的影响,从而对磁电复合材料的性能、微观结构、复合形式进行优化设计。

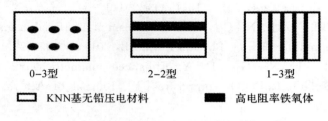

图 8-4 磁电复合材料的复合形式示意图

2. KNN 基磁电复合材料磁电耦合性能调控研究

当功能相材料种类和体积分数确定后,磁电复合材料的磁电耦合性能与其微观结构、界面耦合状态和应力夹持状态直接相关。本项目拟通过功能相粉体的表面包覆、功能相叠层技术、特种烧结技术(热压烧结技术、微波烧结技术)以及薄膜制备技术等控制磁电复合材料的微观结构、界面耦合状态和应力夹持状态。磁电复合材料的磁电耦合性能也和电阻率关系密切。一般情况下,铁磁相的电阻率低于铁电相。功能相材料种类和体积分数确定后,磁电复合材料的电阻率取决于微观结构和复合形式。首先,本项目拟采用水热合成和混杂工艺等表面包覆技术对低电阻率的磁性功能相进行表面改性,使低电阻率的组分晶粒处在高电阻率组分晶粒的包围中,以提高磁电复合材料的电阻率,进而提高磁电耦合性能。其次,2-2 型复合形式(采用功能相叠层技术和多层复合薄膜技术实现)可以通过高电阻率的铁电相将电阻率较小的铁磁相分隔开,从而获得较高的电阻率。再次,拟采用粉体表面包覆技术和 2-2 型复合形式相结合的方式进一步提高磁电复合材料的电阻率,从而对磁电耦合性能进行调控。对于 Z 型钡铁氧体、Y 型钡铁氧体、U 型钡铁氧体等六方晶系铁氧体,拟采用织构陶瓷技术,使得铁氧体晶粒沿着磁致伸缩系数较高的晶面定向排列,并使这些晶面和铁电相进行耦合,以期获得具有优异磁电耦合性能的磁电复合材料。系统研究以上不同的调控方法和工艺参数对磁电复合材料性能的影响。

3. KNN 基磁电复合材料的性能与组分和微观结构的关系模型

通过实验结果和测试数据,探索和构建复合材料"组成-工艺-微观结构-性能"间的关系模型。这个关系模型可以更好且有针对性地指导磁电复合材料的组成体系和制备工艺,为进一步优化无铅磁电复合材料的性能提供理论基础。

(二)拟解决的关键问题

1. 磁电复合材料电阻率的提高

高电阻率是磁电复合材料获得优异磁电性能的关键条件。通常情况下,磁电复合材料的电阻率随着温度的升高而逐渐降低,因此,高电阻率是高居里温度无铅磁电复合材料获得优异磁电耦合性能的有力保障。拟从以下两个方面来解决。首先,通过复合材料功能相的选择来提高复合材料的电阻率。本项目拟选择具有高电阻率的铁氧体材料(如钴铁氧体、镍锌铁氧体、石榴石型铁氧体、Z 型钡铁氧体、Y 型钡铁氧体、U 型钡铁氧体等)作为铁磁相与具有良好高温电学性能的 KNN 材料进行复合。其次,通过控制复合材料的微观结构来提高磁电复合材料的电阻率。本项目拟采用水热合成和混杂工艺等表面包覆技术对低电阻率的组分粉体进行表面改性、2-2 型复合形式(采用功能相叠层技术和多层复合薄膜技术实现)以及两者相结合的方式提高磁电复合材料的电阻率,进而提高磁电复合材料的磁电耦合性能。系统研究不同的表面改性方法和组分体系以及工艺参数对磁电复合材料的性能的影响,从而进一步优化研究方案和制备工艺来获得较高的电阻率。

2. 磁电复合材料两相共烧匹配问题对致密度的影响

致密的微观结构是磁电复合材料具有高电阻率、良好界面耦合状态和应力夹持状态的有力保障,从而进一步保证磁电复合材料具有优异磁电耦合性能。铁电相和铁磁相间烧结温度和烧结收缩率的差异可能会降低磁电复合材料的致密度,尤其是 2-2 型磁电复合材料。本项目拟采用微调 KNN 材料的组分(如离子掺杂改性等)改变烧结温度、添加合适烧结助剂、特种烧结方式(热压烧结、微波烧结等)等方式保证磁电复合材料两相共烧匹配,从而使磁电复合材料具有高的致密度。

三、项目研究与实施的基础条件

近期申请者采用叠层技术成功制备出了 $(K_{0.45}Na_{0.5})_{0.98}Li_{0.02}(Nb_{0.77}Ta_{0.18}Sb_{0.05})O_3$ – $Ni_{0.37}Cu_{0.2}Zn_{0.43}Fe_{1.92}O_{3.88}$ (KNNLTS-NCZF)层状磁电复合材料(2-2 型磁电复合材料),部分实验结果如图 8-5 所示。研究表明,KNNLTS-NCZF 层状复合材料具有较为致密的微观结构和较好的界面耦合状态。与常规 0-3 型磁电复合材料相比,层状磁电复合材料显示出较高的电阻特性和优异的磁电耦合性能。以上前期实验数据为本项目的顺利开展奠定了坚实基础。

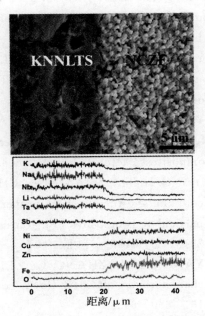

图 8-5 KNNLTS-NCZF 层状磁电复合材料的 XRD 图谱和断面 SEM 图

项目组成员近期发表与本项目相关的论文：

[1] YANG Haibo, YE Ting, LIN Ying, et al. Enhancements of (BH)max and remanence in $BaFe_{12}O_{19}/CaFe_2O_4/CoFe_2O_4$ nanocomposite powders by exchange-coupling mechanism[J]. Materials Chemistry and Physics, 2016, 171: 27-32.

[2] YANG Haibo, ZHANG Ge, LIN Ying. Enhanced electrical properties and observation of magnetoelectric effect in the $BiFeO_3$-$BaTiO_3/CoFe_2O_4$ laminate composites[J]. Materials Letters, 2016, 164: 388-392.

[3] YANG Haibo, ZHANG Ge, HAN Ning. Enhanced ferroelectric and magnetoelectric properties of the laminated $0.65BiFeO_3$-$0.35BaTiO_3/BiY_2Fe_5O_{12}$ composite[J]. Materials Letters, 2015, 145: 91-94.

[4] YANG Haibo, ZHANG Ge, CHEN Hongmei, et al. Electrical, magnetic and magnetoelectric properties of $0.6BaTiO_3$-$0.4BiFeO_3/CoFe_2O_4$ particulate composites[J]. Journal of Materials Science: Materials in Electronics, 2015, 26(5): 3370-3374.

[5] YANG Haibo, ZHANG Ge, LIN Ying. Electrical, magnetic and magnetoelectric properties of laminated $0.65BiFeO_3$-$0.35BaTiO_3/BiY_2Fe_5O_{12}$ composites[J]. Smart materials and structures, 2015, 24(6): 065028(1-9).

[6] YANG Haibo, ZHANG Ge, LIN Ying. Enhanced magnetoelectric properties of the laminated $BaTiO_3/CoFe_2O_4$ composites[J]. Journal of Alloys and Compounds, 2015, 644: 390-397.

[7] YANG Haibo, ZHANG Ge, LIN Ying, et al. Electrical, magnetic and magnetoelectric properties of $BaTiO_3/BiY_2Fe_5O_{12}$ particulate composites[J]. Ceramics International, 2015, 41(5): 7227-7232.

[8] YANG Haibo, ZHANG Ge, LIN Ying, et al. Enhanced Curie temperature and magnetoelectric effects in the $BaTiO_3$-based piezoelectrics and $CoFe_2O_4$ laminate composites[J]. Materials Letters, 2015, 157: 99-102.

[9] YANG Haibo, ZHANG Ge, HAI Guojuan, et al. Simultaneous enhancement of electrical and magnetoelectric effects in $BaTiO_3$-$Bi_{0.5}Na_{0.5}TiO_3/CoFe_2O_4$ laminate composites[J]. Journal of Alloys and Compounds, 2015, 646: 1104-1108.

[10] YANG Haibo, ZHANG Ge, CHEN Xiuli, et al. Observation of magnetoelectric coupling and the electrical properties in $0.65BaTiO_3$-$0.35Bi_{0.5}Na_{0.5}TiO_3/CoFe_2O_4$ particulate composites[J]. Journal of Materials Science: Materials in Electronics, 2015, 26: 6107-6112.

[11] YANG Haibo, ZHANG Ge, LIN Ying, et al. Synthesis and electromagnetic characteristics of Co_2Z/Co_2Y composite material[J]. Materials Letters, 2015, 161: 690-693.

[12] YANG Haibo, YE Ting, LIN Ying, et al. Giant enhancement of (BH) max in BaFe$_{12}$O$_{19}$/Y$_3$Fe$_5$O$_{12}$ nanocomposite powders[J]. Materials Letters, 2015, 145: 19-22.

[13] YANG Haibo, YE Ting, LIN Ying, et al. Excellent microwave absorption property of ternary composite: Polyaniline - BaFe$_{12}$O$_{19}$ - CoFe$_2$O$_4$ powders[J]. Journal of Alloys and Compounds, 2015, 653: 135-139.

[14] YANG Haibo, YE Ting, LIN Ying, et al. Preparation and microwave absorption property of graphene/BaFe$_{12}$O$_{19}$/CoFe$_2$O$_4$ nanocomposite[J]. Applied Surface Science, 2015, 357: 1289-1293.

[15] YANG Haibo, LIU Miao, LIN Ying, et al. Simultaneous enhancements of remanence and (BH)$_{max}$ in BaFe$_{12}$O$_{19}$/CoFe$_2$O$_4$ nanocomposite powders[J]. Journal of Alloys and Compounds, 2015, 631(5): 335-339.

[16] YANG Haibo, YE Ting, LIN Ying, et al. Preparation and magnetic properties of CoFe$_2$O$_4$/Y$_3$Fe$_5$O$_{12}$ nanocomposite powders[J]. Journal of Materials Science: Materials in Electronics, 2015, 26(3): 1827-1831.

[17] YANG Haibo, YE Ting, LIN Ying, et al. Microwave absorbing properties based on polyaniline/magnetic nanocomposite powders[J]. RSC Advances, 2015, 5(125): 103488-103493.

[18] LIU Miao, YANG Haibo, YANG Yanyan, et al. A simple method of synthesizing homogeneous La$_{0.1}$Bi$_{0.9}$FeO$_3$ - BiY$_2$Fe$_5$O$_{12}$ composite powders[J]. Ceramics International, 2014, 40(4): 6301-6305.

[19] LIN Ying, YANG Haibo, LIU Miao, et al. Impedance spectroscopy analysis of Bi$_{0.85}$Pr$_{0.15}$Fe$_{0.9}$Co$_{0.1}$O$_3$ thin films[J]. Materials Research Bulletin, 2014, 51(3): 44-48.

[20] LIU Miao, YANG Haibo, LIN Ying, et al. One-step synthesis of homogeneous BaFe$_{12}$O$_{19}$/Y$_3$Fe$_5$O$_{12}$ composite powders, Materials Research Bulletin, 2014, 60(12): 195-200.

[21] LIU Miao, YANG Haibo, YANG Yanyan, et al. Influence of Co doping on the magnetic properties of Bi$_2$Fe$_4$O$_9$ powders[J]. Journal of Materials Science: Materials in Electronics, 2014, 25(11): 4949-4953.

[22] YANG Haibo, LIU Miao, LIN Ying, et al. xBaTiO$_3$-$(1-x)$BiFeO$_3$ strained epitaxial thin film with enhanced magnetization[J]. Materials Letters, 2013, 92(2): 427-429.

[23] YANG Haibo, LIU Miao, LIN Ying, et al. Multiferroic properties of Bi$_{0.85}$Pr$_{0.15}$Fe$_{0.9}$Co$_{0.1}$O$_3$ thin films[J]. Materials Letters, 2013, 106(9): 263-265.

[24] LIN Ying, YANG Haibo, ZHU Zhenfeng, et al. La$_{0.1}$Bi$_{0.9}$FeO$_3$ - BiY$_2$Fe$_5$O$_{12}$ composites with simultaneously improved magnetization and polarization[J]. Ceramics International, 2013, 39(4): 4679-4682.

[25] YANG Haibo, KE Qingqing, SI Huayan, et al. $0.7BiFeO_3-0.3BaTiO_3-Y_3Fe_5O_{12}$ composites with simultaneously improved electrical and magnetic properties[J]. Journal of Applied Physics, 2012, 111(2): 024104(1-4).

[26] LIN Ying, YANG Haibo, ZHU Zhenfeng. $0.7BiFeO_3-0.3BaTiO_3/BiY_2Fe_5O_{12}$ composites with simultaneously improved polarization and magnetization[J]. Materials Chemistry and Physics, 2012, 136(2-3): 286-291.

[27] YANG Haibo, WANG Hong, HE Li, et al. Polarization relaxation mechanism of $Ba_{0.6}Sr_{0.4}TiO_3/Ni_{0.8}Zn_{0.2}Fe_2O_4$ composite with giant dielectric constant and high permeability[J]. Journal of Applied Physics, 2010, 108(7): 074105(1-6).

四、项目实施方案

本项目的技术路线如图8-6所示。

1. 功能相的选择与理论计算

本研究拟引入高电阻率的铁氧体(如钴铁氧体、镍锌铁氧体、石榴石型铁氧体、Z型钡铁氧体、Y型钡铁氧体、U型钡铁氧体等)与KNN基无铅压电材料进行复合,以期获得兼具高居里温度、高电阻率以及优异磁电耦合性能的高居里温度无铅磁电复合材料。拟通过系统研究的实验方法进行选择,确定引入的铁氧体种类。运用有效介质理论、有限元分析法、格林函数法、状态变量法等研究比较各种理论模型与磁电复合材料的实验结果。

2. 功能相粉体的制备

使用普通球磨、高能球磨、溶胶-凝胶、水热合成等方法制备不同粒径的功能相粉体,改变制备工艺参数以得到不同粒径分布、不同表面形貌和不同表面状态的功能相粉体。研究粒径分布、表面形貌和状态对磁电复合材料的烧结性能、微观结构以及磁电性能的影响。

3. 磁电复合材料的制备技术与形成机理研究

本项目拟采用水热合成和混杂工艺等表面包覆的化学方法以形成具有核壳结构的复合粉体,使复合材料具有高分散性微观结构,从而尽可能提高磁电复合材料的电阻率,达到提高磁电耦合性能的目的。采用功能相叠层技术制备2-2型层状磁电复合材料。采用织构陶瓷技术,使铁氧体晶粒沿着磁致伸缩系数较高的晶面定向排列,并使这些晶面和铁电相进行耦合,制备2-2型磁电复合材料。另外,本项目拟采用溶胶-凝胶旋涂法和磁控溅射的方式制备2-2型多层磁电复合薄膜材料,采用磁控溅射的共溅射方式获得1-3型复合薄膜材料。系统研究功能相材料的种类和体积分数、制备方法和工艺参数等对复合材料磁电性能的影响。

4. 磁电复合材料性能测试和机理分析

采用阻抗分析仪(E4980A、E4990A)、铁电分析仪(TF Analyzer 2000)、磁强振动计(Lake Shore 7410)、超导量子干涉磁强计(简称SQUID)、压电力显微镜(PFM)、磁电耦合性能测试系统对磁电复合材料的阻抗特性、铁电性、磁性能和磁电耦合性能进行准确测试。结合XRD、SEM、AFM、TEM等有关微结构的表征手段,研究复合材料的组成和微观结构对磁电特性的影响,揭示其性能与组成、制备工艺和微观结构之间的关系,并对其中功能相之间的耦合机理进行系统研究,为无铅磁电复合材料的改性和优化奠定理论基础。

第8章 复合材料

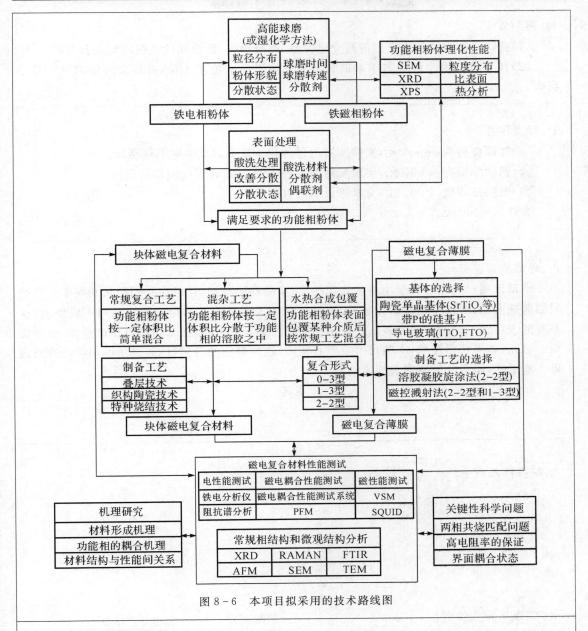

图8-6 本项目拟采用的技术路线图

五、学校可以提供的条件

陕西科技大学材料科学与工程学院拥有合成设备包括高温气氛炉(1 600℃)、德国纳波热硅钼炉(1 600℃,1 800℃)、热压炉(1 600℃)、各种球磨设备、微波水热合成仪、各种水热反应釜等化学合成设备等；成型设备有压片机(自动和手动)、小型实验用流延机、丝网印刷机、压力成型机以及沈阳科仪生产的磁控溅射仪等，可以满足制备工作的需要；陕西科技大学材料科学与工程学院分析检测中心拥有 X 射线衍射仪、扫描电子显微镜、原子力显微镜等材料结构分析测试设备以及 Agilent E4980A、4294A 精密阻抗分析仪、TF Analyzer 2000 铁电分析仪。以上设备为本项目的顺利实施提供了有力的保障。

六、预期成果

　　(1)获得具有自主知识产权的高介电常数、高磁导率、低损耗的高频磁电复合材料。

　　(2)预计将在本学科知名学术期刊上至此发表学术论文1篇,并提交详细的研究总结报告。

七、经费预算

　　(1)能源材料费:5 000元,实验所需的各种化学试剂以及水电消耗费用。

　　(2)测试分析费:4 000元,实验所需的各种XRD、SEM等性能测试费用。

　　(3)资料打印费:1 000元,文献等资料的打印费。

　　合计:10 000元

八、导师推荐意见

　　申请该项目的这几位学生基础知识扎实,实验功底较强,且已在我们团队开展了一段时间的前期实验,取得了初步研究成果,积累和总结了大量的规律性实验结果和实践经验,这都有助于后续工作的顺利开展。所采用的研究方案合理可行,技术路线可操作性强,易于实现。因此,如果获得资助,本项目可望顺利实施,达到制定的各项目标,并获得相应的研究成果。鉴于此,同意此创新项目的申请!

签名:

年　　月　　日

九、院系推荐意见

院系负责人签名:　　　　　　　　学院盖章

年　　月　　日

十、学校推荐意见

　　学校负责人签名：　　　　　　　　学院盖章

　　　　　　　　　　　　　　　　　　　　　　　年　月　日

十一、省教育厅评审意见

　　单位盖章

　　　　　　　　　　　　　　　　　　　　　　　年　月　日

注：表格栏高不够可增加。

大学生创新创业训练项目
结题验收表

（☐国家级　☑省级　☐校级）

项　目　名　称：　高性能 KNN 基磁电复合材料的研究

项　目　编　号：　201610708001

主　　持　　人：　马　馨

项目组成员：　陈腾飞、黄龙军、孙　创、赵龙博

指　导　教　师：　杨海波

所　在　学　院：　材料科学与工程学院

立　项　年　度：　2016

填　表　日　期：　2017.11

陕西科技大学教务处　制

项目名称	高性能 KNN 基磁电复合材料的研究				
项目等级	( )国家级 (√)省级 ( )校级			项目编号	201610708001
项目类别	(√)创新训练项目 ( )创业训练项目				
主持人姓名	马 馨	班级	材料135	联系方式	略
项目组其他成员	序号	姓名	班级	承担工作任务	
	1	陈腾飞	材料136	KNN 基磁电复合材料制备过程的研究	
	2	黄龙军	材料136	KNN 基磁电复合材料结构及性能的研究	
	3	孙 创	材料136	KNN 基磁电复合材料结构及性能的研究	
	4	赵龙博	材料136	KNN 基磁电复合材料的结果与规律性研究	
	5				
指导教师	杨海波	职称	系主任/教授	研究方向	铁电介电材料、磁性材料以及磁电复合材料
项目经费	10 000 元	立项时间	2016.05	完成时间	2017.05

一、项目实施情况(立项依据、研究内容、研究结果等 1 000 字以内):

多铁性材料是指具有铁电性、铁磁性和铁弹性中的两种以上特性的材料,在传感器、数据存储器等器件中的巨大应用前景。一般情况下,多铁性材料中均存在不同程度的磁电耦合效应,故也称为磁电材料,它是通过一定的方法将两种单相材料(铁电相和铁磁相)复合而成,同时兼具磁有序和电有序的多铁性物质。磁电复合材料可分为陶瓷基磁电复合材料、聚合物基磁电复合材料和金属基磁电复合材料。其中,陶瓷基磁电复合材料可以与多层陶瓷电容器技术(MLCC)相结合,从而实现小型化磁电器件的设计制造,因此,在器件小型化方面具有不可替代的优势。目前,陶瓷基磁电复合材料主要是采用高压电系数的锆钛酸铅(PZT)与铁氧体进行复合制备而成。近年来,随着环境保护和人类社会可持续发展的需求,研发新型环境友好型无铅磁电复合材料已成为世界发达国家致力研发的热点之一。目前,无铅磁电复合材料主要是以典型无铅压电材料 $BaTiO_3$ 为基体制备得到的 $BaTiO_3$ 基磁电复合材料。$BaTiO_3$ 的烧结温度在 1 350℃以上,远高于常见的尖晶石型铁氧体材料(钴铁氧体和镍锌铁氧体等)的烧结温度。铁电相和铁磁相烧结温度的差异导致 $BaTiO_3$ 基磁电复合材料无法获得理想的致密度。不仅如此,烧结温度高还容易导致两相间离子扩散的发生。

现有无铅磁电复合材料的居里温度较低,磁电耦合系数较低。掺杂改性的 $BiFeO_3$ 材料虽然具有较好的铁电性,但是磁性较弱导致磁电耦合性能同样较低。KNN 基无铅压电材料具有可与 PZT 媲美的压电系数。虽然其存在烧结温度范围很窄及难以烧结等问题,但是该类问题可以通过离子掺杂改性的方式进行改善。

基于此,我们采用具有良好压电性能的 KNN 基无铅压电材料为基体,在其中引入高电阻率的铁氧体形成 KNN 基磁电复合材料,获得兼具高居里温度、高电阻率以及优异磁电耦合性能的无铅磁电复合材料。具体研究内容及结果如下:

（1）物相和形貌分析。

复合材料中的两相可以很好地共存。压电相 LKNNT 与铁磁相 CZFM 在烧结过程中没有化学反应发生，保留了各自原有的特性。

（2）介电性能分析。

层状磁电复合材料随着铁磁相 CZFM 的增加，介电常数（ε'）逐渐降低，介电损耗逐渐增加。介电损耗 $\tan\delta$ 在低频下随着铁磁相 CZFM 的增加逐渐增加，反而随着频率的增加逐渐降低。

（3）磁性能分析。

层状复合材料 LKNNT/CZFM 的 d_{33} 最大值为 218 pC/N，且随着铁磁相 CZFM 的增加逐渐下降。掺杂改性后的 CZFM 变为软磁材料，具有较高的饱和磁化强度和较低的矫顽场。磁电复合材料在磁场作用下表现出明显的铁磁性能，且随着铁磁相 CZFM 的增加，饱和磁化强度逐渐升高。

二、项目创新点与特色（包括使用了什么样的创新方法、手段，项目的科学意义和应用价值等，500 字以内）：

制备无铅的磁电复合材料，对环境无污染，采用具有良好压电性能的 KNN 基无铅压电材料为基体，在其中引入高电阻率的铁氧体形成 KNN 基磁电复合材料。选取离子掺杂改性的 $(K_{0.5}Na_{0.5})_{0.97}Li_{0.03}(Nb_{0.8}Ta_{0.2})O_3$ 为压电相，以 $Co_{0.6}Zn_{0.4}Fe_{1.7}Mn_{0.3}O_4$ 为铁磁相，通过传统固相烧结法制备层状磁电复合材料 LKNNT/CZFM。重点研究了不同质量分数的铁磁相 CZFM 对磁电复合材料介电、铁电、磁性和磁电性能的影响。利用 XRD 和 SEM 对磁电复合材料的物相和微观形貌进行分析，并用电测试仪和铁磁测试仪对其介电、铁电和磁性能进行了研究。目的是制备出具有优异性能的磁电复合材料，并对其制备工艺和形成机理进行研究。结果表明：复合材料具有良好的介电性能，优异的压电性能、较大的饱和极化强度。为以后的磁电复合材料的研究提供了借鉴和研究的方向，为磁电复合领域的材料的产业化提供了一定的理论依据。

三、项目成果：包括理论、应用、技术等方面取得的成果，成果的具体形式包括发表论文（应注明论文题目、发表刊物、发表时间、作者等详细信息）、专利（专利申请及获批、专利名称、专利号、申请人、获得日期等信息）、研究报告、实物、软件、图纸、获奖证书等。

项目申请书中的预期成果及成果提交形式:.	项目结题时取得的成果:
（1）获得固相法制备无铅 KNN 基磁电复合材料优化工艺。 （2）获得制备无铅 KNN 基磁电复合材料性能的研究总结报告。 （3）发表研究性制备无铅 KNN 基磁电复合材料论文 1 篇。	（1）固相法制备无铅 KNN 基磁电复合材料的优化工艺。介电性能表明随着铁磁相 CZFM 的增加,介电常数(ε')逐渐降低,介电损耗逐渐增加,这是由于低ε'低电阻率的铁磁相 CZFM 引入,稀释了压电相的介电性能,增大了介电损耗。同时,随着频率的增加,ε'随之减小。介电损耗 $\tan\delta$ 在低频下随着铁磁相 CZFM 的增加逐渐增加,反而随着频率的增加逐渐降低。 压电性能表明,LKNNT/CZFM 的 d_{33} 最大值为 218 pC/N,且随着铁磁相 CZFM 的增加逐渐下降。磁性能表明,掺杂改性后的 CZFM 变为软磁材料,具有较高的饱和磁化强度和较低的矫顽场。磁电复合材料在磁场作用下表现出明显的铁磁性能,随着铁磁相 CZFM 的增加,饱和磁化强度逐渐升高。复合材料 0.5LKNNT/0.5CZFM 的具有最大的饱和磁化强度为 29.6 emu/g,复合材料的铁磁性能只与铁磁相 CZFM 有关。 （2）固相法制备 KNN 基磁电复合材料及其性能的研究总结报告。 （3）杨海波,马馨,陈腾飞,等.KNN 基磁电复合材料的制备及研究[J].陕西科技大学学报,2017.(已接收)

四、完成项目后的收获与体会（300 字以内）:

　　首先,非常感谢学校给我们提供了这次的大学生创新训练项目的宝贵机会,通过此项目,我们对科研有了一个更好的认识,为我们以后的发展提供了一个良好的基础。

　　在项目开始之初,因为没有经验,出现了一系列的问题,不仅实验进行的缓慢,而且浪费药品,对我们项目组的成员也是一种煎熬。后来我们不断地和学姐、学长交流,进行了充分的准备,才有了后期的成果。在实验过程中准备越充分,实验越顺利。前期的知识储备、文献储备、材料准备、方法准备可以避免项目进行时的手忙脚乱,充分的预实验使我们充满信心。一步一个脚印,就不必"从头再来"。最不能容忍的是在开始的几步偷懒,造成后面总有一些无法排除的障碍。后来,随着不断地提高,每个人都发挥自己的主观能动性,团结合作,一起分享实验的成功与失败。在项目期间,我们不仅学会了做实验,还学到了很多东西,学会将自己课堂上的理论运用到实验中去,锻炼了我们不怕失败的精神,面对一次次的失败,我们相互鼓励,克服一个个难关。

五、项目组承诺:

　　我保证上述填报内容的真实性,经费使用规范合理,项目成果无弄虚作假情况。

　　主持人签名:　　　　　项目组其他成员签名:

　　　　　　　　　　　　　　　　　　　　　　日期:

六、指导教师意见（手写）：

签名：

年　　月　　日

七、学院意见：

主管领导签字（盖章）：

年　　月　　日

八、学校验收意见：

专家评价：（　）优秀　　（　）良好　　（　）合格　　（　）不合格

盖章：

年　　月　　日

8.4 $BaTiO_3$-$(Na_{0.5}Bi_{0.5})TiO_3$-$Bi(Mg_{0.5}Zr_{0.5})O_3$ 陶瓷介电温度稳定性的研究

大学生创新创业训练计划
项目申报表

推 荐 学 校　　陕西科技大学

项 目 名 称　　$BaTiO_3$-$(Na_{0.5}Bi_{0.5})TiO_3$-$Bi(Mg_{0.5}Zr_{0.5})O_3$ 陶瓷介电温度稳定性的研究

项 目 类 型　　创新训练项目

项 目 负 责 人　　荀敏亚

申 报 日 期　　2015.05

陕西省教育厅　制

二〇一五年四月

项目名称		$BaTiO_3$-$(Na_{0.5}Bi_{0.5})TiO_3$-$Bi(Mg_{0.5}Zr_{0.5})O_3$陶瓷介电温度稳定性的研究					
项目类型		(√)创新训练项目　　(　)创业训练项目　　(　)创业实践项目					
项目实施时间		起始时间：2015年05月　　　　　完成时间：2016年05月					
申请人或申请团队		姓名	年级	学校	所在院系/专业	联系电话	E-mail
	主持人	荀敏亚	2012级	陕西科技大学	材料学院/材料教改	略	略
	成员	田一冲	2012级	陕西科技大学	材料学院/材料物理	略	略
		王　众	2012级	陕西科技大学	材料学院/材料物理	略	略
		彭　鑫	2012级	陕西科技大学	材料学院/材料物理	略	略
		万　晶	2011级	陕西科技大学	材料学院/材料物理	略	略
指导教师	姓名	蒲永平			研究方向	铁电介电陶瓷材料的研究	
	年龄	略		行政职务/专业技术职务		研究生院副院长/教授	
	主要成果	蒲永平，教育部"新世纪优秀人才支持计划"入选者。现任陕西科技大学材料科学与工程学院教授，博士研究生导师，学校材料科学与工程学科带头人，研究生院副院长。任中国化工学会无机酸碱盐专业委员会学术带头人，陕西省电子学会电子材料与元器件分会委员、传感器分会委员，陕西省硅酸盐学会会员，广东省企业科技特派员。近5年来，承担主要科研项目12项，到位科研经费300余万元；承担的项目有国家自然科学基金项目、教育部新世纪优秀人才支持计划项目、教育部科学技术重点项目、陕西省科技厅工业攻关项目、陕西省重点科技创新团队项目、陕西省科技厅国际科技合作项目、陕西省教育厅科研专项基金等。近5年发表SCI、EI收录论文70余篇，获批发明专利15项，出版著作或教材2部。2013年和2012年获得陕西省科学技术奖二等奖1项、三等奖1项（均为第一完成人）；2012年获得西安市科技进步奖一等奖1项，2011年获得西安市科学技术奖二等奖1项（均为第一完成人）；2012年获得陕西省高校科技奖二等奖1项，2011年获得中国轻工联合会科技进步奖三等奖1项（第一完成人）。					

一、项目实施的目的、意义

电容温度稳定性一直是 MLCC 介质材料中的研究热点之一,目前,X7R 型 MLCC 材料的制备工艺在国外已经比较成熟,X7R 型 MLCC 因其具有良好的温度稳定性($-55 \sim +125℃$,$\Delta C/C_{25℃} \leqslant \pm15\%$)被广泛应用于各种微小型电子系统中。然而,新型车载用电子控制装置,如发动舱内安装的发动机电控单元(ECU)、防抱死系统(ABS)、燃料喷射程序控制模块(PGMFI)、曲柄角传感模块、空气/燃料比例控制模块、应用于航空航天设备的发动机系统、大功率相控阵雷达等军用电子设备的工作条件更为苛刻,要求系统中元器件的工作温度上限提高到 175℃,甚至 200℃ 以上。因此,制备出满足 X9R 特性($-55 \sim +200℃$,$\Delta C/C_{25℃} \leqslant \pm15\%$)的多层陶瓷电容器显得十分迫切。然而,根据国内外的现状可知,此类研究报道极少,并且报道的成功制备 X9R 型 MLCC 介质材料一般都添加了如 Cr_2O_3、PbO 等有害化合物,铅是一种毒性很强的重金属元素,含有铅及含铅化合物的陶瓷在烧结时易挥发,并且对人体或环境造成非常大的危害,不利于环境友好型社会的发展。随着人们对环保问题的重视,在前人研究的基础上开发新体系,制备出满足 X8R、X9R 标准的环保型钛酸钡基电容器陶瓷成为必然趋势。

钛酸钡($BaTiO_3$)是应用最广泛的钙钛矿铁电体,这在于其具有于具有铁电、压电、高介电常数、长寿命的绝缘特性和正温度系数效应等优异的电学性能,是制造 MLCC 和高介电陶瓷电容器的主要原材料。因此,钛酸钡陶瓷材料一直是 MLCC 研究的焦点所在。在保证 $BaTiO_3$ 基铁电陶瓷材料其他性能的前提下,尽可能地提高材料的介电常数和温度稳定性对于研制高质量的 MLCC 产品有着重要的意义。但 $BaTiO_3$ 瓷在常温下的介电常数并不是很高,随温度的改变介电常数的变化很大,如何保证材料同时具有高介电常数与低电容量温度变化率是一个非常棘手的技术难题。国内外研究学者以 $BaTiO_3$ 基 MLCC 陶瓷材料的应用为背景,对 $BaTiO_3$ 陶瓷进行掺杂改性研究,并对其改性机理及微观结构进行了分析,研制了一系列满足 X8R 特性的配方。Chen 等研究了用 BMZ 掺杂对 BT/NBT 陶瓷材料电性能的影响,认为 $(1-x)BaTiO_3 - xBi(Mg_{0.5}Zr_{0.5})O_3$(BT-BMZ,$x=0 \sim 0.1$)陶瓷,当 $x=0.01$ 时陶瓷的介电常数大于 10^5,当 $(0.06<x<0.1)$ 时介电常数减小但温度稳定性($\Delta \varepsilon/\varepsilon_{25℃} < -15\%$)显著提高。钛酸铋钠(($Na_{0.5}Bi_{0.5})TiO_3$,简称 NBT)是一类钙钛矿型的 A 位离子复合取代铁电体,其居里温度为 320℃,室温下为铁电三方相,自发极化强度为 $38\mu C/cm^2$,由于其较强的铁电性和较高的居里温度,所以近年来得到了广泛的研究。但纯的钛酸铋钠由于具有很大的矫顽场,因此极化非常困难,后来的研究发现钛酸铋钠可以钛酸钡形成固溶体,且存在三角-四方的准同型相界(MPB),烧结过程不需要控制气氛就可得到致密的瓷体,样品在 MPB 附近的组分不仅降低了矫顽场,变得易于极化,而且显示出很好的压电、热电性,被认为是最有希望的无铅压电陶瓷材料之一。特别是对于 $(1-x)BaTiO_3 - x(Na_{0.5}Bi_{0.5})TiO_3$ 二元系陶瓷,已经报道了性能很好的压电性。$BaTiO_3 - Bi(Mg_{0.5}Zr_{0.5})O_3$ 陶瓷具有高的介电性且温度稳定性好。因此在 $BaTiO_3 - (Na_{0.5}Bi_{0.5})TiO_3$ 体系中掺入 $Bi(Mg_{0.5}Zr_{0.5})O_3$ 以提高其高温稳定性。

本项目采用居里温度高($T_C=320℃$)的 $(Bi_{0.5}Na_{0.5})TiO_3$ 和温度稳定性好的 $Bi(Mg_{0.5}Zr_{0.5})O_3$ 进行掺杂改性,探讨不同含量的 $(Bi_{0.5}Na_{0.5})TiO_3$ 和 $Bi(Mg_{0.5}Zr_{0.5})O_3$ 掺杂对钛酸钡陶瓷的晶体结构、烧结特性、微观组织、体积电阻率和介电性能的影响,揭示 $(Bi_{0.5}Na_{0.5})TiO_3$ 和 $Bi(Mg_{0.5}Zr_{0.5})O_3$ 的改性机理。

参考文献:
[1] 张艳杰.钛酸钡基铁电陶瓷的制备和性能研究[D].天津:天津师范大学,2012.
[2] 姚国峰.高温稳定型 MLCC 用介质陶瓷材料的制备、结构与性能研究[D].北京:清华大学,2012.
[3] CHEN Xiuli, CHEN Jie. High relative permittivity, low dielectric loss and good thermal stability of $BaTiO_3 - Bi(Mg_{0.5}Zr_{0.5})O_3$ solid solution [J]. Ceramics International,2015,41:2081-2088.
[4] AURANG Z, STEVEN J M. Temperature-stable dielectric properties from −20℃ to 430℃ in the system $BaTiO_3 - Bi(Mg_{0.5}Zr_{0.5})O_3$ [J]. Journal of the European Ceramic Society,2014,34:3159-3166.

二、项目研究内容和拟解决的关键问题

(一)项目研究内容

$BaTiO_3$ 陶瓷体系具有绝缘性能好、铁电性能优异、对环境无危害等优点,已被广泛用于制备 MLCCs。但由于 $BaTiO_3$ 的居里点较低(125°C 左右),所以当其使用温度高于 125°C 时,难以满足容温变化率($\Delta C/C_{25℃} \leq \pm 15\%$)的要求。对于 $BaTiO_3$ 材料来说,掺杂是改变居里温度最有效、最普遍运用的方式。前人研究表明,其改性机理大致可分为细晶效应、相变扩张、展宽效应、移峰效应等。本项目通过向 $BaTiO_3-(Na_{0.5}Bi_{0.5})TiO_3$ 体系中掺入 $Bi(Mg_{0.5}Zr_{0.5})O_3$ 提高其高温稳定性,具体的研究内容有以下几方面:

(1) 以 $BaCO_3$、TiO_2、Bi_2O_3、$NaCO_3$、MgO、ZrO_2 为原料,按化学式计量比称量,分别合成 $BaTiO_3$、NBT 和 BMZ。

(2)用第一步合成的 $BaTiO_3$、NBT、BMZ 按照设定的配方,用固相法制备 BMZ 对 BT-NBT 系统掺杂陶瓷样品。逐步改变 NBT 的掺杂量,研究 NB 的添加量、烧结温度对其介电性能的影响,确定在最佳的添加比例和最优的烧成制度下具有介电性能最好的配方。确定之后,再逐步改变 BMZ 的掺杂量,选择温度稳定性能最好的掺杂量。

(3)通过 XRD 测试、SEM 测试、TEM 测试和介电性能测试仪分析粉体的合成温度以及陶瓷的相组成、微观结构和介电性能之间的关系。

(二)拟解决的关键问题

(1)固态法制备纯相的 $BaTiO_3$、NBT 和 BMZ,筛选合适的组分设计和制备工艺,实现综合介电性能最优。

(2)研究不同掺杂剂对基体材料介电性能的影响。NBT 和 BMZ 单独对钛酸钡基的改性效果好,但两者混在一起后会对基体产生怎样的效果是需要本项目去研究的。

(3)通过合适的测试方法进行表征,分析研究不同掺杂剂对基体材料介电性能的影响机理。

三、项目研究与实施的基础条件

项目组成员已经掌握了铁电介电研究领域基本的理论知识,通过材料物理综合性和设计性实验的训练,已经具备了制备电子陶瓷基本技能,并进行过相关方面的知识储备。

我们已经制备出纯的 NBT 与 BMZ,并在之前的实验基础上已经成功地摸索出 NBT 和 BMZ 的合成工艺和制备技术,且该组成员也都已熟练地掌握该合成工艺和制备技术。

依托我院在传统陶瓷领域的学科优势,为项目的开展提供了有利条件。尤其是近年来蒲永平教授所带领的科研团队一直致力于储能介电陶瓷理论研究和应用探索,积累了丰富的理论与实践经验。实验室目前拥有日本理学 X 射线衍射仪、原子力显微镜、纳米粒度分析仪、红外光谱仪、差热分析仪、动态光散射仪、高温显微镜、光学显微镜、高温电炉、快速研磨机等设备,均运转良好,已具备开展本项目系列化的实验设备条件。以上各方面条件,为项目的顺利开展在软件和硬件上都提供了充分的准备。

本团队的导师蒲永平教授从事电子陶瓷领域研究多年,拥有扎实的理论基础,在此项目上已经有了一定程度的研究,为本团队的研究提供了丰富的经验。

四、项目实施方案

1.研究方法

本实验方法采用固相法制备 $Bi(Mg_{0.5}Zr_{0.5})O_3$ 对 BT／NBT 系统掺杂陶瓷样品。

(1)$BaTiO_3$ 的合成。采用固相法合成钛酸钡粉体。首先以分析纯 $BaCO_3$(相对分子质量为 197.34)和 TiO_2(相对分子质量为 79.87),称量,将称量好的料放入球磨罐中,以新制蒸馏水为介质,料∶球∶水=1∶2∶2.5,球磨 4 h,烘干后压块,在 1 150 ℃下保温 3 h 合成。

(2)$(Bi_{0.5}Na_{0.5})TiO_3$ 合成。采用固相法合成 $(Bi_{0.5}Na_{0.5})TiO_3$ 粉体。首先以分析纯 Bi_2O_3(相对分子质量为 465.96)和 TiO_2(相对分子质量为 79.87),按照 $(Bi_{0.5}Na_{0.5})TiO_3$ 化学计量比称量,将称量好的料放入球磨罐中,以新制蒸馏水为介质,料∶球∶水=1∶2∶1,球磨 4 h,烘干后压块,在 840 ℃下保温 4 h 合成。

将已经合成好的 $Bi(Mg_{0.5}Zr_{0.5})O_3$ 掺入向 $BaTiO_3$-$(Na_{0.5}Bi_{0.5})TiO_3$ 的基体中,做 6 组实验,对应不同的掺杂量,$Bi(Mg_{0.5}Zr_{0.5})O_3$ 的掺杂量分别为 0、0.05、0.75、0.1、0.125、0.15。按照步骤:混料→球磨→干燥→预烧→粉碎→造粒→成型→排胶→烧结→磨片→烧银→性能测试进行实验。

2.技术路线(见图 8-7)

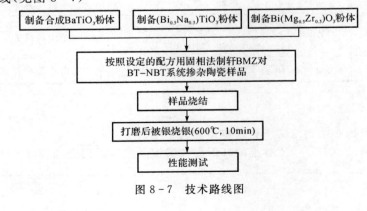

图 8-7 技术路线图

五、学校可以提供的条件

材料学院本科实验室以及学院电子陶瓷项目组实验室向本创新训练项目开放,提供各种制备设备以及材料表征和测试仪器。本实验所需的主要原料和主要器材与仪器目前均运转良好,已具备实验设备条件。

在实验过程中,所需主要原料的名称、化学式、纯度等级和制造商见表 8-1。

表 8-1 实验所需化学试剂表

名 称	分子式	相对分子质量	纯度	生产商
碳酸钡	Ba_2CO_3	197.34	分析纯	中国医药集团上海化学试剂公司
二氧化钛	TiO_2	79.87	分析纯	中国医药集团上海化学试剂公司
去离子水	H_2O	18	—	自制
氧化铋	Bi_2O_3	465.96	分析纯	中国医药集团上海化学试剂公司
二氧化锆	ZrO_2	123	分析纯	中国医药集团上海化学试剂公司
碳酸钠	Na_2CO_3	105.98	分析纯	中国医药集团上海化学试剂公司
氧化镁	MgO	40	分析纯	中国医药集团上海化学试剂公司

在实验过程中,所需的主要器材与仪器的名称、型号、用途和制造商见表 8-2。

表 8-2 实验设备表

设备名称	型 号	性能说明	制造厂商
电子天平	JA2103N	精度为 0.001 g	上海民桥精密科学仪器
粉末压片机	769YP-24B	压力范围 0~200 MPa	天津市科器高新技术公司
高温箱式电炉	KSL-1700X	最高温度为 1 700 ℃	合肥科晶材料科技有限公司
高温管式气氛炉	GSL-1600X	最高温度为 1 600 ℃	合肥科晶材料科技有限公司
电热鼓风干燥箱	101-1AB	干燥温度≤300 ℃	天津泰斯特仪器有限公司
密度测试仪	SD-200L	测量范围为 0.000 1~200 g	日本 Alfa Mirage
行星球磨机	QM-2L	最高转速为 2 000 r/min	南京大学仪器厂
阻温特性测试仪	ZWX-B	温度范围为 0~350 ℃;最高阻值为 10^{12} Ω	华中科技大学仪器厂
超声波清洗仪	KQ-500DE	超声频率为 40 kHz	昆山市超声仪器有限公司

六、预期成果

(1)至少发表核心期刊论文 1 篇或申请专利 1 项;

(2)提供能满足 X8R、X9R 标准的环保型钛酸钡基电容器陶瓷的合成工艺与制备技术。

七、经费预算

科　目	申请费用/元	备注（计算依据与说明）
实验材料费	4 000	购买实验用药品
测试分析费	4 000	微观形貌及晶相分析测试费用
资料调研费	1 000	资料购买和复印
其　他	1 000	发表论文版面费
合　计	10 000	

八、导师推荐意见

签名：　　　　　　　　　　　　　　　年　月　日

九、院系推荐意见

院系负责人签名：　　　　　　学院盖章　　　　年　月　日

十、学校推荐意见

　　　　　　　　学校负责人签名：　　　　　　　学院盖章

　　　　　　　　　　　　　　　　　　　　　　　　　　　　年　月　日

十一、省教育厅评审意见

　　　　　　　　　　　　　　　　单位盖章

　　　　　　　　　　　　　　　　　　　　　　　　　　　　年　月　日

注：表格栏高不够可增加。

大学生创新创业训练项目
结题验收表

（☑国家级　□省级　□校级）

项目名称：$BaTiO_3-(Na_{0.5}Bi_{0.5})TiO_3-Bi(Mg_{0.5}Zr_{0.5})O_3$ 陶瓷介电温度稳定性的研究

项目编号：201510708151

主　持　人：荀敏亚

项目组成员：田一冲、王　众、彭　鑫、万　晶

指导教师：蒲永平

所在学院：材料科学与工程学院

立项年度：2015

填表日期：2016.10

陕西科技大学教务处　制

项目名称	$BaTiO_3$-$(Na_{0.5}Bi_{0.5})TiO_3$-$Bi(Mg_{0.5}Zr_{0.5})O_3$ 陶瓷介电温度稳定性的研究				
项目等级	(√)国家级 ( )省级 ( )校级			项目编号	201510708151
项目类别	(√)创新训练项目 ( )创业训练项目				
主持人姓名	荀敏亚	班级	材料教改12	联系方式	略
项目组其他成员	序号	姓名	班级	承担工作任务	
	1	田一冲	材物122	采用固相法制备 $BaTiO_3$、$(Na_{0.5}Bi_{0.5})TiO_3$ 和 $Bi(Mg_{0.5}Zr_{0.5})O_3$ 粉体	
	2	王 众	材物122	制备 $Bi(Mg_{0.5}Zr_{0.5})O_3$-$BaTiO_3$-$(Na_{0.5}Bi_{0.5})TiO_3$ 陶瓷	
	3	彭 鑫	材物122	通过测试手段进行晶相、形貌和性能分析	
	4	万 晶	材物111	整理数据,完成论文撰写或专利申请	
指导教师	蒲永平	职称	教授	研究方向	铁电介电陶瓷材料的研究
项目经费	10 000元	立项时间	2015.05	完成时间	2016.05

一、项目实施情况(立项依据、研究内容、研究结果等1 000字以内):

电容温度稳定性一直是MLCC介质材料中的研究热点之一,目前,X7R型MLCC材料的制备工艺在国外已经比较成熟,X7R型MLCC因其具有良好的温度稳定性($-55\sim+125℃$,$\Delta C/C_{25℃}\leqslant\pm15\%$)广泛应用于各种微小型电子系统中。然而,新型车载用电子控制装置,如发动舱内安装的发动机电控单元(ECU)、防抱死系统(ABS)、燃料喷射程序控制模块(PGMFI)、曲柄角传感模块、空气/燃料比例控制模块、应用于航空航天设备的发动机系统、大功率相控阵雷达等军用电子设备的工作条件更为苛刻,要求系统中元器件的工作温度上限提高到175℃甚至200℃以上。因此,制备出满足X9R特性($-55\sim+200℃$,$\Delta C/C_{25℃}\leqslant\pm15\%$)的多层陶瓷电容器显得十分迫切。钛酸钡($BaTiO_3$)是应用最广泛的钙钛矿铁电体,这在于其具有铁电、压电、高介电常数、长寿命的绝缘特性和正温度系数效应等优异的电学性能,是制造MLCC和高介电陶瓷电容器的主要原材料。而用居里温度高($T_C=320℃$)的$(Bi_{0.5}Na_{0.5})TiO_3$和温度稳定性好的$Bi(Mg_{0.5}Zr_{0.5})O_3$进行掺杂改性以提高其高温稳定性。

本项目的主要研究内容和研究结果如下:

(1)以$BaCO_3$、TiO_2、Bi_2O_3、$NaCO_3$、MgO、ZrO_2为原料,采用传统固相法分别制备$BaTiO_3$,NBT,BMZ,研究不同含量的NBT和BMZ掺杂BT对制备纯相、致密陶瓷样品的影响。

(2)研究NBT对BT陶瓷介电温度稳定性的影响。逐步改变NBT的掺杂量,研究NBT的添加量,烧结温度对其介电性能的影响,确定在最佳的添加比例和最优的烧成制度下具有介电性能最好的配方。

(3)研究 BMZ 对 BT-NBT 系统掺杂陶瓷介电温度稳定性的影响。在确定最佳 NBT 比例的情况下,逐步改变 BMZ 的添加量,烧结温度,和其对介电性能的影响,确定最佳的添加比例和最优的烧成制度下具有介电性能最好的配方。

二、项目创新点与特色(包括使用了什么样的创新方法、手段,项目的科学意义和应用价值等,500 字以内):

目前,通过掺杂改性获得温度稳定型 $BaTiO_3$ 基陶瓷材料的研究较多,但是所得陶瓷在较宽温度范围内同时具有高介电常数、低容温变化率和低损耗的陶瓷鲜有报道。本项目把具有高居里温度的钛酸铋钠和具有良好温度稳定性的镁锆酸铋添加到钙钛矿结构的 $BaTiO_3$ 中,形成具有弛豫性能的铁电材料,探究不同晶体结构的相互作用和弛豫性能对 $BaTiO_3$ 陶瓷温度稳定性的影响,并且所得 $BaTiO_3$ 基陶瓷在较高温范围内(约为 400℃)具有较好的介电温度稳定性和较低的烧结温度。

三、项目成果:包括理论、应用、技术等方面取得的成果,成果的具体形式包括发表论文(应注明论文题目、发表刊物、发表时间、作者等详细信息)、专利(专利申请及获批、专利名称、专利号、申请人、获得日期等信息)、研究报告、实物、软件、图纸、获奖证书等。

| 项目申请书中的预期成果及成果提交形式:. (1)至少发表核心期刊论文 1 篇或申请专利 1 项; (2)提供能满足 X8R、X9R 标准的环保型钛酸钡基电容器陶瓷的合成工艺与制备技术。 | 项目结题时取得的成果: (1)发表 SCI 收录论文一篇: ZHENG Hanyu, PU Yongping, LIU Xiaoyan, et al. Correlation between dielectric properties and crystallization treatment in potassium sodium niobate glass\|ceramics for energy storage application [J]. Journal of Alloys and Compounds, 2016, 674: 272-276. (2)申请专利一项: 蒲永平,万晶,吴煜蓉.一种 NBT 基高温度超低损耗陶瓷电容器的制备方法:CN201610370589.3[P].2016-10-26. |

四、完成项目后的收获与体会(300 字以内):

经过一年的学习和实验,大学生创新创业项目终于如期完成。本项目组的成员分工合理、团结合作成为本项目的顺利完成的契机。经过项目的申请、实验方案的设计、实验的实施、实验的完善及结果测试分析等阶段,我们不仅学习了文献的检索、数据的处理和分析方法,而且培养了自主提出问题、分析问题和解决问题的能力,培养自身的创新意识与创新能力,提高了自身的动手能力。另外,从项目的实施过程发现,任何事情团队合作的力量是最重要的,本项目锻炼了我们的组织策划能力,培养了团队协作意识。在项目的实施过程中遇到了许多困难,我们在老师的指导下,在师兄、师姐的帮助下,团队成员共同讨论,解决难题。本项目对我们是很好的历练,让我们学到了课本上学不到的知识。

五、项目组承诺:

我保证上述填报内容的真实性,经费使用规范合理,项目成果无弄虚作假情况。

主持人签名:　　　　　　　项目组其他成员签名:

　　　　　　　　　　　　　　　　　　　　　　　日期:

六、指导教师意见(手写):

　　签名:

　　　　　　　　　　　　　　　　　　　　　　　年　　月　　日

七、学院意见:

　　主管领导签字(盖章):

　　　　　　　　　　　　　　　　　　　　　　　年　　月　　日

八、学校验收意见:

　　　　专家评价:(　)优秀　　(　)良好　　(　)合格　　(　)不合格

　　　　　　　　　　　　　　　　　　　　盖章:

　　　　　　　　　　　　　　　　　　　　　　　年　　月　　日

参 考 文 献

[1] 于佳. 浅谈从思维方式训练中培养创新意识[J]. 活力, 2011(8): 47.

[2] 单琳. 我国高校文化素质教育在创新型人才培养中的作用研究[D]. 辽宁: 大连理工大学, 2007.

[3] 韩曜平, 徐建荣, 卢祥云. 大学生创新意识和创新能力培养的途径和方法[J]. 中国科教创新导刊, 2007(22): 129-130.

[4] 李晓斌, 陈丽燕. 高校大学生自主创业调研报告[J]. 商情, 2011(6): 117.

[5] 谭德新, 王艳丽, 唐玲, 等. 浅谈大学生创新创业计划的重要性[J]. 教育教学论坛, 2014(39): 47-48.

[6] 经济参考报. 2016 全年就业目标超额完成 城镇新增就业 1 300 万以上[EB/OL]. http://finance.china.com.cn/news/gnjj/20170109/4060474.shtml, 2017-01-09.

[7] 刘益东, 任良玉, 冯利英. 对实施国家大学生创新创业训练计划的理解和思考[J]. 内蒙古师范大学学报(教育科学版), 2014, 27(1): 7-10.

[8] 齐晶. 大学生创新能力培养研究[D]. 河北: 燕山大学, 2009.

[9] 曹均阔, 陈国莲. 浅谈大学生自我培养创新能力的模式[J]. 中国科教创新导刊, 2012(2): 26-27.

[10] 赵娟, 刘雁红. 改革实验教学模式, 培养大学生创新与实践能力[J]. 中国轻工教育, 2012(4): 77-79.

[11] 徐萍. 高等院校实施创新教育的几点思考[J]. 文学教育(中), 2012(11): 65.

[12] 贺敬良. 大学生科技创新能力培养模式探索[J]. 中国电力教育, 2013(4): 202-203.

[13] 林崇德, 胡卫平. 创造性人才的成长规律和培养模式[J]. 北京师范大学学报: 社会科学版, 2012(1): 36-42.

[14] 鲁敏, 王洪坤. 高校大学生创新能力培养研究与探索[J]. 农业网络信息, 2011(5): 131-132.

[15] 时椿茹, 蔡潇, 刘世双. 第二课堂与大学生创新能力的培养[J]. 科技信息, 2011(36): 472.

[16] 卢芳国, 黄政德, 熊辉, 等. 论课外科技活动体系与大学生创新能力的培养[J]. 中国科教创新导刊, 2012(5): 33.

[17] 孙贤斌. 大学生课外科技创新能力培养质量评价体系与提升对策[J]. 巢湖学院学报, 2014(4): 125-129.

[18] 刘益东, 任良玉, 冯利英. 对实施国家大学生创新创业训练计划的理解和思考[J]. 内蒙古师范大学学报(教育科学版), 2014, 27(1): 7-10.

[19] 王海良,任权昌,喻洋,等."国家级大学生创新创业训练计划项目"实施体会及感想[J].中国电力教育,2013(25):216-217.

[20] 王晓天,王树范,舒浩恺,等."国家级大学生创新创业训练计划"项目的实施及收获[J].科技资讯,2014,12(16):222.

[21] 高原.大学生创新创业训练计划项目过程管理的研究与探索[J].实验室科学,2013,16(6):158-160.